高浦勝義研究部長還暦記念論文集

学力の総合的研究

論文集編集委員会編

黎明書房

はじめに
── 高浦勝義先生の還暦をお祝いして ──

　昨年12月7日のPISA（OECD学習到達度調査）に続いて，15日には，国際数学・理科比較調査（TIMSS）の結果が公表され，「学力の続落」が明らかになり，日本の子どもたちの学力は「危機的状況」にある，と一斉に報じられている。中山文科相までも即座にこうした状況を認め，「学習指導要領の立て直しを指示した」と報じられている。まさに，「学力低下論」の再来であり，はっきりしてないはずの「学力低下」状況が決定づけられてしまったかにみえる。

　ここでは，「学力のオリンピック」ゲームよろしく，順位づけが問題になっている。一体，そもそも学力とは何か，あるいは，どんな学力がグローバル社会を見据えて必要なのか，といった議論は一切ない。あるのは「数学的応用力1位から6位に」転落したとか，「読解力8位から14位に」落ちたといった順位のことだけである。またPISA調査で第1位の国，フィンランドを除けば，上位グループは東アジアの小国ばかりである。はたして，こうした東アジアの小国を模範としたいと思う国があるのであろうか。シンガポール，韓国，香港，台湾といったいわゆる「受験地獄」に悩む国が常に上位である。いずれにしても，改めて，グローバル社会における「学力」とは何か，また，世界の国々で，一体「学力問題」はどうなっているのか，検討しなければならないはずである。このような時に，高浦勝義先生の還暦を祝って，『学力の総合的研究』と題する本書を刊行することはきわめて有意義であると確信する。

　高浦先生のこれまでの研究歴をみると，大きく三つの時期に分けられるように思われる。第一期を象徴することは1983年の「第一回日本デューイ学会賞」の受賞である。この年には，また，文部省の長期在外研究員として，J. デューイが長く教鞭をとったコロンビア大学ティーチャーズ・カレッジに留学されている。まさに「デューイ学者」として自らを確立された時期である。

研究のかたわら，当時のアメリカでのオープン教育の実践にも関心を寄せられ，L. ウェーバーらにも接触し，さらに，帰国前の一ヵ月近くをイギリスで過ごし，イギリスでのインフォーマル教育の実践校を訪問している。高浦先生は単に研究だけでなく，教育実践にも深くかかわってきた人間である。この時の成果は『個性化教育の創造』（明治図書，1985年）にまとめられている。また，帰国後，日本のオープン・スクールの代表的存在である愛知県東浦町の緒川小学校や卯ノ里小学校，岐阜県池田町の池田小学校などにかかわる契機ともなったし，「全国個性化教育研究連盟」の事務局長を引き受けていただくことにもなった。

　第二期は，国立教育研究所の室長（1987年〜1998年）の時代といえるが，「生活科・総合的学習」の創造者として名をなした時期である。『生活科の考え方・進め方』，『総合学習の理論・実践・評価』（共に黎明書房，1989年）がこの時期を象徴する大著である。共にお一人で著され，しかも，版を重ねに重ねた著書である。他方，日本デューイ学会（常任理事），日本教育学会（常任編集委員）や日本生活科・総合的学習教育学会（常任理事）などの学会活動を活発になされている。

　文科省にあっては，「指導方法の改善に関する教職員配置等の調査研究協力者」「小学校生活科指導資料作成協力者」「教育課程実施状況調査に関する総合的調査のための幼稚園委員会の協力者」（共に平成5年），「教育課程の基準改善のための教育研究開発に関する教育研究開発企画評価協力者」（平成6年）「教育課程に関する基礎研究協力者」（平成7年）といった研究協力者委員会で活躍されている。主に，生活科や総合的学習の研究と実践の普及に貢献されると同時に「第7次の教職員定数改善計画」にかかわられ，いわゆる少人数指導のための加配教師の導入に尽力された。

　第三期は，国立教育研究所は国立教育政策研究所（2001年）と改称されたが，「部長時代」（1998年〜現在）と名づけてもよい時期である。まずは，部長として文教行政に大きく貢献してきておられる。1993年（平成5年）以来，今日まで引き続いて，文科省の「研究開発」の企画と評価に貢献されている。同時に研究開発にかかわって，研究調査も精力的に進められてきている。

はじめに

『ティーム・ティーチングによる指導の効果に関する研究』(1999年)、『指導方法の工夫改善による教育効果に関する比較調査研究』『ポートフォリオ評価を活用した指導の改善、自己学習力の向上及び外部への説明責任に向けた評価の工夫』『総合的な学習の時間の授業と評価の工夫』(2003年・2004年)などの研究報告書が日本の教育行政に大きな影響を及ぼしていることは周知のところである。同時に、近年、教育評価の研究成果を基に、『問題解決評価－テスト中心からポートフォリオ活用へ』(明治図書、2002年)、『絶対評価とルーブリックの理論と実際』(黎明書房、2004年)を著しておられる。

　よく知られるように、デューイは教育哲学者であるばかりではなく、今から100年も前にシカゴ大学に「デューイ・スクール」を開設し、教育実践にも貢献し、児童中心主義教育の学校を公のものとした。理論と実践は両輪であり、デューイ学者としての高浦先生もまた、デューイと同じ道をたどってきているようにみえる。お父上は大分県にあって、戦後「コア・カリキュラム」を実践され、小・中学校の校長として教育に一生を献げた方である、と聞いている。高浦先生の研究室には、お父上の書かれた「夢」という文字の額縁がいつも中央に飾ってある。丸味を帯びた慈愛に満ちた文字である。この文字に導かれてきたような高浦先生の人生であるように思われる。

　還暦は人生が一区切りし、改めて新しい出発点であると聞いたことがある。更なるご活躍を期待したい。夢在千里。

　2005年1月1日

　　　　　　　　　　　　　　　　　　還暦記念論文集編集委員会代表
　　　　　　　　　　　　　　　　　　　　加藤幸次（上智大学）

謝　辞

　このたび，加藤幸次先生を中心とする小生の「還暦記念論文集編集委員会」の先生方のご尽力により，このように立派な本書を作っていただき，誠に光栄の極みであり，心より感謝申し上げます。また，教育研究の第一線でご活躍の先生方から立派な論文をお寄せいただき，感謝の念で一杯です。

　書名も『学力の総合的研究』という古くて新しい，また，今日の教育界を揺すっているタイトルをつけていただき，嬉しく感じています。小生の今後の研究の一つの方向にしたいとすら考えております。

　振り返れば，九州大学大学院以来この方，研究者生活のほとんどを国立教育政策研究所で過ごしたことになりますが，「はじめに」で加藤先生がご紹介くださったように，まさに J. デューイ研究をベースに研究と実践の統合を意図した生活でありました。オープン教育，問題解決学習や個に応じた指導といった学習指導法，生活科，総合的な学習，教育評価と分野は多岐にわたりますが，いずれを取り上げてもそうだったなぁと回顧しています。

　そして，この間，多くの同僚や研究者，学校教育関係者に恵まれ，皆さんから数え切れないご支援・ご助言をいただきました。また，故郷の佐伯市在住で80歳半ばになる父母と妹，そしてまた妻と2人の子どもから，陰に陽に，励ましの言葉や応援を受けました。本当に幸せな，また繰り返したい研究者生活だったなぁと感激に浸っています。心よりお礼申し上げます。

　これからの新たな人生をどう過ごすか。どんな研究者生活を行うか。考える楽しみはありますが，どうなろうと，これまでお世話になった皆さんに改めて「よろしくお願いします」と言う以外，言葉がありません。

　最後になりましたが，武馬久仁裕社長はじめ黎明書房の皆さんからは，終始変わらぬ支援をいただきました。本書の発刊もそうです。ここに記して，心より感謝申し上げます。

　　　平成17年1月吉日

高浦勝義

目　次

はじめに　−高浦勝義先生の還暦をお祝いして−　1
謝辞　3

第Ⅰ部　学力研究の意義と課題　7

第1章　学力の測定から学力を育てる評価へ　〔高浦勝義〕　8
第2章　学校知識の再構成　〔松下晴彦〕　21
　　　　──「継続する学力」の育成のための知識論──
第3章　学力モデルとカリキュラム開発　〔田中統治〕　32
第4章　八年研究におけるカリキュラムの類型　〔浅沼　茂〕　44
第5章　今日の日本の学校教育のめざす学力　〔吉冨芳正〕　60

第Ⅱ部　学力をめぐる諸外国の研究・実践の動向　73

第1章　イギリス初等学校における教育改革の経緯と基礎学力問題　〔新井浅浩〕　74
第2章　アメリカ合衆国の教育改革と「真正の評価」　〔松尾知明〕　87
第3章　学力と教育政策　〔坂野慎二〕　100
　　　　──ドイツにおけるPISAの影響から──
第4章　中国における学力観の転換　〔一見真理子〕　113
　　　　──「素質教育」の意味するもの──
第5章　韓国における学力低下問題に関する考察　〔金　泰勲〕　125

第Ⅲ部　学力の研究と調査　139

第1章　問題解決評価観の意義と展開　〔高浦勝義〕140

第2章　総合的な学習の授業と評価に関する開発的研究
　　　　　　　　　　　　　　　　　　　　〔松尾知明〕152

第3章　授業法の違いが学力，興味・関心および学習態度の形成に及ぼす教育効果に関する比較調査研究
　　　　　　　　　　　　　　　　　　　　〔山森光陽〕165

第4章　国際比較から見たわが国の算数・数学教育の課題
　　　　　　　　　　　　　　　　　　　　〔長崎榮三〕179

第5章　理科の国際学力調査と課題　〔猿田祐嗣〕192

第6章　学力テストの教育心理学的考察　〔山森光陽〕205

第7章　高校の「総合的な学習の時間」の輪郭　〔菊地栄治〕216
　　　　──「学力低下」論争のはざまで──

第8章　学校組織開発を促進する学校評価のメンタリティとストラテジー　〔木岡一明〕228

第Ⅳ部　学力の育成と学習指導　243

第1章　子どもの学力が育つ授業像　〔秋田喜代美〕244

第2章　生活科・総合的な学習のめざす学力と指導・支援のあり方　〔藤井千春〕256

第3章　確かな学力を育てる問題解決学習　〔奈須正裕〕268

第4章　学力の育成と個に応じた指導　〔加藤幸次〕280
　　　　──「一斉授業」体制から「個別指導」体制へ──

編集後記　293
執筆者一覧　295

第Ⅰ部
学力研究の意義と課題

第1章

学力の測定から学力を育てる評価へ

高浦勝義

はじめに

　筆者が国立教育研究所（現国立教育政策研究所）に就職したのは，昭和51（1976）年9月のことであった。以後，今日まで当研究所にいるわけだから，既に満28年が経過したことになる。

　この28年間を振り返れば，いろいろな教育研究調査に取り組んだり，理論研究の成果を実践を通して検証するなどしたものである。取り扱う話題も，時に応じて学習能力（＝学力）であったり，オープン教育であったり，生活科，個に応じた指導，ティーム・ティーチング，総合的な学習，教育評価等多岐にわたるものであった。しかし，すべては，陰に陽にJ. デューイに拠りながら，子ども中心の教育的視点から取り組んだものであったように思う。

　本稿では，これらの歩みを「学力」問題に焦点化しながら振り返り，今後の展望を得ることにしたい。

1　学習能力の形成状況の調査

　筆者が所属した第四研究部（初等・中等教育，産業教育，社会教育，道徳教育の研究調査を行う）では，昭和51年当時，一つの節目の時期を迎えようとしていた。すなわち，昭和51年12月には『学習到達度と学習意識に関する調査－第一次報告－』を公表したわけであるが，この研究の継続として，昭和51年度より，特別研究「生涯教育の観点からみた学校教育課程の評価に関する基礎的総合的研究」が4ヶ年計画で新たなスタートをきることになった

のである。当時の研究担当者6名のうち,筆者も含め5名は新たなメンバーであった。

ところで,上記の報告書にいう"学習到達度"という用語なり特質についてであるが,当時の責任者であった木原氏は「まぎらわしいけれども『学習到達度』ということばを『学力』の診断の代わりに用いることとなった。……わたし個人は,『学習到達度』は『学力検査』として行われ,そこで図られる『学力』と,だいたい似たものであると考えている。」[1]と述懐している。

確かに,この報告書には,当時の小学校6年生対象の国語・社会・算数・理科,中学校3年生及び高校2年生対象の国語・社会・数学・理科・英語に関する"学力検査"結果が,学習意識調査結果とともに収められており,このため,いったい何故に"学習到達度"なる,それこそまぎらわしい言葉を使ったかといった疑問も出てこよう。

ところが,周りをみれば,当時,この用語に真正面から取り組む研究調査も行われていたのである。すなわち,京都府教育研究所(昭和50年4月よりスタート)や東京都教育庁(昭和51年3月)の研究調査に代表されるように,この当時,問題にされ始めた"落ちこぼれ"問題を解消し,一人一人の子どもの学力保証を求める立場から,各教科の到達目標を設定し→授業を行い→子どもの学習到達度を評価し→指導改善の手を打とうとする"到達度評価"研究・調査である。

これらの到達度評価研究には,それまでの相対評価を批判し,いわば絶対評価へ移行しようという志向性が認められるのであるが,国研の"学習到達度"調査にはそのような志向はみられない。同じ用語を使いながら,異なる目的が追究されていたわけである。

ところで,このような時代に筆者らが新たに取り組むことになった研究調査では,同じ学力調査とはいっても,その調査問題に新たな工夫をこらすことになった。

すなわち,筆者らは,生涯にわたって激しく変化する今後の社会を生き抜き,より豊かな自己実現を図るのに必要な能力を「学習能力」とおさえ,そ

の能力（＝学力）を子どもはどのように習得しているかを測ろうとしたのである。そして、ここにいう「学習能力」を「児童生徒が既習の知識、技能等を正確に想起したり確認する能力と、これを道具として使って新しい問題を解決していく能力という二大操作能力」[2]ととらえたのである。

　回想すれば、学力を知識の習得量の多少によってとらえ、その状況を主に記憶中心に、しかも○×式中心のテストによって問うといった当時にあって、J. デューイの「探究」でいう操作能力（operation）に着目し、記憶力（＝想起・確認能力、デューイのいう observation）と応用力（＝既習内容から観念を推論する能力、デューイのいう inference）は対立するものではない。ともに思考を構成する二大操作能力である。これらの操作能力の絶えざる交互作用によって学習（＝問題解決）は成立すると考えたのである。

　このようなため、子どもは知識・技能等をどのように正確に理解し定着させているかとともに、これら既習内容を使って新たな問題を解決していく能力の習得状況を明らかにするような出題を心がけた。

　すなわち、昭和51年度（小6、中2の社会、算数・数学、英語）、昭和52年度（中3、高2の社会、数学、英語）、昭和53年度（小5、中2の社会、英語）にかけて学習能力習得状況調査に臨んだのであるが、その際、調査問題の構成を次のように行ったのである。すなわち、「社会に関しては事実的知識や用語的知識等の基礎的知識、及び統計資料を読む力の習得状況、さらにこれらの基礎的な知識、技能を活用して新たな問題場面で既知の知識を分類したり、知識、資料を関連づけたり、解釈するような応用的な能力の習得状況をみようとした。算数・数学では、例えば分数や文字式についての基礎的知識と計算技能の習得状況と、その知識、技能を使って文章題を解く応用的能力の習得状況を、また英語では、文法及び語彙に関する基礎的知識・技能の習得状況と、辞書を使って未習の英文を読解する応用的能力をみることとした」[3]のであった。

　なお、今から振り返れば残念なことであったが、当時は「問題解決能力という場合には、いわゆる『態度』といった側面も当然考慮する必要があるが、学習態度を客観的に測定する手段が十分に開発されていない現状も考え、今

回の調査ではこれを一応切り離して考えようとした」[4]のであった。学習能力（＝学力）に"態度"を含める必要は認識していたが，その習得状況を実際に調べるまでには至っていなかったのである。

2　授業分析による効果的な学習指導法の解明

　ところで，上記の昭和51, 52年度調査から得られた結果は「小・中・高校の児童・生徒には，社会，算数・数学，英語において，知識・技術等の既習内容を正確に想起したり確認する能力面に比べ，それらを基に応用的に問題解決する能力面に習得不足の認められること（学習能力習得のズレ）」[5]というものであった。

　このため，筆者らは，残された昭和53年度調査以降は，「児童・生徒が基本的な知識・技術もよく習得し，かつそれらを問題解決にも応用することができるようになるためにはいかなる学習指導法が必要であるか」の手がかりを得ようとして，授業分析研究へと歩を進めることになった。学力研究における新たな挑戦であった。

　実は，上司であった宮崎孝一・山口忠信両氏からは，学習能力習得状況調査の当初から，量的な調査からは次にどうすればよいかの知恵は出てこない。単に学力の育ちを調べるだけでなく，同時に学力を育て，高めるための方法や内容を探るためには，単元を特定した事例研究的な手法による研究調査が不可欠であると，それこそ耳の痛くなるほど聞かされていた。両氏の長年にわたる国研での学力調査の経験を踏まえた言葉は重く，鋭かった。

　ここで筆者が担当したのは，小学校第5学年の社会の授業分析であった。その詳細は上記の報告書に譲るにしても，当時は，教師と子どもとの相互作用（＝コミュニケーション）の特質を教師や子どもが何分発言したとか，こんな発言が何回行われたなど量的に分析する授業分析が主流であった。これに対して，筆者らは，新たな手法を開発することになった。すなわち，学習能力を構成する「想起・確認」操作と「推論」操作とが授業の過程でどのように展開され，しかもそれらはどんな教材を媒介にして展開されたかを質

的・構造的に分析し，そこから学習能力を育てる学習指導上のポイントを探し出そうとしたのである。

このため，昭和51年度の調査対象学級・学校を基に抽出した計3つの小学校からの4学級を対象にし，新たに開発した分析フォーマットに沿って，これらの各学級の同一単元である「工業生産の成り立つ条件」の授業分析を行い，その結果として学習能力を育てる10原則を抽出したのであった。今から思い返せば，J. デューイの「探究」を育てる方策を授業に即して明らかにすることになり，有意義な授業分析となった。

3　学力諸論に学ぶ

ところで，上記の学習能力習得状況調査及び授業分析に際して採用した筆者らの「学力」観は，当時の他のそれと比べどんな特質なり意義を持っていたといえるであろうか。

(1)　広岡亮蔵氏の学力の三層論

広岡氏[6]によれば，戦後以来約30年の間に「学力とは何かについて，大きくは三度問題とされてきた」。すなわち，「その最初は，ほぼ昭和20年代の後半から30年代初にかけて」（1950年代の学力）であり，「二度目は，ほぼ昭和40年前後」（1960年代の学力）で，「三度目は，最近の昭和50年直前から」（1970年代の学力）であるという。

そして，最初の時期の前半期には「要素的学力 facts and skills」が，後半期には「概括的学力 generalizations」が求められた。また，二度目の初期では科学的な知識結果の体系的な獲得をめざす科学的な学力観が，そして後半では科学等の基本概念や探究の方法，さらには見かた・考えかた・感じかたが重視されるようになり，その結果，「私自身はどうかといえば，まことの科学的な学力は後者の三重の同心円からなる仕組みをもつべきだと，考えつづけてきた。外円，中円，内円のそれぞれをいいあらわすコトバは，時の経過とともに，多少変化してきたが」という。そして，三度目になると，

第Ⅰ部　学力研究の意義と課題

人間的な学力が求められ，ここでは知識過程も含む知識結果としての知識（技術・芸術を含む）とともに，それよりも"より内部に位置する能力"たる「見かた・考えかた・感じかた・行いかたなど」が重視されるようになったという。そして，このような自説を「外層：基本的な知識・技術，中層：学びとりかた，内層：考えかた・感じかた・行いかたなど」とする三重の同心円で図示したのである。

　ところで，ご自身も認めるように，学力を三層なり三重の同心円でとらえる点は一貫しているものの，そこで使用するコトバ，したがってその意味づけは時とともに変化している。

　三重同心円による学力観は氏のいう二度目の時期からみられるが，当時は，「(1)外層……要素的な知識および技能，(2)中層……関係的な理解および総合的な技術，(3)内層……思考態度，操作態度，表現態度」として示され，「これらの三重層はさらにいいつめれば，(1)と(2)を合わした知識技術層と，(3)の態度層との二重層であるともいいうる。」[7]と説明されていた。しかも，知識技術層は当時の経験教育の弱点を克服する「高い科学的な学力」をつけるために，また態度層は経験教育のよき遺産として「生きた発展的な学力」をつけることを目指すとされていた[8]。やや折衷的な説明であり，なぜ三層か，その出所を統一する根拠は曖昧であったように思われる。

　三度目では，中層たる「学びとりかたの過程分析」を示すとともに（いわば「学びとりかた」），このような学びとりかたを通して獲得されるのが外層の「基本的な知識・技術」であり，この学びとりかたの「背後」にあるのが内層たる「考えかた・感じかた・行いかたなど」の心意傾性（従来は「態度」）であるという統一的な説明がなされている[9]。

　ところで，この三度目たる昭和50年前後を，別には，学力の計測可能性や到達度評価などに象徴されるいわば〈学力と評価との問題〉が真正面から取り上げられた時期でもあるとおさえながら，「このモデルは，なお未熟な試案にすぎない。」と断ったうえで，学力を「(1)認知的側面：知識→理解→応用→考えかた・行いかた・感じかた，(2)技能的側面：習得→熟練→活用→考えかた・行いかた・感じかた，(3)情意的側面：関心→意欲→追究→考えか

た・行いかた・感じかた」ととらえる"学力の三側面の内部段階の仮説モデル"を提唱したのである[10]。

　従来，内層に位置づけていた考えかた・行いかた・感じかたが三つの側面それぞれの内部段階である低→中→上の，さらに「高レベルの段階」（いわば第四段階－筆者注）に配置されており，それまでの三重同心円による学力観が三側面四段階論に切り替えられたかのような展開となっている。

(2) 勝田守一氏の測定可能な学力観

　文部省の全国学力調査のさなかの昭和37年，勝田氏[11]は，誌上パネル「学力とはなにか」において，学力とは「成果が計測可能なように組織された教育内容を，学習して到達した能力」と規定した。

　後にこの学力の定義が論議を呼ぶことになったわけであるが，勝田氏はこのような限定的な学力の規定によって，①人間の能力のうち，計測可能な部分（＝学習到達度）を学力と規定すること，②学習させる内容が，発達の順序の必然的関係という観点をもって，分析された上で組織されていることが大切であること（当時では，算数（数学）国語の一部，またその他の知的教科の一部に限られるかもしれないが，今後さらに拡げることが必要だと提言），③学力を測るのは，選抜や等級づけのためではなく，学習を指導する方法に合理的な順序と，まちがいのない方向と，確実な積み重ねを保証するためであること，を主張しようとしたのである。そして，当時の文部省の全国学力テストや学習指導要領はこのような諸点を満足させるものではないことを批判したのである。

　もっとも，このように極めて限定的な学力観を提示しつつも，他面では，──上記の①～③の裏面を補強するかのように──，①学力（＝認識の能力）のみならず，他の人間の能力の育成の必要（＝社会的能力，労働の能力，感応・表現の能力[12]，②計測可能なように分析的に内容を組織することの困難な芸術諸教科（音楽，図画など）は，学力概念からしばらくは除外するにしても，価値ある内容であるし，今後とも検討を加えること，さらには③たとえ学力から性格や価値観を切り離すとはいっても，現実の学習から学習意

欲や態度は切り離せず，このため子どもの学習意欲を育てることの必要性を訴えたのである。学校教育の任務は学力の育成のみに限られないというわけである。

このような勝田氏の提案は，その10年経過した頃から，いわゆる"学力論争"の火だねとなった。

(3) 学力における「態度」論争

藤岡氏[13]は，勝田氏と中内氏の学力観に学びながら，学力を「成果が計測可能でだれにでもわかち伝えることができるよう組織された教育内容を，学習して到達した能力」と規定し，このように考えれば，学力とは何かなどといった問いは消失し，代わって「だれにでもわかち伝えることができる」ように内容をいかに組織するか，そしてこのことは同時に「だれでも」ができる授業＝指導過程を指示することができるようになるという。いわば当時の"おちこぼれ"問題を教科内容の組織の問題によって解消可能とする論陣をはったのであった。

そして，この立場から，広岡氏の学力観を科学（＝内容）とは別に創造性や探究態度・人間的なものを措定する"態度主義"の学力観と批判する。また，坂元氏の学力観を結果としての学力（＝知識・技能・習熟）のみならず，「思考力，意欲，努力と結びついたわかる力」も含む"かくされた態度主義"と批判した。

この藤岡氏の批判を受けた広岡氏，坂元氏はそれぞれに反批判を展開したのであるが，さらには坂元氏の反論に賛成の立場から駒林氏[14]や豊田氏[15]らも藤岡氏批判に加わることになった。いずれも"態度"を除外する学力観は反子ども主義・反人間主義とでもいうべき学力観だと批判する点で共通している。

たとえば坂元氏[16]は，藤岡氏の学力観は，上記の勝田氏の限定的な学力の①，②部分を一面的に継承したものであること。その背景には自らのルビンシュティン解釈に反対し，結局は「主観の側の心理機能はすでに，こうして規定された学力の中身に対象化されてとりこまれているからである」という，

いうなれば模写的反映論に陥っていることを反批判したのである。

同時に，同氏[17]は，教育内容の科学的組織化という勝田氏の提案を継承しつつ，さらに，勝田氏の学力観の背景には，「学校において習得される認識能力の構造として明確にされつつあった学力の概念が，子どもの態度にあらわれる内的な心的傾向－感情・意欲さらには道徳性（道徳的確信・信念をふくむ）などの概念とどのように関連するのかという問題」－「学力研究と子どもの人格形成との内的かかわりの追求」が残されていたと整理し，あくまでも態度と学力の一体的な展開を志向する。それが，すなわち同氏の「わかる力」としての学力研究であったのである。

ところで，このような当時の学力論争の過程において，教育課程研究という立場から新たな展開を試みたのは安彦氏であった。

すなわち，安彦氏[18]は，勝田氏の主張する学力は自らのいう「測定学力」の範疇にあり，それをも含む学校教育はいわば「理念学力」を主張したものと整理し，そのうえで，自らは藤岡氏の学力観に共感しつつも，一方で「測定学力」との関係から教育課程の評価研究を行うとともに，他方では「理念学力」との関係から計測可能な教育課程を枠組みないし方向づけ，あるいは基準として用いるような教育課程の検討を行い，両者の接近をめざす教育課程評価研究の必要を訴えたのである。

4　学力を育てる評価の研究へ

筆者が就職した当時は，以上のように，全国学力調査（昭和31年度～41年度），学習到達度評価研究・調査，そして学力に"態度"を含めるか否かの論争など，学力をめぐる問題が理論界・実践界において厳しく問われていたのである。

このような中で，既述のように，筆者らは，J. デューイの「探究」をベースに，学力を子どもの"学習する能力"（＝探究能力）と捉え，その発達特質を思考態度及び思考操作能力（想起・確認能力と推論能力の交互操作）の両面より評価し，その向上に通じる方法及び内容の改善に迫ろうとしたの

第Ⅰ部　学力研究の意義と課題

であった。

このため，学力に態度面を含める点は広岡氏や坂元氏らのそれと共通しているが，しかしその根拠や位置づけ方，さらには認識面において知識・技術の客観的・科学的組織（の先在性）を重視するといった点においては異なっていた。

また，学力の育ちを測定するのみならず，同時に学力を育てる方法や内容を解明しようとする研究面は，安彦氏の示唆されるような教育課程評価研究における一つの実践的な取り組みであったといえよう。

その後も，筆者は，学力を育てる研究調査に取り組んだのであるが，そこには大きく2種類の研究の歩みがみられる。一つは，既述の授業分析をさらに発展させた，学力を育てる授業の開発的研究である。今一つは，単元を特定しながら学力の育ちを測定するのみならず，同時に学力を育てるための方法や内容のあり方を探るというものである。

(1) 学力を育てる指導と評価の開発的研究

前者に属する研究の第一歩は「生活科の授業と評価に関する開発的研究」（平成4～5年度科学研究費補助金・一般研究B）であった。すなわち，生活科の授業を事例としながら，戦後以来一貫して強調されてきた"指導と評価の一体化"の研究が目指されたのであった。

そして，このために，育てたい学力として，生活科の評価の観点である「関心・意欲・態度」「思考・表現」「気付き」をベースに考えた。というのも，これら3観点はデューイの「探究」能力に淵源すると考えたからである[19]。また，従来の測定評価観に代わって，デューイ流の問題解決評価観を採用し，その具体化のために，ステイク（Robert E. Stake）の「顔」モデル（countenance model）の実用化に努めたのであった。

現在では，この種の研究は「総合的な学習の授業及び評価に関する開発的研究」（平成14年度～16年度）及び，各教科等を視野に入れた「ポートフォリオ評価を活用した指導と評価の改善に関する開発的研究」（平成14年度～16年度）として継承され，先と同様，探究能力を育てるための指導と評価

の一体化の在り方が研究調査されている。

　ところで，これらの研究においては，従来その必要が強く意識されなかった「測定（measurement）」と「査定（assessment）」と「評価（evaluation）」の各概念が厳しく区別され，活用されていることを付言しておきたい。

　というのも，従来のテストとその数値による学力の測定は査定の一手段にしかすぎない。しかも，テストにしても，今日ではオープン式課題や概念図づくり等多様な工夫が重ねられている。また，知識・理解のみならず，子どもの態度，見方・考え方などを捉えるために観察や面接，作品，レポート等の多種多様な査定の方法が駆使されている。すなわち，「査定とは，生徒に関して，彼らが知っていること，できることなどの情報を収集する過程である」。一方，評価とは，これらの査定情報を基に，例えば目標・ねらいや内容，方法等の教育的処遇の良さや問題点，改善点等を解釈したり，判断する行為，すなわち，「評価とは，査定された情報について解釈したり，判断する過程である」[20]このように考えられているからである。

(2) 学力を育てる学習指導及び教育課程の研究調査

　ところで，今一つの評価研究に属するその後の研究としては，まず，昭和58年度から7ヵ年間にわたって実施された国立教育研究所の研究プロジェクトである「学習到達度に関する分析的研究」がある。この中で，筆者らは，個別学習方式（＝個に応じた指導）と一斉指導方式の及ぼす教育効果に関する研究調査を行うため，小4・5・6年の算数，小5年の理科，小5・6年の社会，中1・2年の数学を対象に，単元テスト問題及びそれぞれの単元に関わっての自己学習力，自己概念，交友関係，学習環境に関するアンケート調査を実施したのである[21]。

　さらには，①「ティーム・ティーチングによる指導の効果に関する研究」（平成8年度〜10年度科学研究費補助金・基盤研究A），②学級規模の研究である「学級編制及び教職員配置等に関する調査研究」（平成11年度〜12年度科学研究費補助金・特別研究促進費），③少人数指導の効果を研究する「指

導方法の工夫改善による教育効果に関する比較調査研究」（平成14年度〜15年度科学研究費補助金・特別研究促進費〈1〉）などをリストすることができる。

ところで，文部省（現文部科学省）の全国学力調査以降も，各種の全国的ないし国際的な学力調査が実施された。たとえば国際教育到達度評価学会（IEA）の「国際数学・理科教育調査」（算数・数学：1964年度，1981年度，1995年度，1999年度。理科：1970年度，1983年度，1995年度，1999年度），文部省の「教育課程実施状況調査」（1981年度〜1983年度，1993年度〜1995年度），経済協力開発機構（OECD）の「生徒の学習到達度調査」（PISA，2000年度，2003年度，国立教育政策研究所担当），国立教育政策研究所教育課程研究センターの「小中学校教育課程実施状況調査」（2001年度），「高等学校教育課程実施状況調査」（2002年度）などである。

これらの学力調査における学力の捉え方や出題の内容や形式等はそれぞれにおいて異なっている。しかし，いずれも学力の育ちを"測定"する類の調査であり，このため，日常の学習指導や教育課程編成の改善に通じる情報を得ることは困難となっている。

今後は，子どもの学力の測定よりも，むしろ学力を育て，高める評価へとシフトした研究調査を重視していきたいものである。

〈注〉
(1) 木原健太郎「学習到達度の診断視点をどこにおくか」『授業研究 No.180』明治図書，1978年，42頁。
(2) 国立教育研究所『学習能力の形成』第一法規，1980年，3頁。
(3) 同上書，5頁。
(4) 同上書，24頁。
(5) 高浦勝義『児童・生徒の学習能力の形成と教師の指導法に関する調査研究（その1）－小学校第5学年社会科授業の分析を通して－』国立教育研究所紀要第106集，1983年，はしがき。
(6) 広岡亮蔵「どんな学力を形成するか」『現代教育科学』明治図書，1976年。
(7) 広岡亮蔵『授業改造』明治図書，1964年，130頁。

(8) 同上書，124～128頁。
(9) 広岡亮蔵「どんな学力を形成するか」『現代教育科学』明治図書，1976年，17～22頁。
(10) 広岡亮蔵「学力と評価」『学力の構造と教育評価のあり方』日本教育方法学会編，明治図書，1979年，16頁。
(11) 勝田守一「学力とは何か－意見をよんで」『教育』国土社，1962年，24頁。
(12) 勝田守一『能力と発達と学習』国土社，1990年，54頁参照。
(13) 藤岡信勝「『わかる力』は学力か」『現代教育科学』明治図書，1975年。
(14) 駒林邦男「学力の構造と学習力の関連」『現代教育科学』明治図書，1976年。
(15) 豊田久亀「学力・能力と人格発達の理論」（上・下）『現代教育科学』明治図書，1977年。
(16) 坂元忠芳「今日の学力論争の理論的前提をめぐって（上）－鈴木・藤岡論文への反論－」『科学と思想』第19号，新日本出版社，1976年，100頁。
(17) 坂元忠芳「今日の学力論争の理論的前提をめぐって（下）－鈴木・藤岡論文への反論－」『科学と思想』第20号，新日本出版社，1976年。
(18) 安彦忠彦「学力概念の明確化と教育課程評価研究」『学力の構造と教育評価のあり方』日本教育方法学会編，明治図書，1979年。
(19) 拙著『生活科における評価の考え方・進め方』黎明書房，1991年，第3章。
(20) 拙著『ポートフォリオ評価法入門』明治図書，2000年，44～46頁。
(21) 加藤幸次・高浦勝義・石坂和夫『学習到達度に関する分析的研究－一斉指導方式と個別学習方式における教育効果の検討－』国立教育研究所紀要第114集，1987年。

第2章

学校知識の再構成
――「継続する学力」の育成のための知識論――

松下晴彦

はじめに

　学力をめぐる諸問題は，いつの時代においても学校教育の最も重要な課題であり続けてきたが，それぞれの時代においてその思潮を何がしか反映するものである。昨今の学力議論は，例えば「学力低下」への憂慮や「確かな学力向上」のための方策，「学習指導要領のもつ意味」などをめぐって展開され，議論の仕方と提案によって新保守主義と新自由主義，共同体主義とリベラリズムなど対立の図式も明確になりつつある。しかし，現代の学力論に際立った特徴は，背後にある激動する現代社会が次の世代にもたらす影響について，（どちらの陣営にも共通して）教育関係者たちが推測しかねている点にある。特に学力低下論の激したトーンは，その不安を併せて表明しているようなものである。私たちは，現代社会が，もはや近代のモノの生産と消費を軸にしたリニアな成長型の社会ではなく，高度な情報の収集・操作と知識の創造と変換，交換の社会（知識経済の社会）であることを一応了解しながらも，この社会で生きていくための必要で十分な要件として，学校が何を提供できるかということについて把捉しかねているのである。
　本稿では，現代社会の学校教育において要請される新たな学力のあり方を考えるために，近代の学校教育とそのカリキュラムが前提にしてきた知識観を概観し，高度情報化社会において要請される新たな知識の捉え方を検討していくことにする。

1　学校で学んだもの
──結果としての学力と継続する学力──

　学力をめぐる言説において言及される「学力」は，しばしば多義的である。
　第一に学力とその測定可能性との関係による多義性である。ひとつには，学力を学校教育における学習指導の結果としてもっぱら測定可能なものに限定して定義し，測定不可能なものについてはそれに言及しない（それを学力とみなさない）という立場がある。これに対し，学力をより広義に捉え，学校教育の学習指導の結果として，「測定されるもの」と「測定し得ないもの」の双方を想定するという立場がある。そこで，例えば「学力低下」が問題となる場合，前者の立場は，「学力測定値の低下＝学力低下」を問題とする傾向があるのに対し，後者の立場は，いわゆる「学力低下」は測定可能な部分の「測定値の低下」であって，直ちに広義の学力が問題となっているのではないと捉える。この後者の立場の論者は，例えば「分数の割り算ができない学生」がいることにも大騒ぎすることはない。
　第二に学力は到達度（achievement）なのか学習可能性としての能力なのかという多義性である。到達度や達成度としての学力は，学校での学習指導の結果，子どもが学んで得た知識や，行動としてできるようになった事柄であり，これは，テストによる測定された結果として捉えられる。これに対し，学力を学習のプロセスにおいてダイナミックに変容していく学習可能性としての能力と捉える考え方がある。ペーパーテストの結果などにあらわれる個々の実体としての学習内容を無視するわけではないが，単なる「知識や技能」よりも学習への渇望，学ぶ姿勢など「意欲や関心，態度」を学力に含めて捉えようという考え方である。学習者の批判的思考力や表現力，創造性，問題解決能力などの育成を重視する立場は，後者の考え方を採る傾向にある。
　さて昨今の日本の「学力危機（意識）」は，IEAの調査結果をはじめ各種の調査データの分析，今後その実施がますます頻繁に，かつ徹底されると予想される国内の学力調査によって，さらに助長される可能性がある。しかし，特定の計算問題や事実の暗記の程度を問う問題の正答率，また物理的な学習

時間や学習意欲，関心を問うアンケートの結果によって，現代の学校カリキュラムや学力の問題を問うのはかなりの危険を伴うと言わざるを得ない。現代日本の成人のどれだけの人が，かつて学校で学んだ事柄，不定積分とか指数関数，導関数の定義を再現できるだろうか。また幸いにしてそれらを覚えていたとして，大方の人はかつて苦労したわりには，それらがその後の生活に何の役にも立っていないと嘆くのではないだろうか。実は，こうした問いの立て方は，カリキュラムの内容や測定値としての学力がそれ自体として教育的価値があるもの，孤立したものとして考えるという誤謬を犯している。

J. デューイは既に『経験と教育』の中で次のように述べていた。

「おそらくあらゆる教育学的な誤りのうちで最大のものは，人はその時点で学ぶ特殊な事柄だけを学習しているという考え方である。好きなことを持続させ，嫌いなことを耐え忍んでいく態度が形成される仕方にみられるような，付随的な学習のほうが，スペリングの授業や地理や歴史の授業で学習することよりもはるかに重要なものである。というのは，このような態度こそ，将来において基本的に重きをなすものだからである。形成されうる最も重要な態度は，学習を継続していこうと願う態度である。もしこのような方向への推進力が強化されないどころか弱められるようであれば，……生徒が生涯において出会うさまざまな状況に適切に対処できる能力までも奪われてしまうことになる。」[1]

ここでデューイが反駁しているのは，伝統的教育と生活を準備するような教育の双方である。学校教育において重要なことは，いわゆる基礎的な知識や技能，生活に直結するノウハウなどの教材の教授・学習よりもむしろ「付随的な学習」，「好きなことを持続させ，嫌いなことを耐え忍んでいく態度の形成」だというのである。もちろん，現代社会は，デューイの時代とは大きく異なった特徴をもっている。しかし，「特殊な事柄の学習」よりも「学習を継続していこうという態度」，性向，心の習慣の育成を重視したカリキュラムの編成，学力の再定義は，上記の「学力低下」論議の時代において緊急の課題である。

2 ディスプリンの境界設定
──表象としての知識──

　学習指導要領や教科書の内容，測定値による学力概念，教材をめぐる丸暗記と忘却のエピソードには，教育的価値としての学校知識が独立して存在し，しかも量的に把捉できるものだというイメージがつきまとう。この種の知識イメージはどのようにして生まれたのだろうか。

　先ずは，学校知識の範型ともいえるディスプリン（学問）の歴史から見てみよう。ディスプリン，あるいはサイエンス（諸学問）の境界設定の歴史は，古代ギリシアまで遡ることができる。例えばアリストテレスの諸学問の分類は，周知の通り体系的であった。すなわち，①理論的な学問（自然学と哲学），②実践的な学問（倫理学と政治学），③創作的な学問（美学）である。彼はすべての実在は分類整理してのみ知ることができると捉えており，個々の学問がその種類に応じた存在を研究するとされた。これに対し，（第一）哲学は普遍的な知識，類の特性に無関係な存在そのものの特性を研究する。「最も普遍的なことを知っているということにおいて賢人は，この普遍的な知識のもとに包摂される事柄のすべてを，何らかの意味で知っているのである」（『形而上学』，982a23）[(2)]。アリストテレスにおいては，学問の分類はその統一性において実現されるものであった。しかし，彼の弟子，パレロンのデメトリオス，また時代を下ってローマ時代のマルクス・テレンティウス・ウァロらによる知識区分は，研究分野の専門化，実用的な学習課程に応えるものとなり，百科全書的な色彩をもつようになる。

　アリストテレス以来，諸学問について，諸学問の論理的基礎，学問の対象，方法によって区分するという仕方は基本的に変わらないものの，それぞれのもつ意味は，その後時代を下るにつれ次第に変化していった。ルネサンス後期には，諸学問の間の関係に意味を与えるような志向性，知識論の提供が意識されるようになる。同時に，それまでは問われることのなかったアリストテレスの「存在」の位置に，私たちのイメージに近い「自然」概念が措定されるようになる。R. ローティ的にいえば，学問が次第に，神＝自然から距

離を置きはじめ，自然を映し出す鏡の役割を担い始めるのである。例えば，17世紀のF. ベーコン（F. Bacon）は，『学問の尊厳と進歩』において，第一哲学という概念を受け継ぎながらも，（普遍的）存在の位置に自然を置き，目的，対象，その他の現象に対して論理的組織的分類体系という捉え方を提示した。ベーコンは人間の心の営みに対応させた基準，つまり記憶，想像，理性といった基準をベースに，記憶により形成された歴史，創造により湧き出たものとしての詩，理性を用いることによる哲学が生まれ，さらに神学，自然学，人間学に分けられると捉えたのである[3]。つまり，自然というひとつの対象が与えられれば，帰納論理によって自然哲学を含むすべての諸学問の区分と統一性が決定されるのである。

　また同じく17世紀の思想家，T. ホッブス（T. Hobbes）は，（ベーコンとは異なり）演繹的な方法によってであるが，結果が生じてくる原因たる物体の運動こそがあらゆる学問の対象であると捉え，その運動の複雑さによって，学問は区別しうると考えた。『リヴァイアサン』にはホッブスによる学問の分類のツリーが図式化されているが[4]，ここで注目したいのは，第一に，宇宙（自然）の属性の分析によって分類がなされているという点であり，第二にその頂点にある学問は，「哲学，もしくは結果に関する知識」と説明されているが，この学問をさすサイエンスは単数形で記されているという点である。私たちは，この普遍的学問をさす言葉を久しく喪失したままの時代を生きているので，ベーコンやホッブスのいう第一哲学の意味，また第一哲学が力を失い，やがてそぎ落とされてしまうことの意味を俄に把握しがたい。第一哲学が力を失う背景には，対象としての「自然」の意味の変遷がある。「自然」は先ず，学問の統一の原理であり畏怖の念をもつべき「存在」であることをやめ，次に，一冊の読み解かれるべき書物に喩えられはじめ（コメニウスによる教科書の誕生でもある），最後には単なる克服とコントロールの対象でしかなくなるのである。

　ベーコンやホッブスまでの時代，サイエンスはもちろん現代の科学とは意味が異なる。そのラテン語，scientia は，論証によって裏づけられた確実な知識を意味していた。しかし，対象領域の細分化とそれにともなう学問の細

分化（具体的には専門分野ごとの学会活動，専門家の共同体，専門雑誌の発刊などがある）により，19世紀にはサイエンスは複数形としての諸科学，諸学問へと姿を変えてしまうのである。

　周知の通り，19世紀後半以降，新制大学の勃興とともに学問は分裂と細分化の増殖を強めていく。当初は，ベーコンらの精神を継承した形で，対象の分化により学問の境界設定がなされていたともいえるが（現代の学問細分化のイメージもそれに近いのではないだろうか），現実には他の要因が複雑に絡んでいる。実際のところ学問はどのような原理と方法において境界設定がなされてきたのか，またどのような仕方に正統性をみることができるのだろうか。いわゆる「後知恵からの優位性」でしかないが，その方途として「学問の研究対象」「研究方法，方法論」「受容可能性」「学問の親族性」「特定概念の共有」などの規準が試みられてきた。しかしこれらはどれも満足のいくものではない[5]。教育学研究では，今や古典的ともいえる P. フィニックス（P. Phenix）の「意味の6つの領域」[6]や P. ハースト（P. Hirst）の「7つの知識形態」[7]の苦難がそれを物語っている。

3　社会構成主義による知識概念

　例えば今日，大学において競争的資金の配分のための審査カテゴリーは，研究領域に関する特定の分類方式に従っている。その恣意性やリサーチの実際との乖離を問題に感じる人も，学校知識の分類についてはこれを既存のものとして素直に受容してしまうという奇妙さがある。

　研究の最前線では，リアリティは，事実の社会的構成による結果としてあって，その原因ではない。このように，知識の構成，構築を本質的に社会的なものとして捉える立場が，社会構成主義である。社会構成主義者は，知識体系やディスプリンが，自然（外部世界）の表象であることを否定する。ディスプリンは，自然を映し出す鏡（表象としてのディスプリン）というよりも，world making（世界製作）の学として捉え直されるべきなのである。相変わらず，科学は真理探究の学問であると主張できるのだろうが，この真

理概念は相対化され，科学は何よりもひとつの社会的実践として捉えられる。その意味ではもはや科学はなんら特権を有するものではなく，他の多くの社会的実践がもたらす物語や神話と同程度の妥当性をもつに過ぎないとされるのである。もしこのような教義（これはその立場上，教義とは決して呼ばれない「教義」である）が社会構成主義者以外にも広く真摯に受け入れられるとすれば，教育におけるカリキュラムの構成原理はもちろんアカデミズム内外におけるディスプリンの捉え方自体が大きく変更されなければならないということになる。

　社会構成主義によるラディカルな指摘は，そもそも諸学問の境界設定の仕方自体が誤っているという指摘である。学問の境界を定義づけ，設定しようという試みは，既にそれが固有の特徴をもった，プラトン主義的な無時間的，普遍的な性質をもつということを前提にしている。科学（学問）の性格を社会的なプロセスと捉える立場からは，このような前提は全く支持されない。特定の時期に見出され，具現化された特定の（学問の）領域区分という捉え方は，諸概念や素材，テクニック，探究の様式や表現の仕方などが誕生し，進化し，消滅していくという複雑なプロセスを歪曲してみせてしまうとされるのである[8]。特定の学問の成立を社会的，文化的，歴史的，場合によっては政治的なプロセスから探究するという姿勢には，伝統的な認識論的二分法，あの自然と自然を映し出す鏡という区分を否定し，世界は発見されるのではなく製作されるのだという考え方がある。かつてN. グッドマン（N. Goodman）は次のように捉えていた。「ほとんど真理だと思われる言明よりも，しばしば，真でないことを除けばほぼ正しいと思われる言明が選択される場合がある。そればかりか，真理があまりにも込み入っていたり，雑然としていたり，他の原理とうまく適合しない場合には，最も真にせまった受け入れやすく，啓発的な嘘が選択されることもある。ほとんどの科学的法則とはこの種のものである。つまり，詳細なデータの細大漏らさぬ報告ではなく，プロクルステス的に容器に大雑把に詰め込んだ単純化なのである」[9]。

　最もラディカルな社会構成主義（D. Bloor に代表される英国のエディンバラ学派の「ストロング・プログラム」）は，自然科学を含めたあらゆる学

問について，その客観性，普遍性，確実性といった性質を剥奪し，ディスプリンとして知られる知識は，専ら文化的，社会的，政治的文脈とプロセスによって説明されるという見解を綱領にあげていたが，そのラディカルな部分は論理的に支持されないことが知られている[10]。しかし，学校カリキュラムの構成の観点からは，かれらの研究をベースに緩やかな社会構成主義を採ることができる。つまり，知識をもはや実在世界の「表象」としては捉えず，認識主体の経験において構成された「適応様式としての知識」として捉える立場である。不動の「ディスプリンの構造」という概念は改訂される必要がある。自然の領域と知識の構造は，学習者にとって予め存在するようなものではなく，学習者の探究によって構成されるのである。世界の事物とその表象の関係は反転し，表象の実践は，世界を映し出すのではなく，世界の事物を構成するとされる。科学（知識）は，ウィトゲンシュタイン的な「生活形式」であり，コミュニケーションと対話，そして社会実践の問題なのである。

4　コミュニケーションと協働学習のための知識概念

　教育学研究としては，昨今の状況的学習論，正統的周辺参加論の展開，認知的徒弟制論，ヴィゴツキー学派による活動理論などの展開を俟つまでもなく，既にデューイや J. ピアジェ（J. Piaget）は，学習者を有機体としての能動的な認識主体として捉え，知識の成長を，環境との相互作用による経験の再構成，あるいは同化と調節，均衡のダイナミックなプロセスとして捉えていた。今日の私たちは，子どもが生まれながらにして知識一般のデータバンクを携えているなどという生得説は誰も採らないだろうし，他方，いかなる知識の獲得も直接的な知覚によるという極端な経験主義を採ることもない。知識の探究のための規準や方法も社会において構成されたものであるし，学習の対象となる特定の知識体系やディスプリンもまた人類の叡智の営みとして構成されたものである。この認識に立つならば今日の誰もが緩やかな社会構成主義者であると言えよう。

　ところが，カリキュラムとしての学校知識や測定値としての学力にまつわ

る議論においては，私たちは，有機体から離れて孤立して存在する教材という概念に後退してしまう傾向にある。たとえ理論家としては構成主義的であっても，実践家としては，知識の体系性（教科の系統性）への過度の反応や，知識か経験かという二分法，発見としての知識か構成としての知識かという二分法，リニアなプログラムかネットワークとしてのプログラムかという二分法などにとらわれてしまうからである。特に知識か経験かという強迫観念は，「学力低下」論議において総合学習が周辺的な位置を占めていることにもあらわれている。真に学ぶべき知識は，総合や体験とは離れたどこか別のところにあるというイメージである。そしてこのイメージを助長するのが，現代の知識社会の到来であり，教育者はますます網羅的な知識が学習者の中に実体として実現すべきだと考えるようになる。

　デューイは，教育における経験の再構成を強調し，その二大原理として成長と連続性を主張していた。デューイの考え方に従えば，学習者の発達の段階とは無関係に教材が存在していたり，教育的価値が教科自体に帰属されるものでもない。またいつかどこかで役に立つという理由で，教科が孤立して学習されることにも警告を発している。これは基礎基本といわれる知識・技能についても同様である。デューイにおいては，知識の源泉（教科や教材）は学習者の経験の中にあるのであって，学習者の経験に先立って予め存在しているようなものではない。経験は，学習者と学習者の環境を構成するものとの間の相互作用として存在するが，そのとき学習者が獲得する知識・技能はそれに続く状況を理解し，処理していくときの道具となっていくのである。

　デューイにおいて，知識概念は経験の再構成として捉えられているが，このような知識＝教材概念は，情報が自己増殖していき，個人が次第に孤立化し，あるいは疎外化されるような現代のポスト産業社会，高度情報化社会においては，ますます重要な考え方である。近代の学校知識概念では，それ自体で教育的価値があるとみなされた教材＝知識が，学習者に提供され，次に学力の測定のための尺度となった。そこでは，学力とはすなわち学習者が外部から獲得した実体としての量的な知識であった。これに対し，学習者の経験の再構成としての知識概念においては，知識は学習者の経験において実現

するものであり，学力もより広範な能力を意味することになる。この能力とは，「好きなことを持続させ，嫌いなことを耐え忍んでいく態度」「学習を継続していこうという態度」であり，状況において問題を察知し，問題を解決していく創造的な能力なのである。デューイが指摘するように，従来この種の能力はいわゆる「潜在的なカリキュラム」の次元で，付随的に獲得されたものであった。しかし，学習者のひとりひとりが経験の再構成の主体として，その対話と討議，参加が要請される知識社会においては，これらの学力・能力の育成は，学校教育の最重要課題とならなければならない。

　最後に，教材としての経験の再構成は，真空において生じることはない。学習者の経験の中に教材が見出されるための条件を整備するという責務は，教師の側にある。学習者における教育的価値としての経験は，教師の積極的な配慮がなくては成立しないのである。この意味での教師の指導性が充分発揮されるとき，学校は，協働探究者（教師，子ども）のコミュニケーションと対話による意味の共有と拡充の共同体を形成することができるのである。

〈注〉

(1) Dewey, J. Experience and Education, Kappa Delta Pi, 1998, pp. 49-50. 邦訳，市村尚久訳『経験と教育』講談社学術文庫，2004年，72-73頁。
(2) Jonathan Barnes (ed.), The Complete Works of Aristotle II, Princeton University Press, 1984, p. 1554.
(3) F. ベーコン，服部英次郎・多田英次訳『世界の大思想6　ベーコン』河出書房，1966年。
(4) Hobbes, T. Leviathan, Oxford University Press, 1990. 邦訳，永井道雄・宗片邦義訳『世界の名著23　ホッブス』中央公論社，1971年。
(5) Schrag, F. "Conceptions of Knowledge", in Jackson, P. W. (ed.), Handbook of Research on Curriculum, Macmillan Library Reference, 1992, pp. 286-287.
(6) Phenix, P. H. Realms of Meaning: A Philosophy of the Curriculum for General Education, McGraw-Hill, 1964.
(7) Hirst, P. H. "Liberal Education and the Nature of Knowledge," in Dearden, R. F., Hirst, P. H., and Peters, R. S. (eds.), Education and the Development of

Reason, Routledge & Kegan Paul, 1972.
(8) Hull, D. L. Science as a Process: An Evolutionary Account of the Social and Conceptual Development of Science, University of Chicago Press, 1988.
(9) Goodman, N. Ways of Worldmaking, Hacket Pub. Co., 1978.
(10) 松下晴彦「英米の教育学研究における社会構成主義とその認識論的諸問題」名古屋大学大学院教育発達科学研究科紀要（教育科学），第49巻　第1号，2002年。

第3章

学力モデルとカリキュラム開発

田中統治

1　問題の設定

　カリキュラムは特定の学力を育成するために開発されるが，その目標とすべき学力の内容が曖昧であれば，カリキュラムの開発に支障が生ずる。この点で，日本で開発された過去のカリキュラムは，つぎのような課題をかかえてきたと言わなければならない。

　① 目標とされる学力の定義とその科学的な根拠は何か。
　② 学力とカリキュラムをどう対応させて計画するか。
　③ 学力をカリキュラムの実践過程でどう具体化するか。
　④ カリキュラムによって育成される学力をどう確認するか。
　⑤ その結果をカリキュラムの改善にどうフィードバックするか。

　これらの課題の多くは，カリキュラム開発の中でも「カリキュラム評価」(curriculum evaluation) に関係している。なぜなら，学力はカリキュラムの結果として何らかの方法で評価されなければ，事実上，意味をもたないからである。したがって，学力の構成要素とその関係を示す学力モデルについて検討する場合にも，その論点を①と②に狭く限定するのではなく，①から⑤にわたる全体的な視野から，カリキュラム評価の問題として議論することが必要である。

　ここでは，カリキュラム研究の立場から，上記の課題をふまえて，学力モデルを仮説段階から実践的な検証に付すための提案を試みる。すなわち，まず，過去に提案された学力モデルの典型例を検討し，その問題点を指摘する。つぎに，生涯学習にとって有用な学力モデルとして，脳科学の成果をもとに

第Ⅰ部　学力研究の意義と課題

したモデルを構成し，これを参考にした品川区の小中連携による教科再編の事例を分析する。そして，その分析結果から上記の課題に答えるために必要な視点を提案する。

　カリキュラム開発という場合，従来の教育課程編成と異なり，第1に単元を教科書・教材から学習経験に移し，第2に教師集団が開発の主体となって，第3に授業をベースに教育内容の改善を図ることをめざす。この用語が日本で普及する契機は，1974年に旧文部省がOECDのCERI（教育革新研究センター）と共催で行った国際セミナーである[1]。そこでは「学校に基礎をおくカリキュラム開発」(School-based Curriculum Development: SBCD) が提唱された。近年，各学校が創意工夫をこらして特色ある学校づくりを進めるうえで，SBCDが再評価されている。このSBCDの考えに照らしてカリキュラム開発と学力モデルの問題は検討されなければならない。なぜなら，過去の学力モデルは，各学校が独自にカリキュラムを開発することを前提として考案されていないからである。

　では，学力モデルがどのような条件を備えていれば，教師が主体となって授業をベースに単元を開発することができるのだろうか。筆者が考えるその条件の第1は，先述のとおり，カリキュラム評価に耐えられることである。第2に，教師たちが単元案や指導案を作成する際に不断に参照することができる具体性をもつことである。学力モデルの実証性と具体性が理念と実践を分ける条件となる。つまり，各学校でのカリキュラム開発を前提とする学力モデルには，教師が集団として共有できるような一定の「実践的な根拠」が求められる。

　そこで，本稿の後半では，学力モデルの実践過程を検討するため，2001～2003年度に品川区の小学校2校と中学校1校が文科省指定の研究開発学校として試みた事例を取り上げる。この事例は，筆者が運営指導委員として3年間にわたり関係し，参与観察の形で実践的な検証を試みたものである。このため，その成功と失敗例も含めて，学校現場での学力モデルとカリキュラム開発の関係をつぶさに分析することができる。以下では，前半を理論編，後半を実証編に分けて，学力モデルの実践可能性を探る形で考察を進めるこ

とにする。

2　カリキュラム開発における学力モデルの不毛性と生産性

　学力モデルは学力の構成要素とその関係を図示するものが多い。ここではその代表的なモデルを取り上げ，カリキュラム開発にとっての問題点を明らかにする。考察の前提として，知能（intelligence）と学力（achievement）がどう区別され，相互に関連づけられているかという点に注目する。カリキュラムの結果として実現される学力は，知能の一部に過ぎない。知能と学力を区別しないと，学力モデルは抽象的な図式に止まり，カリキュラム開発につながりづらく，不毛なものとなる。アチーブメントを学業成績と訳せば，それはただ単にペーパーテストの結果とみなされるが，しかし，これを「学業達成」と捉えれば，カリキュラムとの関連が一定，明確にできる。ここでは，学力を「カリキュラムによって達成されるよう設定された教育目標の諸水準」と操作的に定義しておき，結論においてその再規定を試みたい。

　学力論や学力観として主張されたものも含めれば，学力モデルの種類は多数に上るが，そのうち代表例として知られているものは，1950年代末から70年代にかけて提案された廣岡亮蔵と勝田守一のモデルである。ただし，勝田のものは学力ではなく能力モデルとして提案されているので，その点に留意しなければならない。まず，廣岡のモデルは「同心円状の三層モデル」をなしており，環境と作用し合う外円から順に「要素的な知識・技能」，その内側に「関係的な理解と総合的な技術」，そして中心に「思考・操作・感受表現態度」の三層から構成される[2]。つまり，教育によって形成しやすい知識・技能を外側に，つぎに理解・技術を配置し，その中核に「態度」を据えて，これを最終的に形成される学力と捉えている。

　廣岡による学力の構成要素は，91年改訂指導要録の観点別項目とほぼ重なっている。この意味では日本の学力モデルとして広く認められていると言ってよい。ただし，学力要素の配順は指導要録と逆になっている。そもそも態度を学力に含めるか否か。また，含める場合に，それをモデルの中でどう位

置づけるかという問題をめぐって議論は分かれる。とくに，意欲や努力は人格評価に関わるものであるから学力に含めるべきではないとする「態度主義」論争が，教育学者の間で廣岡の学力モデルへの批判としてなされた。この争点は，カリキュラムの目標に態度的要素を組み込むことができるか否かをめぐる重要な問題である。

　これに対して勝田の能力モデルは，カリキュラムによって達成される能力について「認識の能力」を中心に構想されている。認識能力を支える言語能力と運動能力が，相互に影響・浸透し合う形で，「感応・表現の能力」，「労働の能力」，そして「社会的能力」の三つを媒介して，これら全体が体制化されて人間の能力を形作っている[3]。ここで重要な点は，「認識の能力」が他の三つに対して特殊な位置に立つことである。つまり，学校で育てる能力としての学力は「認識の能力」の方であって，態度的要素を含むべきではないと解される。勝田は学力を能力の特殊な要素とみなして，両者を区別することを強調している。

　能力と学力の区別はカリキュラム評価にとって重要な問題である。なぜなら，学力に関する教育目標はカリキュラム評価を前提にして設定される必要があるからである。学力モデルの中にカリキュラム評価が困難な能力や態度的要素が盛り込まれると，それは名目的な目標になってしまって，結果的にカリキュラム評価を行えなくする。勝田のモデルは学力を「認識の能力」に限定している点では明快である。

　しかし，運動能力と言語能力が「認識の能力」を支える基底的要素であるとするなら，これをどう区別して教育目標化することができるかという問題は残る。「認識の能力」を育てるうえで運動能力と言語能力を視野に入れなければ，カリキュラムを開発できないからである。また，「認識の能力」の内容も詳細でないため，学力モデルとしてみれば不十分である。このため，実践者である教師にあまり注目されなかったことは否めない。このようにカリキュラムと能力モデルを対応させることには一定の困難性があると言わなければならない。

　このことは，近年，提案された学力モデルについても当てはまる。たとえ

ば，文科省が2004年5月に公刊したパンフレットにおいて，「確かな学力」の模式図を示している[4]。これは基礎・基本の構成要素を8つの学力として表現する点で見やすくはあっても，各学校がカリキュラムを開発するときに利用しやすいものではない。この他，学力のイメージを「氷山モデル」などによって図式化する試みがみられる[5]。学力の基底部をなす「意欲・関心・態度」と，表層部をなす「知識・理解・技能」が相補的な関係にあることはわかるけれども，しかし，そのバランスをカリキュラム開発にどう採り込めばよいかに関して，主として学習活動への導入と動機づけを強調しているために全体的な内容構成論に結びつけにくい。

このように，従来の学力モデルはカリキュラム開発に利用できるというよりも，学力の「あり方」を一般向けにわかりやすく図示したものが多く，この点では若干，不毛な議論のように映る。その原因の一つに，カリキュラム評価を前提としていないために，カリキュラムの目標としては曖昧なことがあげられる。これまでの教育課程改革に関する議論もカリキュラム評価の資料を欠いたままになされるきらいがあり，このデータの欠落が90年代後半から起こった学力低下論によって厳しく問われてきたところである。これからの学力モデルには，「わかりやすさ」よりも，各学校でのカリキュラム開発に応用できるような「生産性」が求められる。

では，学力モデルがカリキュラム開発において生産性を高めるために必要な条件は何か。それは，冒頭で挙げた五つの課題を克服することである。すなわち，①「〜力」といった学力要素の羅列的な表現を改め，その科学的な根拠を示しながら，目標とされる学力を定義することである。②その学力の内容をカリキュラムと客観的に対応させるため，学習者の発達と学習の準備性に即して段階的に計画化することである。③この計画を新しい単元開発によって試行するうえでは，実践者が学力の達成状況を観察できるようなキイワードへの変換が必要である。④複数の単元案のうちどれが有効であるかを確認し選択するため，「教育目標に準拠した」（goal-based）評価と，「目標にとらわれない」（goal-free）評価の双方を活用することである。⑤こうしたカリキュラム評価の結果を教育目標の設定と教育計画の立案に恒常的に反

映させるシステムを構築することである。

　これらの条件をクリアできる学力モデルがカリキュラム開発によって達成可能であって，また，その修正によって妥当性を高めることができる。近年，注目されている脳科学の成果をもとにしたカリキュラム開発は，上記の条件を満たす可能性を秘めている。そこで，人間の学習能力という視点から新たな形で学力モデルを検討してみる。

3　脳科学の成果をもとにした学力モデルの検討

　学力を「学習能力」として考える視点は，すでに学習・認知心理学から提案されてきた。しかし，これをカリキュラム開発につなげる学力モデルにまで構成した研究成果はまだ少ない。その理由は，学習能力の視点が，授業や学習などの指導法を論ずるときには有益であるが，教育内容のあり方，とくにその目標や構成にまで踏み込む提案を行うとき一定の限界をもっているからである。たとえば，学習能力の形成にとって重要な「転移の可能性」について，近年の研究でも，転移が限定的であって学習状況に強く束縛されていることぐらいしかわかっていない[6]。つまり，学習能力の機能はある程度まで突き止められたとしても，それを育成するためのカリキュラムのあり方までは明らかにされていない。

　この点で注目される米国の認知発達心理学者ガードナー（Gardner, H.）は，多重知能論（Multiple Intelligences: MI）をもとに，84〜93年にかけて行った「プロジェクト・スペクトル」によって，新しいカリキュラムと評価を実証しようと試みている。彼はその研究成果から，八つの知能，すなわち，言語，論理的−数学的，空間，身体−運動，音感，人間関係形成，自己観察・管理，および自然との共生の知能を挙げ，個人ごとに設計された柔軟なカリキュラムの必要性を強調する[7]。ガードナーの論点を整理すれば，知能は相互に独立した形で存在しているので一つの数字で知能を表すことはできず，その発達も個人と分野により異なるので一律に進度や水準を区切ることもできないこと，したがって，学習の画一化を避けて，幅広い学力の視点か

ら子どもの動きを観察し記録した結果をもとに，選択制や学習コーナーの整備によるカリキュラムの多様化を進める方が重要であるということである。

ガードナーによるこの提案は，従来の学力モデルにはみられない具体性と刺激に富んでおり，しかも，学校での実践的な検証が行われている点が評価される。米国では「人はそれぞれに異なる優れた点を持ち合わせている」という教育理念に通じるため教育関係者の間で高く評価され，また，ガードナー（MI）・スクールと呼ばれる学校も数多く設立されている。日本でもこれを幼児教育に生かそうと試みられている[7]。多重知能説は個性重視の教育を目差す日本の学校づくりにおいても参考にすることができるだろう。

そこで，先述の条件に照らして，多重知能論をもとに学力モデルを仮説化してみると，次の点がカリキュラム開発にとって示唆的である。すなわち，第1に，学力モデルの拠り所を多重知能説と脳科学に置けば，その教育目標として「ひとに本来，備わった学習能力を自然な形で伸ばす」を掲げることができる。学習能力は，八つの領域に固有の知的回路により，それぞれ最適な時期に，最適なトレーニングと環境によって育成される。子どもが社会性を獲得する過程でそのネットワークも拡大していく。そうであれば，学力の概念を幅広く多様に捉え，インプット（記憶）とアウトプット（活動）をつなぐ神経回路の形成に注目し，この形成過程を例えば八領域にわたる特定のスキルや学習行動の上達として確認できるのではないか。

第2に，多重知能論でいう八領域は小学校の教科構成とほぼ対応しているけれども，しかし，従来の教科枠では学習能力の獲得過程を把握しづらい。そこで，幼稚園指導要領にある5領域と組み合わせて，小中を一貫するカリキュラムによって段階的に計画化できないだろうか。すなわち，教科枠を柔軟にしたクロスカリキュラムを構成し，構想図（図1）に示すように，子どもたちが3R's（読み書き算）を中心とした基礎学習から，課題選択による発展学習へ進む過程で，どのように課題を深く追究するようになるか，その媒介過程を解明できるのではないか。

第3に，単元開発のためのキイワードとして，「実生活に活かす実践的なスキル」を設定し，授業実践の効果として見取ることにする。これは，従来

の学習スキルの考えを発展させ,「広く浅く」という記憶偏向型の学習から脱して,「少ないテーマを深く」学ぶための短期集中型による単元開発をめざすものである。このため,各教科単元の中から技能に関する目標などを「理論的スキル」とみなし,それらを短期単元に再編できる「実践的スキル」として再規定する。そして,教師たちがスキルの内容を話し合いによって理論から実践へ再規定すれば,彼らがキイワードを明確にもって単元を開発できるのではないか。

第4に,カリキュラム評価を前提に単元開発を進めるため,そのステップを「観察単元」・「処方単元」・「振り返り単元」の順に,各学期で効果を確かめる方式を採る。とくに,夏季休業中に観察単元の結果を「診断する」ことを重視する。この過程で,個人別にスキルの習得状況を記録しておき,その結果をもとに学期ごとのカリキュラム評価を行うように図る。そうすれば,「リューブリック」の発想を採り入れて,評価の基準を事前に子どもたちに提示することが可能になる。その結果,教師がカリキュラム評価を日常的に行うことができると同時に,子どもたちも到達目標をもって課題に取り組めるのではないか。

第5に,これらの結果を教育目標にフィードバックするため,小中学校の間で「デジタルポートフォリオ」を申し送るシステムを立ち上げ,小中一貫カリキュラムを開発する。義務教育9年間のスパンで学習能力を育成することを考えれば,各単元を段階的につなげて評価するための基準が明確になり,学力モデルの修正がカリキュラム評価と一体化される。とくに,小学校上学年から中学校への移行期において学習の到達段階と到達目標を申し送ることが必要ではないか。

以上の仮説は,現在までの脳科学と認知発達心理学の成果をもとに構成している。学習能力に関する研究成果は今後さらに蓄積されるだろうから,この仮説的モデルを改善する余地は大きい。例えば,スキルを中心とした学習能力は,ひとが保有する学習能力のごく一部に過ぎない。ここでスキルに注目する理由は,カリキュラム評価によって効果を確認しやすいからであって,この学力モデルを実践的に検証してみたいからである。したがって,上記の

仮説はカリキュラム開発における実験的な研究として位置づけることができる。以下では，第四節で研究開発学校での実践を通してこれらの仮説の検証を試みるとともに，第五節ではその結果をもとにカリキュラム開発に必要とされる学力モデルのあり方を明らかにする。脳科学と教育の関連づけは未だ断片的な段階に止まっているが，本研究によってこれをカリキュラム開発に応用するための一里塚としたい。

4 「系の学習」による学力モデルの事例的検証

ここでは，言語系，社会教養系，自然系，芸術系，および健康系の五つの「系」を設定する（図1参照）。その趣旨は，用具教科，内容教科，および技能教科の順に発展してきた教科枠を，より一般的な諸領域（言語，自然，社会，技術，体育，および芸術）に戻し，これをスキル学習に組みやすい五つの系統に再編成するためである。「系」は，従来の教科枠を弾力化するための操作的なカテゴリーとする。

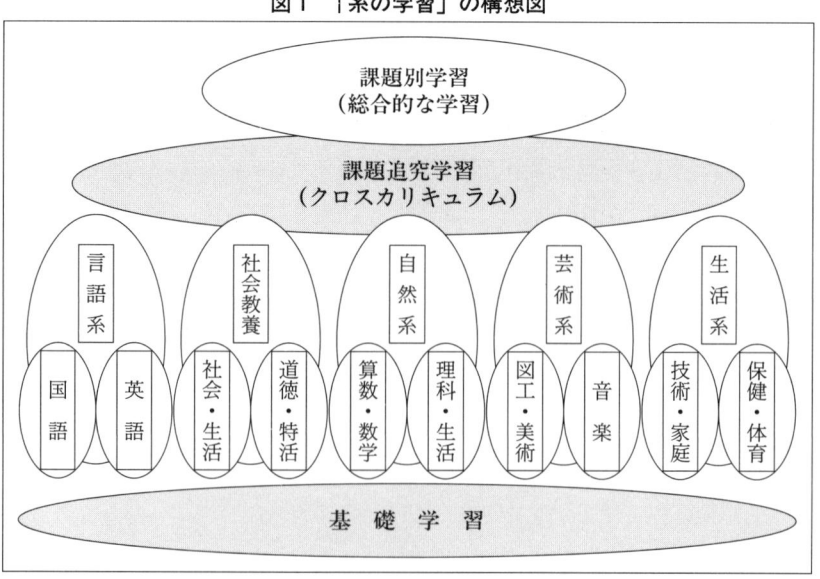

図1 「系の学習」の構想図

```
            課題別学習
           （総合的な学習）

          課題追究学習
        （クロスカリキュラム）

言語系    社会教養   自然系   芸術系    生活系
国語 英語 社会・生活 道徳・特活 算数・数学 理科・生活 図工・美術 音楽 技術・家庭 保健・体育

            基 礎 学 習
```

第Ⅰ部　学力研究の意義と課題

　学習能力の向上をめざす「系の学習」では単元目標をスキルの習得に絞り込み，個々人の「学習カルテ」を作成し，小中連携により時系列的な変化を跡づけてみた。その結果，明らかになった点を前節の仮説に沿って列記すれば，つぎの通りである[8]。すなわち，第1に，多重知能説の八領域を五系に整理してみたところ，中学1・2年生計182名への調査結果によれば，各系間の学力の類縁関係（図2）が明らかになった[8]。スキルの自己評価をもとにクラスター分析を行った結果，類縁性は自然系と健康系の間で強く，これに芸術系，そして社会教養系の順に関連していた。言語系は独立していた。この結果は，スキルの内容によって左右されるかもしれないが，学習能力のうち言語系の独立性を示すものとして注目される。

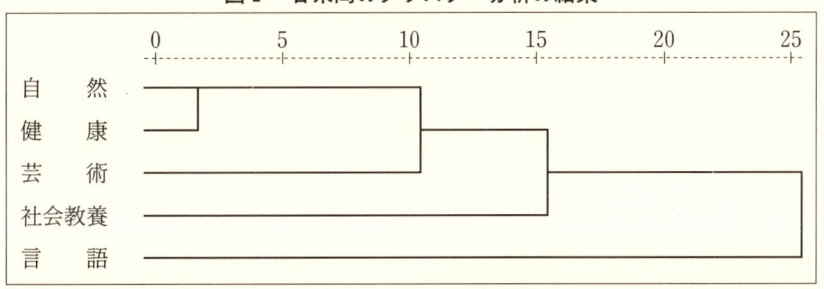

図2　各系間のクラスター分析の結果

```
       0     5    10    15    20    25
自　　然 ┐
健　　康 ┤
芸　　術 ┤
社会教養 ┤
言　　語 ┘
```

Word法によるデンドログラム（係数省略）

　第2に，構想図の妥当性について言えば，教科学習とは異なる児童生徒のスキルアップの可能性が示された。「系の学習」単元はとくに言語系と芸術系において効果的であるが，逆に自然系や社会教養系では教科学習との差異化が困難である。その原因は，道具・技能教科と内容教科では前者の方が学習能力をスキル化しやすいためである。したがって，3R's の基礎学習と，総合・課題学習の間の媒介は，言語系と芸術系のスキルによって実現しやすい。

　第3に，理論と実践のキイワードを区別した結果，単元の達成度が各系によって異なる。開発された単元の量と質からみれば，言語系，芸術系，健康系，社会教養系，および自然系の順にスキルの内容を再規定しやすかった。この順序は「実生活に活かす実践的なスキル」というキイワードに関する解釈の幅と対応している。学力モデルを実践するとき，内容教科を担当する教

師の場合にキイワードの再規定が困難化することがわかる。

　第4に，カリキュラム評価を日常化するため，短期集中型の単元によって到達目標を絞り込んだところ，言語系を中心にスキルの習得が促進された。しかし，前述の差異が示すように，スキルの到達目標を絞り込めなかった系ではその達成率も十分に把握できなかった。カリキュラム評価に当たっては，教師が児童生徒の学習行動の変化を段階的に予想できるような学力モデルが重要である。ただし，系によっては行動目標化することが難しい単元もあるため，たとえば実技テストを含む評価法を開発することが必要である。

　第5に，小中学校の間で「デジタルポートフォリオ」を申し送るシステムは，中学校側が受入体制を整えないと十分に機能しない。教育目標へのフィードバックは小学校でのみ行われた。このシステムが中学校で困難化する原因は教科担任制による連携不足が考えられる。とくに評価基準をめぐって小中学校の間で教師文化や学力観が異なることが大きい。小中学校の間で教育目標へのフィードバックを行うためには，両者の接続部にあたる中学校初期のカリキュラムを改善することが重要である。

　このように，スキルを中心に学習能力モデルの実践と検証を試みた結果，カリキュラム開発に有用な学力モデルの条件を次のようにまとめられる。

5　まとめ

　本稿の冒頭で設定した課題に即して結論を述べれば，学力モデルはカリキュラム評価とフィードバックを前提に構成される必要がある。すなわち，カリキュラムによって育成される学力をどう確認し，その結果をカリキュラムの改善にどうフィードバックするか。この課題に答えられる方法論をもった学力モデルがカリキュラム開発にとって有益である。端的に言えば，学力モデルはカリキュラム評価のための理論である。この理論は，目標とする学力の定義とその科学的な根拠づけを行うと同時に，実践者が単元の効果を具体的に確かめられるように図る。したがって，その方法論は第三者による反証が可能な枠組みでなければならない。この点で，学力モデルは社会調査の仮

説モデルに相当し，その条件として学力とカリキュラムの対応を要因関係として示すことが求められる。

　学力モデルの課題は，それを仮説から実践に移すときに信頼性と妥当性を高めることである。そのためには，実践者がカリキュラムによる児童生徒の行動変化を観察できるような「尺度」が必要である。学力の尺度には行動指標に変換できる部分とそれが難しい部分がある。後者は潜在的な変化であるので間接的な尺度によって推測するしかない。この場合，現行の観点別による到達度評価は，単元評価の尺度としてみれば，改良の余地がある。なぜなら，カリキュラム評価では観点が多元的である方が望ましいけれども，しかし，それ以上に尺度の安定性つまり追試可能性を確保することが求められるからである。学力モデルの改良はこうした評価の尺度を安定化するなかで進めなければならない。先に学力を「カリキュラムによって達成されるよう設定された教育目標の諸水準」と操作的に定義したが，この定義は「教育目標の評価尺度」と言いかえることができる。

〈注〉
(1) 文部省『カリキュラム開発の課題』1975年。
(2) 廣岡亮蔵『学力論』明治図書，1968年。
(3) 勝田守一『人間形成と教育』国土社，1972年。
(4) 文部科学省『［確かな学力］を育む［わかる授業］の創意工夫例』2003年。
(5) 志水宏吉「'学力'をどうとらえるか？」長尾彰夫他著『「学力低下」批判』アドバンテージサーバー，2002年。
(6) ハワード・ガードナー著（1999），松村暢隆訳『MI：個性を生かす多重知能の理論』新曜社，2001年，およびトーマス・アームストロング（2000），吉田新一郎他訳『マルチ能力が育む子どもの生きる力』小学館，2002年。
(7) 中坪史典他「幼児の'マルチ能力'の発見と育成を志向　幼児教育実践」日本子ども社会学会編『子ども社会研究』第10号，ハーベスト社。
(8) 品川区立伊藤小学校・上神明小学校・冨士見台中学校『平成13～15年度文部科学省指定研究開発学校三年次実施報告書』，CD-ROM版『同資料集』，及び『小中学校系の学習指導要領（試案）』2004年。

第4章

八年研究におけるカリキュラムの類型

浅沼　茂

はじめに

　八年研究は，1933年から8年間にわたって行われた進歩主義教育のカリキュラムの成果に関する実験的な研究であった。全米で30のハイスクールがこの実験に参加し，その卒業生は大学での成績その他について他の伝統的なカリキュラムのハイスクールの卒業生一人ひとりと組み合わせられ，比較評価された。その全貌は，ADVENTURE IN AMERICAN EDUCATION という5巻本のシリーズにまとめられた。その概要と歴史的な成果については，すでに様々な研究者によって紹介され，評価されてきた。八年研究については，その成果が多様に語られながら，その実践の意味する範囲が広く，その後の多様な評価へとつながった。その評価の多様性は，逆に八年研究の成果については，歴史的な遺産として何ら統一的な見方はないという結果へとつながった。

　その成果を以下にまとめてみよう。

1) 八年研究は，進歩主義教育のカリキュラムが伝統的なカリキュラムと比べ，大学においてより良い成果をおさめたことを示した。しかし，当時，大学へ行くことのなかった生徒が6人中5人はいるといわれていた時代において，大学へ行かなかった生徒にとって実験がどのような結果をもたらしたのかは，不明である。
2) 八年研究は，進歩主義教育のカリキュラムにはどのようなものがあるか，その内容について多様な理解があることを示した。まったくの児童中心主義的なものもあれば，社会調査に基づく社会的なニーズに応えるというよ

うなエッセンシャリズム的なものもあり，その内容は多様である。
3) 八年研究の一大成果とされたものは，カリキュラム評価と教育評価の哲学と方法の改革である。その成果は，後の行動目標的な方法の発展へとつながった。しかし，行動目標的方法自体はある程度熟成したものの，実験での実用化には間に合わなかった。
4) 八年研究における評価方法の改革の成果は，行動目標的な方法ばかりではなかった。児童中心主義をも含む子どもたちの成長をどのようにとらえるかという方法は，多様であり，特に現代流行のポートフォリオのような個人の観察記録のような方法まで考えられた。その成果は，子どもたちの逸話記録として残ったが，個人史的な方法というところまではいかなかった。

以上のように八年研究自体には，多様な成果があり，その評価も一様ではない。このことは，何を意味するのだろうか。それは，教育実験として，実験的な内容自体が曖昧であったということである。後に実験の成果についての評価自体に参加したクロンバックは，八年研究自体の実験的デザインが何を明らかにしようとしていたのか，明確ではなかったと批判している。実験としては，いろいろな要因を確定し，一定の要素だけが比較評価できるようなデザインが必要であったと述べている[1]。

また，追跡研究は，進歩主義のカリキュラムが大学でのアカデミックな勉強や社会的な発達についてよりよい結果をもたらしたことを示していた。しかし，大学に進学しない生徒がはるかに多かった時代のカリキュラムがアカデミック志向であったことを問題にしていた実験的研究なのであるから，大学進学しない生徒にとってその後このようなカリキュラムがどのような影響を与えたのかを追跡研究すべきであったといえる。この点についての検証がなかった。

八年研究の成果と問題点については以上のようにまとめることができる。八年研究自体は，厳密な教育実験としてはその妥当性と信頼性についてたしかに問題が残っている。しかし，このような問題点にもかかわらず，八年研究はそれ自体に内在的な価値をいくつかはらんでいた。それは，カリキュラ

ムに関わるポリティックスを八年研究のその後の歴史において体現して見せた。つまり，教育に関わる実験や検証されるべきデータも，すべて教育に関わるポリティックスの前では無力化されるか，意味をすり替えられてしまうということを示すことになるのである。教育における客観的な事実を追求する教育科学自体が，その政治的な影響力の前には，科学的価値を否定され，ポリティックスが先行するということである。特に，学力論争においては，粗雑で主観的な主張がまるで何か根拠があるかのように一人歩きし，メディアによるヴァーチャル・リアリティによって増幅されるというような現実があった。このことからも教育に関わるポリティックスは，非常に深刻で根本的な問題を抱えているといえる。非合理的に機能するこのような政治においてこそ，科学的な探究が必要である。本稿では，このように八年研究自体に内在する問題点と八年研究そのものよりも外在する教育実験一般の問題点について検討してみよう。

1　教育目標のガイドライン

八年研究での教育目標の設定にあたっては，広域カリキュラムの採用により，行動目標についてのある程度のガイドラインが以下のように作られた[2]。

1) **習慣**：批判的思考，真の因果関係の追求，知的な率直さ，自信と十分な資料，操作の正確さと精密さに関わる習慣。
2) **能力**：問題認識，情報の正確さを評価する能力，知的な消費者行動，集団で問題解決に協力する能力，現代的ニーズにしたがって自学する能力。
3) **態度**：視野の広さ，協力，探究心，社会的関心，他者の意見への尊重，公共財の尊重などの態度。
4) **理解力・鑑賞力**：検証された知識同様真実を探求する方法としての科学，科学的な知識の仮の性質，自然の真理の記述と解釈のための科学的法則，魔術と迷信に対立する因果関係，日常生活における物的環境の重要性，自然資源の保全，科学の進歩の社会的経済的意義，科学によって解決できない多くの問題を含む科学的遺産の機会，科学の分類。

第Ⅰ部　学力研究の意義と課題

　この目標は，1934年の段階では，進歩主義教育実験全体において，次の15の教育目標として掲げられた[3]。
1) 　基本的な仮説についての批判的思考
2) 　知的な忍耐力
3) 　有用な好奇心
4) 　組織する能力
5) 　協力
6) 　社会的感受性
7) 　知的方法への信仰
8) 　自立した，あるいは創造的思考
9) 　仕事における自己方向づけ
10) 　バランス感覚あるいは重要なことを認識すること
11) 　興味と活動のバランスを通してのパーソナリティのバランス
12) 　安心感
13) 　生理的な成熟
14) 　個人の力と限界の認識
15) 　集団の，あるいは集団内での社会的受容

　以上の目標のリストは，カリキュラム編成の指針として，また，評価の基準として使うように示唆された。目標を評価基準として使うという考え方は，現代の評価基準と規準においても生きている。

　たとえば，愛知県の緒川小学校の第17回オープンスクールの実践研究会の2004年『研究紀要』では，行動目標として「計画性」「計画実行力」「積極性」「多様性」「社会性」「メタ認知」というような目標を評価規準としてたて，それぞれの目標における達成度を，観点として，「具体的である」「見通しがある」「手順がはっきりしている」などの評価基準として表している。このような教育目標の細分化と評価規準としての活用は，行動目標的方法の中でも「課題分析派」と呼ばれるグループがより厳密な尺度化をはかるものとして目指していたものであった。さらに評価基準として行動目標の達成度をレベル分けし，細目化するという方向が示唆されている。

2　八年研究における実験とは何であったのか，カリキュラム編成の問題

　八年研究においてその実験とは何であったのか，すでにいろいろなところで，紹介されているが，その概略を再度明らかにしておこう。八年研究において実験されたカリキュラムに特定の型があるわけではない。共通する原理は，各ハイスクールは，自分たちでカリキュラムを自主編成する上でその自治を十分保証されていたということにある。そして，その結果生まれたカリキュラムは，学校裁量の中で多様なものとなった。その編成の方法については，形だけを見るならば，主に3つの型：教科統合，社会的ニーズによる編成，生徒のニーズによる編成として描くことができる。しかし，報告書では，社会的なニーズは，単に大人のニーズ（個人的な単位におけるニーズ）というばかりでなく，共同体としてのより大きな社会的ニーズからの要求をも含んでいるものとして分類されている。

(1)　広域カリキュラム

　広域カリキュラムは，教科の境界線を超えて一般的な学習領域を形成する方法である。たとえば，一般科学は，これまでの伝統的な方法においてもすでに確立されていた。また，社会科学においては，歴史，地理，社会学，公民，経済が総合されたものとしてある。また，生物学も，植物学，動物学，生理学が融合してできている。一般数学，一般言語のような領域も検討はされてきたが，広くは受け入れられていたわけではない。大学での調査コースは，このような流れの中にある。そして，学問と人間経験との関連を考えるような学習がこのような流れとして考えられてきた。

　教科中心主義によるカリキュラムの編成については，カリキュラム編成委員会は，次のような問題点を指摘した。教科中心のカリキュラムは，あまりにも細分化され，時間的制約からその選択する領域も限られ，また，覚える知識の量も物理的に限られるので，その論理的な編成においても弱く，また，実際生活との関連も薄弱である。しかし，生徒の生活経験は，実際はこのよ

うな特殊領域を超えて一般的であり，生徒の興味・関心は，このような領域を超えており，教科領域間の線引きはあまりにも人為的なものである。

以上のような仮説に基づいて，広域カリキュラムという教科融合の方法が検討された。教科融合の方法には，2通りある。一つは，「教科内容分析」と呼ばれるものであり，もう一つは，日常生活における問題解決的な方法である。この日常生活における問題の発見のために社会的なニーズに関する調査という方法がとられる[4]。

ニーズという用語は，多様な意味を持つ。一つは，科学的な方法や技能の理解，二つめは，科学の社会的な意義についての理解というものである。科学の技能と科学の社会的な意義の理解というニーズが単元選択において使われることになる。

このことについては，教師の能力への信頼，生徒が興味をもって学習すること，そして，事実的な知識や原理や概念が長く残ることが前提とされていた。教科中心主義者は，生徒の発達よりも教科的な知識をより重視する立場から，生徒の興味・関心を重視することによって，教科の系統性が恣意的になってしまうというような批判をしてきた。たとえば，天文学の単元を取り入れることは，地学，物理学，科学という順序の後に学習するようになっていると思いこんでおり，天文学とか地学を勉強することが教科間の境界線をなくすことになるものだとは思っていない。実際には，その知識を問題解決に応用したり，使うというときには，これらの領域の勉強の相互の結びつきを考えざるをえないということがおきる。

第2の科学の社会的なニーズを調査するという方法では，具体的に自分たちの住む地域において必要なことが学習の出発点となる。たとえば，ロサンジェルスのハイスクールでは，南カルフォルニア地域全体において必要とされる大気，燃料，光，交通，コミュニケーション，資源と加工，家の維持というような問題から出発する。このような領域から問題を考えるのであって，教科の系統が初めにあるのではない。その領域と系統は，教師と生徒の協力的な計画の下で組み立てられる。たとえば，水という単元においては，次のような問題が設定される。水の供給，一流域プロジェクト，大都市水区，ボ

ルダーダムの建設，水力発電開発，水の浄化，軟水化，水の化学的構成，地学的な水理解，地下水，水域の保全，潅漑というような問題設定がなされる[5]。

このような問題解決学習において求められる，理解力は次のようなものとしてまとめられた。①水の管理は，すべての文明に共通する課題である。②水を恒常的に維持保全することは，大都市の水の供給を確保するために必要である。③水に関する現代の計画は，企画，建設，財政の大規模な協力を必要としている。④南カルフォルニアでは，水の供給の副産物としての電気は私たちの主要エネルギー源の一つである。⑤水の物理的性質は，エネルギーとして人間が利用できるように変えられる。⑥水は重要な科学合成物である[6]。

生徒の活動は，たとえば，次のようなものになる。①土木に関するいろいろな科学の本を見て，掘り抜き井戸のモデルを作り，試行する。②水陸両用飛行機のモデルを作る。③下水ガスを止めるための流し，バス桶のモデルを作る。④船のモデル絵などの展示物を作る。⑤鳥の水浴び場を作る。⑥冷水器の構造を示す。⑦炭酸水の実験をする。⑧水の性質を試す。金属，酸化物，結晶など[7]。

以上のような問題解決的な学習では，必要とされる知識の領域を十分カバーできないし，その学ぶべき知識を操作することができない，厳密に統制された知識による知的な訓練ができないという批判が教科中心主義者からなされた。

(2) 社会的なあるいは大人のニーズに基づくコア・カリキュラム

コア・カリキュラムは多様な意味で使われる。ある時は，中心となる教科カリキュラムの編成として論じられたりする。この実験的研究においては，教科間の境界線を超えてのカリキュラム編成として考えられることが主であり，むしろ中心となる問題なり課題なりを核としてカリキュラムが作られるという方が主である。教科統合による初期のコア・カリキュラム化は，統合学習，統合コース，起源コース，コア・コース，融合コース，社会生活コー

第Ⅰ部　学力研究の意義と課題

ス，基礎コースというような名称で呼ばれることが多かった。その共通する中心の原理には，①教科間の境界線を越える，②協力的な計画と教授，③広範囲の関係性の探究，④大きな集団にとって妥当な経験である，⑤特殊な技能のドリル的な要素に深入りしない，⑥より大きな時間枠単位，教室での活動のためにより広く教材源を求める，などの特徴が見られる[8]。

では，コア・カリキュラムの多様な類型を以下見てみよう。

合科学習型 (unified-studies) とは，英語や社会科のような共通の単元を持つような学習を統合的に学習するものである。たとえば，英語の学習においてある特定の歴史時代の系列にしたがって文学作品を学習するというようなやり方である。社会科の教師にとっては，歴史の学習であると同時に文学の学習ということになる。英語の教師にとっては，歴史年代的に単元を学習することは，困難であるという欠点があった。また，数学と理科のように数学的な技能が理科の原理において必要な学習もこのような範疇に入るものと考えられた。このような合科的試みは結果は芳しくないものであったが，教科主義的なカリキュラムにある知識のつまみ食いを克服する方法として何度も試みられた[9]。

文化史段階 (cultural-epoch) 的方法は，ニューヨークのホレースマンスクールのコア・カリキュラムであった。それは，単なる合科よりも広い範囲にわたる教科統合であった。カリキュラムの系列は，歴史的な時系列を軸として組み立てられる。たとえば，古代ギリシャの単元は，その芸術，科学，音楽，文学，社会の型，政治生活，経済構造というような総合的な学問として学習される。このような学習は，専門の教師間の協力的な計画編成が必要となる。その系列は，たとえば，①時代毎の人間物語：7年生で文明の始まりから古代ギリシャ，8年生でアメリカ大陸の発見，9年生でアメリカの発見から現代世界の生活，②現代文明と文化：10年生でアメリカの文明と文化，11年生で他の現代文明と文化，現代アメリカの諸問題。これらは，人間の歴史を単なる物語としてではなく，文明や文化の進歩が現代の人間生活にどのような影響を与えているのかを理解することをめざして統合的に学習されるものであった[10]。

この広域的な統合カリキュラムは，教師間の協力だけではなく，教師と生徒間の協力的な計画を必要とした。企画をリードする教師は，生徒たちと計画会議をもって進めた。生徒たちが特に関心をもった問題は，健康，生計の立て方，レクリエーション活動，人間関係などであった。これらの問題は，歴史的に常に問題となってきたものである。アメリカ文学は，人間の理念や理想を理解するのによく使われた。学習は，若年層においては，文学や物語がよく使われたが，高学年に登るにしたがって，富の配分，失業，課税，自然資源，農民の経済的地位のように量的な操作が必要な数学的な要素が強くなってきた。

　このカリキュラムの数年の実践において表面化した問題点は，過去に時間がとられ過ぎて，現代の問題にまでじっくり時間をとることができないということであった。

(3) 社会的な要求（social-demands）に基づく方法

　社会的要求に基づく方法は，教科融合や統合カリキュラムのような方法をはるかに超えてカリキュラムを広域的に編成する方法である。教科の学習は，生活上の問題の解決にいかに役に立つかという観点からのみ導入される。実験校の多くは，この方法をとっていた。この方法の理論家は，ホーリス・キャズウェル（Hollis L. Caswell）で，そのめざすところは，生活上の社会的，物的な環境理解，個々人の興味や適性の発達，創造的で美的でレクリエーション的な活動への参加，基本的な技能や技術の習得にあった。生活上の問題を中心に，教科領域の知識や多様な資源が編成されるようになった。生活上の人間的な活動や問題は次のような9つの項目にまとめられた[11]。

1) 命と健康を守る（医学，健康，保全，精神的健康，安全，予防，自己，不安）
2) 生計を立てる（職業，維持，生産，配分，消費，経済，労働など）
3) 家庭を築く（親の責任，実用的な家庭の仕事，家族，子ども，性，結婚など）
4) 宗教的躍動（道徳，宗教組織，教会など）

5) 美への渇望（文化，美術，神秘など）
6) 教育の保証（精神的効率，文化，自己改善，児童と若者，学校など）
7) 社会・市民活動での協力（国際関係，社会関係，市民性など）
8) レクリエーションの参加（レジャーなど）
9) 物的条件の改善（通信と交通，物理的な遺産，発明など）

このようなテーマは，小，中，高校というような発達段階とともに，家庭，学校，地域，物的・社会的環境，というような広がりをもって系統性を持ったものとして編成される。

(4) 若者のニーズに基づくコア・カリキュラム

この方法は，青年の興味・関心に基づいて出てくる個人と社会の関係性の中において生じる多様な個性（characteristics of personality）を伸ばすやり方として出てきたものである。この個性と民主的な社会への参加ということがどのような折り合いをもって可能になるかということがカリキュラム計画での課題となった。特にオハイオ州立大学での生徒参加によるカリキュラム編成は，なんら固定した系統や論理的な系列を持たずに，生徒が自主的に問題解決をするような形で進められた。その手続きは，①生徒の背景やニーズの調査をする，②グループ全体として価値ある規準を選び，設定する，③決められた規準に照らしてグループ全体での経験を決める，④生徒のニーズに合わせて活動の方向付けをするために協力しながら選ぶ，⑤少数派の権利も尊重する，⑥現実的に経験から分業する，⑦グループ活動の計画を順次改良する，⑧経験や単位の完成に向けてグループの仕事を評価する，⑨上記と似た方法によって他の単元に応用する。各教室での活動は，計画段階も含め，克明に記録された。個々の生徒の背景・特質の調査，グループ全体の性質，親の経済的社会的背景，などが累積的に記録された[12]。

デンバー，タルサ，デモイン，アルトナなどの学校では，問題領域と問題との区別がなされ，各学年毎に問題の選択範囲が決められた。問題とは，個々のクラスや生徒の特殊な関心によるものであり，問題領域とは，より多くの問題を含む，より包括的なものであった。たとえば，家づくりは，クラ

スで，家をどうやって維持するか，貧しい家づくりと犯罪はどう関係するのか，限られた予算ですてきな家をどう作るか，賃貸と持ち家の長所，短所は何か，どれだけ家に予算を割くか，安全で衛生的で，健康的な家をどのように作るか，家庭薬の内容はどうするか，等々がある[13]。

あらかじめ，カリキュラムの内容を厳密に決めることが困難であるから，生徒の興味・関心によって自然に結果が出てくるようなものとなった。多くは，生徒と教師によるカリキュラム編成であったが，専門家としての安心感を得るために，教師は大枠だけを作った。

あらかじめの計画には，専門家が入り，教科の内容とはダブることのないように指導した。生徒の選択の幅には，当然制限があったが，家庭生活や家族生活，生計，地域生活などの選択の幅は，大きかった。この生徒による計画は，実践的で有用なものであったと述懐されている。約半世紀後に，アーカイブの記録をまとめ，博士論文としたブラッドフォード・スミス（Bradford R. Smith）は，この問題選択の実用性をとらえ，「機能的な単元（functional units）」と名付け，それが児童中心主義的に選択され，編成されたものとして，その混合型のカリキュラム編成を「連続的児童中心主義と社会機能主義の混合型カリキュラム」と呼び，それがカリキュラムの民主的な編成につながったものと評価している[14]。しかし，この名称が示すとおり，矛盾するカリキュラム編成の2つの原理がどのようにして両立しうるのか，論理的に整合する説明はなされていない。社会機能法と呼ばれた原理に関しては，教師があらかじめ規定する領域の範囲の中での選択を児童中心主義と呼ぶか否かは，さらに重要なカリキュラム編成の原理的な問題を内包したままなのである。

題材についての価値について教師は，非明示的に，見えない形で評価し，判断している。教師が，まさに良いもの，悪いものを見分けながら，子どもたちに選択をさせているということは，教師の手のひらの上での児童中心主義のカリキュラム編成ということなのである。しかし，このようなカリキュラム編成における主導権の問題は，あくまでもカリキュラム経験の主観的な意味に大きな関わりを持ってはいない。大切なことは，教師の手のひらの上

であろうとも，カリキュラムについて子どもという主体がどのような意味を創造していったのかという問題にある。八年研究の中でも，オハイオ州立大学付属ハイスクールは，かなりの分量のある「逸話記録（anecdotal record）と卒業生のその後の追跡記録を残している。これらの記録は，問題の選択の型やカリキュラム編成の原理の問題ではなく，子どもたちが自分たちの日々の選択の中でどのように社会生活と世界を作り上げているかがよく見て取れる。評価のためにあらかじめ目標を設定し，評価目標によってカリキュラムの内容や教授法を編成するようなやり方では，このように創造的世界の意味構成というような次元が存在することが見えないのである。評価は，むしろこのあらかじめ決められた目標では測ることのできないカリキュラム経験の意味の世界を対象にすべきであったのだが，それは八年研究においては，随伴的なものとして脇役におかれてしまっていたのである。

八年研究の報告書においては，実際に誰がカリキュラムの内容を編成しているかという問いに対して答えが出されている。生徒がというよりも教師の巧みな指導の下に生徒が自分たちが自主的に選択しているかのように導くことが，実は教師の本当の力量を意味していた。児童中心主義とは，単なる放任主義ではないという意識はあったのである。この見えざる教師の手こそがいったいどのようなものであり，この手のひらの上にどのような世界が創造されるのかがカリキュラムの価値なのであった。

3　コア・プログラムの実施

このようにして教師の見えざる手の上で編成されたコア・カリキュラムは，どのように実施されたのであろうか。その要点は以下のようにまとめられた。
1) コア・プログラムは，毎日2時限から3時限実践された。そのための時間は，連続するように配分された。
2) コア・プログラムの教師は，ガイダンスやカウンセリングにおいても熟達した人であることがよい。それは，生徒の関心をとらえる上で必要であった。

3) コア・プログラムで教える教師は，長年にわたって担当すべきである。ガイダンス教師は，個々の生徒を把握する力が必要であり，生徒のニーズを汲み上げるコア・プログラムもそのような教師が担当するべきである。
4) コア・プログラムの教師は，「一般教育」の目標を確信している人でなければならない。特定の教科のみに固執する教師は，このようなコア・プログラムにふさわしくなく，多様な教科領域をうまくまとめ上げる能力がコアの教師には求められる。
5) 教師は，協力して学級経営をしたり，計画をしたりするべきである。
6) 学級活動は，多様であるべきである。時間をまとめてとったり，青年のいろいろな要素を取り入れて混合型として作り上げる方がよい[15]。

以上のような総合的な学習カリキュラムは，当然，教科の内容にも影響を与えた。たとえば，タルサのセントラル・ハイスクールでは，1830〜1937年のアメリカ史において，民主主義を社会改革，社会的対立，革命，世界への波及，進歩主義の時代，民主主義のための世界安全への運動，社会改革というような問題中心型のコースが作られた[16]。

その問題は，たとえば，次のようなものとして提示された。

民主主義は，世界的な運動であるが，次の問題について答えなさい。
1) 民主主義が社会改革に参加するとき，何が達成されたか示しなさい。
2) 新しい発見と発明がアメリカの生活においてどのように革命を起こし，民主化していったのか示しなさい。
3) 南北戦争以前の時代と私たちの時代とは何が違うか示しなさい[17]。

以上の課題に対して，次のような活動が示唆された。ジャクソンの時代に労働運動が果たした役割を評価する。民主的な理想の応用は，政治の分野では選挙権の拡大となって現れた。ジャクソンの時代はどこまでそれが広がったか，その理由を言いなさい[18]。

このような課題では，これまでのアメリカ史の授業とは異なり，歴史的な事実を現代的な問題へと応用するというようなやり方がとられている。教科の再編は，社会科のみならず，数学などにおいてもあった。銀行業を理解するために数学をどのように応用するかを生徒が自分たちで考えるような応用

問題が出された。特に，数学においては，定義，仮説，言葉の定義，演繹的な証明における仮説の構成，などが基本的な要件とされているが，それは，政治的な演説，説教，広告などにおいても議論の明確化のための必要な要件とされた。背後にある仮説については，達成目標の明確化のためにも必要とされた[19]。

　以上のように，八年研究のカリキュラムは，その形の編成においてユニークなのではない。その特色は，単にカリキュラムの形ではなく，学習の内容と習得する能力が従来の暗記中心型のものとは明確に異なっていたことにある。八年研究において教育目標の主要な柱の一つとされた批判的な思考の育成，知的な忍耐力というような知的な側面が非常に重要であったにもかかわらず，進歩主義という言葉の持つ内容の曖昧さが多くの誤解を生み，カリキュラムについても何か非知的な学習プログラムを作り出しているかのようなイメージをもたらしたのである。

　このような意味で，八年研究のカリキュラムは，再評価されるべきものであり，その認知的領域において強調されてきた批判的な思考は，アメリカ教育のカリキュラムにおける主要な柱として現代までも多くの学校において引き継がれて来たものなのである。アメリカの民主主義を支える力は，個々人の持つ批判的な思考にある。批判的な思考力とは，他者を批判する力ではない。権威というものを対象化し，自ら実験的に物事の是非について判断するという極めて科学的な精神でもある。この精神こそが八年研究自体が明らかにした教育実験としての成果といえるのである。

4　中間的まとめ

　紙数の制限のため，八年研究の全ぼうについては別の機会に譲りたい。八年研究のカリキュラムについては謎が多く，本稿では，その形態について大枠を明らかにしえたものと考える。カリキュラムの構成について報告書は，オハイオのハイスクールもニューヨークのハイスクールもフィラデルフィアのハイスクールもラルフ・タイラー（Ralph W. Tyler）の指導の下に目標

の明確化に努力したというように述べている[20]。しかし，肝心のタイラー自身は，実際のカリキュラムは，あらかじめ設定した目標では測ることができないものであることを述懐している[21]。だからこそ，評価を連続的にフィードバックすることにより，あらかじめ設定した目標までをも改訂することを提案していたのである。このことは，とりもなおさず，目標は固定したものではなく，柔軟に変えられるべきものであり，ましてやあらかじめ設定した評価基準は，固定したものではないということをも意味していたのである。なぜなら，子どもたちがどこまで自主的にカリキュラムを創造してしまうのかは，あらかじめ予想することが困難であったからである。

　八年研究をめぐる教育の実験的研究としては，そのカリキュラムの形態から見ても実験の内容が一様ではない。しかも，ニーズと言われるものの内容は，解釈が多様に分かれる。後にクロンバックは，八年研究は，教育実験としては定義の厳密さを欠いた不完全なものであると自ら批判をしている[22]。しかし，このような限界を持ちながらも，それが未だに大規模な実験的な成果とされるのは，それがデータの精密さを欠いてはいるが，基本的に伝統的カリキュラムと進歩主義教育カリキュラムの比較的研究的な要素が入っていたからなのである。なぜか，教育実験に関しては，メディア的な関心は，単純化された形での結論を求めようとするし，またそのような単純さこそがカリキュラムに関する評価として力を持ちうるのである。残念ながら，八年研究のその後の歴史を見ると，教育改革に向けて，そのインパクトはそれほどではなかったが故にそのように評価せざるを得ないのである。

〈注〉

(1) この点については，Shigeru Asanuma, "Is the Eight Year Study worth doing over again?: Difficulties of rational decision-making through evaluation in education."『聖路加看護大学紀要』Vol. 12., 1987. 3, pp. 5-15. を参照のこと。

(2) Giles, H. H., McCuthchen, S. P. and Zechiel, A. N., Exploring Curriculum. Adventure in American Education Volume 2. New York, NY: Harper and Brothers, 1942, pp. 31-32.

(3) Smith, Bradford R. Curriculum Integration in the Eight-Year Study of the Progressive Education Association, 1932-1940: Three Schools Tell their Story. Dissertation, Ann Arbor, MI: University Microfilm International. 1996, p. 200.
(4) Giles, et al., op. cit., pp. 25-28.
(5) Ibid., p. 28.
(6) Ibid., p. 28-29.
(7) Ibid., p. 29.
(8) Ibid., pp. 33-34.
(9) Ibid., pp. 34-36.
(10) Ibid., pp. 36-40.
(11) Ibid., pp. 42-43.
(12) Ibid., p. 45.
(13) Ibid., pp. 46-47.
(14) Smith, op. cit., pp. 171-259.
(15) Giles, et al., op. cit., pp. 58-61.
(16) Ibid., pp. 61-63.
(17) Ibid., pp. 62-63.
(18) Ibid., p. 63.
(19) Ibid., pp. 66-67.
(20) Smith, op. cit., pp. 156-160.
(21) Tyler, Ralph, W. Basic Principles of Curriculum and Instruction. Chicago, IL: University of Chicago Press, 1949, p. 67.
(22) Cronbach, Lee J. "Evaluation for Course Improvement." In Heath, R. W. Ed. New Curricula. 1964, pp. 236-237.

第5章

今日の日本の学校教育のめざす学力

吉冨芳正

はじめに

　学力の問題については，学校教育全体を視野において論じることが重要である。学校教育においてめざす学力の育成は，学校が編成する教育課程とそれに基づく学習指導の展開を通じて具体化される。そして，評価を通じ，その状況が確かめられるとともに，更に教育課程や学習指導の改善に生かされる。そのような教育の営みの中で子どもたちは学力を獲得し高めていく。子どもたち一人一人にしっかり向かい合い，人間としての望ましい成長を保障することを常に根底に置き，学校教育，とりわけ教育課程の編成・実施等の充実改善につなげようとする視点に立つことで，学力の問題について論ずることが実質的な意味をもつ。

　学力の問題について，高浦勝義氏は，「学校教育の在り方を考えるうえから避けて通ることのできない問題」であり，「何のための教育か－そのために子どもにどんな力を身につけてほしいか（学習してほしい能力）－そして，そのためにどんな内容を，いかに学習指導するかということと切り離して考えることはできない。また，他面では，そのように意図した内容を学習指導した結果，はたして子どもは実際にどんな力を身に付けたか（学習した能力），さらには，子どもの習得学力の結果を踏まえて，内容・方法等の改善を加えていく，といった一つの円環的な営みの中に位置づけられ，問われるべき問題である」と述べている[1]。

　学力の問題については，近年，ともすれば部分的な資料や事象のみで学力の育成全体が論じられ，議論が抽象的又は断片的になりがちであったが，高

浦氏の指摘は議論をより本質的かつ建設的なものにする上で極めて重要であると考える。

そこで，本稿では，学習の主体である子どもを中心に据え，学校教育の目標や内容，学習指導と評価の一連のつながり全体を視野に置きつつ，平成以降の学習指導要領と指導要録の改善を踏まえて今日の我が国の学校教育がめざす学力の考え方について述べる。さらに，その実現の鍵となると考えられる子どものとらえ方や基礎・基本の考え方について述べることとする。

1　学校教育のめざす学力
──「新しい学力観」から「生きる力」の育成へ──

(1)　新しい学力観に立つ教育の推進
〈自ら学ぶ意欲や思考力，判断力，表現力などの育成の重視〉
－平成元年の学習指導要領及び平成3年の指導要録－

平成元年に告示された学習指導要領と平成3年に改訂された指導要録の趣旨を踏まえて「新しい学力観」に立つ教育が推進されてきた。かつて国がこれほど明確に「学力観」を正面に据えて学校教育の改善を図ろうとしたことはなかった。なぜ「新しい学力観」に立つ教育の考え方が提唱されたのか。

その後，「新しい学力観」に立つ教育の考え方は，今日めざす「生きる力」をはぐくむ教育に引き継がれ，その基盤となっている。「新しい学力観」の意味とそれが打ち出された意図や経緯を理解することが，「生きる力」の育成をめざす今日の考え方を理解することにつながる。

① 教育と学力の問題を考える背景

「新しい学力観」に立つ教育の考え方が提唱された時期，次のようなことが背景としてあった。なお，このような状況はその後も継続し，むしろ一層深刻さや不透明さが増大しているようにもみえる。今日，「生きる力」の育成が求められる背景としてもとらえることができよう。

(ア) 学校教育や子どもたちの状況

学校教育は，日本国憲法や教育基本法の精神に立って，子どもたちの望ましい人間形成をめざして営まれるべきものであるが，ともすれば上級学校へ

の進学を意識するあまり，それぞれの時期に求められる本来の在り方を見失い，単なる断片的な知識の量を競うような教育に偏る状況も一部にみられた。

　また，いわゆる落ちこぼれの問題や，不登校，いじめや暴力行為などの問題行動への対応が課題になっていた。このような問題の根底には，学校教育が画一的で一方的な教え込みになっているとの指摘もみられた。

　さらに，子どもたちは学校での学習の前提となる自然体験，社会体験，生活体験などが不足しており，いわゆる生きて働く知識や技能が身に付きにくいといった指摘や，授業において教師が指示しないと子どもたちは主体的に動かないといった指摘も聞かれた。

　このような状況を克服する学校教育の在り方が求められていた。

(イ)　社会の変化への対応

　国際化や情報化，価値観の多様化，少子化・高齢化など社会の多様な変化が進み，子どもたちはその中で生きていかなければならない。学校教育では，子どもたち一人一人が様々な社会の変化に対応し，生涯にわたって主体的，創造的に生きていくことができる資質や能力を育てることが課題となっていた。また，国家・社会の形成者として文化を受け継ぐとともに，新しい時代を切り拓き築いていくことができる資質や能力が求められていた。

② 「新しい学力観」に立つ教育の考え方が提唱された意図

　昭和62年12月の教育課程審議会答申では，学習指導要領改訂の基本方針として，心豊かな人間の育成，自己教育力の育成，基礎・基本の重視と個性教育の推進，文化と伝統の尊重と国際理解の推進が示された。その中で，自己教育力の育成にかかわって，「これからの学校教育は，生涯学習の基盤を培うものとして，自ら学ぶ意欲と社会の変化に主体的に対応できる能力の育成を重視する必要がある」とされ，「発達段階に応じて必要な知識や技能を身に付けさせることを通して，思考力，判断力，表現力などの能力の育成を学校教育の基本に据えなければならない」と述べられている。

　なお，思考力や判断力などの育成を重視する考え方は，唐突に現れたものではなく，この答申に先立って中央教育審議会教育内容等小委員会審議経過報告（昭和58年11月）[2]や臨時教育審議会第四次答申（昭和62年8月）[3]にも

みられ，議論の積み重ねがあったことに留意する必要がある。

　これらを踏まえ，平成元年3月，子どもたちが心豊かに，主体的，創造的に生きていくことができる資質や能力を育成することをねらいとして学習指導要領が改訂され告示された。

　そして，この学習指導要領を踏まえた指導要録の改訂が平成3年に行われ，学習指導要領の示す目標に照らして子どものその実現状況を評価する観点別学習状況を評価の基本とすることとされた。評価の観点については，学習指導要領を踏まえ，自ら学ぶ意欲や思考力，判断力，表現力などの育成に重点を置くことが明確になるよう配慮され，「関心・意欲・態度」，「思考・判断」，「技能・表現」及び「知識・理解」で構成することとされた。

　当時，文部省では，過去の学習指導要領の改訂に際して示された趣旨が学校での実践に必ずしも十分結びついてこなかった状況をどう克服していくかということが課題として認識されていた。一方，指導要録の改訂のために学習指導要領を踏まえた評価の在り方を検討することを通じて，めざすべき資質や能力は一層鮮明になった。

　学習指導要領の改訂の趣旨を実現し学校教育のありようを変えていくためには，子どもたちがどのような資質や能力を身に付けるようにするかを明確にすることが重要である。つまり，育成をめざす学力を明確にすることによって，教育課程の編成や学習指導の改善も，そして評価とそれを指導に生かすことも，より適切かつ的確に行われることが期待できるであろう。こうして，教育改善のいわば実践化のために，新学習指導要領（注・当時）が目指す学力観，つまり自ら学ぶ意欲や思考力，判断力，表現力などの資質や能力の育成を重視する学力観に立って教育の在り方を改善していくことが提唱されたのである。

③ 自ら学ぶ意欲や思考力，判断力，表現力などのとらえ方

　育成をめざす学力としての自ら学ぶ意欲や思考力，判断力，表現力をどのようにとらえたらよいか。文部省では，次のように解説している。

　「自ら学ぶ意欲とは，新たな課題などを見付け，それをよりよく解決したり，よりよいもの，より確かなもの，より納得できるものを目指して追究し

続ける態度に支えられたものである。

　思考力は，自分のよりよく生きたいという思いや願いに基づいてその実現のために論理的に考えたり，想像力や直観力を働かせたりして，表現や行動などのよりよい方向や方法などを見いだす資質や能力である。判断力は，解決したり，実現したりしたい課題や意図などについて考えたことを統合して，その解決や実現の見通しや方向などを決める資質や能力である。また，表現力は，自ら考えたり，判断したりしたことなどを自分のよさである技能などを生かしながら的確にあるいは創造的に表現する資質や能力である。」[4]

　また，指導要録の四つの観点の趣旨は，教科ごとに具体化されるが，共通的にはおよそ次のような学力を評価することが意図された[5]。

「関心・意欲・態度」　学習することへの関心をもち，進んで課題に取り組もうとしている。

「思考・判断」　自ら考え主体的に判断して，課題を解決したり，創造したりすることができる能力を身に付けている。

「技能・表現」　考え判断したことをもとに表現したり行動したりできる能力を身に付けている。

「知識・理解」　新たな課題の解決を目指して考えたり，判断したりすることに役立つように内容などについて理解している。

　これらの資質や能力についてのとらえ方は，「生きる力」の育成をめざす今日の教育においても，基本的には引き継がれているものと考えられる。

(2) 「生きる力」をはぐくむ教育の充実
　　〈自ら学び自ら考える力などの育成への発展〉
　　　－平成10年の学習指導要領及び平成12年の指導要録－

① 「生きる力」の提言－中央教育審議会答申（平成8年7月）－

　今日，子どもたちが自ら学び自ら考える力などの「生きる力」をはぐくむことを基本的なねらいとして教育改革が進められている。つまり，我が国の学校教育で育成をめざしているものは，「生きる力」であると考えられているといってよい。このような教育の考え方が明確に示されたのは，平成8年7月，中央教育審議会から出された「21世紀を展望した我が国の教育の在り

方について」(第一次答申) においてである。

　そこでは，子どもたちの生活と家庭や地域社会の現状，これからの社会の展望などについて検討した上で，今後における教育の在り方として，「ゆとり」の中で，子どもたちに「生きる力」をはぐくんでいくことが基本であるとの考えが提言された。具体的には，次のような資質や能力を「生きる力」と称し，そのような力を，学校，家庭，地域社会が相互に連携しつつ，社会全体ではぐくんでいくことが必要であるとされた。

① 自分で課題を見付け，自ら学び，自ら考え，主体的に判断し，行動し，よりよく問題を解決する資質や能力
② 自らを律しつつ，他人とともに協調し，他人を思いやる心や感動する心など，豊かな人間性
③ たくましく生きるための健康や体力

　同答申では，学校教育について，「生きる力」の育成を基本とし，知識を一方的に教え込むことになりがちであった教育から，子どもたちが自ら学び自ら考える教育への転換を目指すこと，その実現のため「ゆとり」のある教育課程を編成すること，教育内容を基礎・基本に厳選して子どもたち一人一人が確実に身に付けるようにすること，授業時数を縮減することが提言された。また，横断的・総合的な指導を一層推進するため，一定のまとまった時間 (「総合的な学習の時間」) を設けることも提言された。

　同答申でもう一つ重要な点は，平成4年9月から月1回，平成7月4月から月2回というように段階的に実施されてきた学校週5日制について，21世紀初頭を目途に完全実施を目指すべきであるとされたことである (注：その後平成14年度から完全学校週5日制が実施された)。それとともに，学力の評価について，単なる知識の量の多少でなく，「生きる力」を身に付けているかどうかによってとらえる必要があることが併せて提言された。

　中央教育審議会から提言された「生きる力」の育成をめざす教育の考え方は，「新しい学力観」に立つ教育の考え方を更に発展させ，自ら学ぶ意欲や思考力，判断力，表現力などの資質や能力に加え，豊かな人間性や健康や体力にまで視野を広げたこと，そして学校教育のみで完結するのではなく，生

涯学習社会を見据えつつ，家庭や地域社会の教育全体をも改善充実を図ろうとしたものととらえることができる。

② **教育課程審議会答申（平成10年7月）と学習指導要領の改訂**

平成10年7月には教育課程審議会の答申が行われ，同年12月に幼稚園と小・中学校，翌11年3月に高等学校及び盲・聾・養護学校について，それぞれ学習指導要領等の改訂が行われた。これらは，先の中央教育審議会の答申の趣旨を教育課程において具体化したものといえよう。

新しい学習指導要領は，完全学校週5日制の下で，各学校が「ゆとり」，つまり時間的，精神的な余裕の中で特色ある教育を展開し，子どもたちに豊かな人間性や基礎・基本を身に付け，個性を生かし，自ら学び自ら考える力などの「生きる力」を育成することを基本的なねらいとしている。

なお，答申では，改善のねらいの一つ，「自ら学び，自ら考える力を育成すること」にかかわって，変化の激しいこれからの社会を考えたとき，学校教育においては，「多くの知識を教え込むことになりがちであった教育の基調を転換し，学習者である幼児児童生徒の立場に立って，幼児児童生徒に自ら学び自ら考える力を育成することを重視した教育を行うことは極めて重要なことである」としている。そしてさらに，「知的好奇心・探求心をもって，自ら学ぶ意欲や主体的に学ぶ力を身に付けるとともに，試行錯誤をしながら，自らの力で論理的に考え判断する力，自分の考えや思いを的確に表現する力，問題を発見し解決する能力を育成し，創造性の基礎を培い，社会の変化に主体的に対応し行動できるようにすることを重視した教育活動を積極的に展開していく必要がある。また，知識と生活との結びつき，知の総合化の視点を重視し，各教科等で得た知識・技能等が生活において生かされ，総合的に働くように留意した指導も重要である」と敷衍している。

③ **教育課程審議会答申（平成12年12月）と目標に準拠した評価の推進**

このような「生きる力」の育成を目指す教育における評価の在り方について，平成12年12月の教育課程審議会の答申（「児童生徒の学習と教育課程の実施状況の評価の在り方について（答申）」）に基本的な考え方が整理され，翌平成13年4月，指導要録が改訂された。

そこでは，学力について，「知識の量のみでとらえるのではなく，学習指導要領に示されている基礎的・基本的な内容を確実に身に付けることはもとより，それにとどまることなく，自ら学び自ら考える力などの「生きる力」がはぐくまれているかどうかによってとらえる必要がある」との考え方が改めて示された。そして，「生きる力」の育成を目指し，子どもたち一人一人の資質や能力をより確かにはぐくむようにするため，目標に照らしてその実現状況をみる評価（目標に準拠した評価）を重視し，学習指導要領の目標や内容を踏まえて観点別学習状況の評価を基本として評価を進めることとされた。また，各教科の評定について，学習指導要領の目標に照らしてその実現状況を評価することに改めるという大きな改善も行われた。

目標に準拠した評価が重視されているのは，集団に準拠した評価に比べ，目標に照らしその実現に向けての子どもたちの変容や進歩などをより明確にできるということと，それに加えて，そこで明らかになったことを学習指導の具体的な改善に生かすことができるからである。

(3) 「確かな学力」の育成の重視
― 平成15年の答申と学習指導要領の一部改正 ―

その後，中央教育審議会は，平成15年10月，「初等中等教育における当面の教育課程及び指導の充実・改善方策について」答申を行った。この答申では，学習指導要領の基本的なねらいを再確認し，その実現を図ることが子どもたちの現状からみて引き続き必要であるとして，まずは「生きる力」を知の側面からとらえた「確かな学力」の育成のための取り組みの充実を求めているところに特色がある。「確かな学力」という言葉は，それまでも「学びのすすめ」（平成14年1月）などで用いられていたが，中央教育審議会での検討を経て答申ではこのときはじめて用いられ，「生きる力」をはぐくむ教育の体系の中に整合的に位置付けられたといえる。

答申では，「確かな学力」については，「知識や技能はもちろんのこと，これに加えて，学ぶ意欲や，自分で課題を見付け，自ら学び，主体的に判断し，行動し，よりよく問題を解決する資質や能力等までを含めたもの」であるとし，これを個性を生かす教育の中ではぐくむことが肝要であるとしている。

このように「生きる力」の中でも「確かな学力」に焦点を当てた答申が出された背景としては，学力のとらえ方の立場の違いによりかみ合わない学力低下に関する論議に審議会としての結論を示すことがあったと考えられる。また，近年の学力に関わる国内調査や国際調査等から，「①我が国の子どもたちには判断力や表現力が十分身に付いていないこと，②勉強を好きだと思う子どもが少ないなど学習意欲が必ずしも高くないこと，③学校の授業以外の勉強時間が少ないなど学習習慣が十分に身に付いていないこと」などの点で課題が指摘されていたことがある。
　そして，総合的な学習の時間等を通じて学びへの動機付けを図るとともに，子どもの実態や指導内容等に応じて個に応じた指導を柔軟かつ多様に導入することなどの工夫による「わかる授業」を積極的に推進することを求めている。その際，子どもたちの学習意欲の向上が特に重要であると指摘している。
　また，「確かな学力」の育成のため，これから子どもたちに求められる学力について周知に努めるとともに，全国的及び地域的な調査により「確かな学力」の総合的な状況を把握し，教育課程や指導の充実・改善に生かすことなどが提言されている。
　さらに答申では，「確かな学力」の育成にかかわる具体的な課題を挙げ，①学習指導要領の「基準性」の一層の明確化，②教育課程を適切に実施するために必要な指導時間の確保，③「総合的な学習の時間」の一層の充実，④「個に応じた指導」の一層の充実などが求められた。
　文部科学省では，これらの提言を受け，同年12月，学習指導要領について総則を中心に一部改正し，「確かな学力」を育成し「生きる力」をはぐくむという学習指導要領のねらいが一層実現されるようにした。

2　「生きる力」をはぐくむ教育の実現

(1)　「生きる力」の育成と子ども観

　これからの時代に求められる資質や能力である「生きる力」は，これまで

陥りがちであった，断片的な知識を一方的に教え込むような教育の在り方にとどまっていては，十分効果的に育成することは困難であろう。

自ら学ぶ意欲や思考力，判断力などの育成をめざすとき，自ずと子どもたち一人一人に目を向けざるを得ない。育てたい「意欲」や「思考力」や「判断力」などは，まさに学習の主体である子どもたち自身のものであり，人間として生きていることの表れにほかならない面があるからである。

とりわけ子どものとらえ方が重要になる。子どもは，ややもすれば無力で教えなければわからない存在であるとばかり考えられがちである。本当にそうであれば，教科指導にしても道徳の指導にしても教え込むしかないという結論に至るかもしれない。しかし，私たちは，日頃から子どもたちのもっと違った面，例えば生き生きとして，能動的で，創造的な面もみているではないか。

子どもたちは，まず一人一人が人間としてかけがえのない存在である。そして，その子としてその時期ならではのよさや可能性をもち，生涯にわたってよりよく生きたい，向上したいと願っている存在であるととらえることが大切である。また，子どもは，関心のある対象に進んでかかわろうとし，納得いく答えを求め，既有の知識などをはたらかせて課題の解決に取り組もうとする有能な存在であるといわれている。

このような存在である子ども一人一人にしっかり向き合い，共感し，子どもの姿全体を見失わないよう留意しながら，わかりたい，知りたい，確かめたいといった成長に向けた子どもたち一人一人の願いに誠実かつ的確に応えていくことによって，自ら学び自ら考える力などの「生きる力」をより効果的にはぐくんでいくことができると考えられる。

西野範夫氏が「子供たちのよさを生かす共感と支援の教育」と整理した「新しい学力観」以降の教育の考え方の核心や，個に応じた指導が求められる所以もここにある[6]。

子どもたちが資質や能力を獲得し高めていく過程を考えると，前述のように，関心の高い対象に積極的にかかわり，既有の知識や経験を生かして自分なりの見通しをもち，考えたり試したり表現したりするといった学習活動に取り組み，課題の解決に成功したり思いどおりにいかなかったりすることを

通して，意味の体系を新たに構築したり修正したりしていくと考えられる。このような学習を重ねながら自らのものとして獲得された資質や能力は，短期間で忘却されることなく，むしろその後の学習や生活に活用され，更に一層確かで豊かなものになることが期待できる。

　このような過程を考えるとき，教師が一方的な説明に終始したり，逆に子どもたちに任せきりにするだけでは適切に学習活動が進められない。子どもたちの主体的な学習が成り立つようにするためには，例えば次のようなことに配慮することが考えられる。

① 子どもたちが自身が学習の主体であるという意識をもち，自らの問題意識やめあてをもって学習活動ができるようにする。

② 子どもたちが考えたり試行したり表現したりする場をできるだけ多くもてるようにする。

③ 子どもたちが問題を解決する手立てや足場となるものを的確にもてるようにする。

④ 子どもたちが自分の学習活動を振り返ったり，友達と共有できるようにしたりするとともに，必要に応じ学び直すことができるようにする。

　このように，子どもたち一人一人を十分理解し，それぞれの学びをきめ細かく的確に支えるような学習指導を工夫すること，つまり「個に応じた指導」を工夫することによって，子どもたちは，自ら学び自ら考える力などの「生きる力」を高め豊かにしていくと考えられる。

(2) 「生きる力」の育成と基礎・基本

　学力の問題を考えるときに重要な論点となるのは，基礎・基本（基礎的・基本的な内容）との関係である。

　学習指導要領の総則には，「生きる力をはぐくむことを目指し，……基礎的・基本的な内容の確実な定着を図り，個性を生かす教育の充実に努めなければならない」と規定されている。このような文脈で基礎・基本の定着がいわれるとき，子どもたちが学習指導要領に示されている基礎的・基本的な内容を目標がめざす方向に沿って身に付けるようにすることであるととらえる

ことが適当である。つまり，学習指導要領に示されている目標と内容は，「生きる力」をはぐくむための核となるものであり，それらの学習を充実させ発展させることで子どもたちが自ら学び自ら考える力などの資質や能力を確かに身に付け，高め豊かにしていこうとするものである。

例えば各教科の基礎的・基本的な内容を子どもたちが身に付けた姿を考えるとき，「関心・意欲・態度」，「思考・判断」，「技能・表現」，「知識・理解」などの観点からとらえることができる。

また，基礎・基本をいうとき，ともすればいわゆる「読・書・算」が強調され，特定の教科の一定の内容だけに目が向きがちである。基礎・基本を「読・書・算」に限定してとらえれば，学力もまたそれらの能力等に限定してとらえられることになろう。仮名や漢字の読み書き，一位数からの加法や減法などからはじまり，子どもたちが目的に応じて読みその内容を把握したり，考えたことを筋道を立てて書いたり，四則計算ができるようにすることは重要である。しかし，基礎・基本は，それにとどまるものではない。

教育の成果として「確かな学力」などの「生きる力」をはぐくむことをめざし，そのために基礎的・基本的な内容の指導を徹底するというときには，学習指導要領に示されている教科の内容はもとより道徳や特別活動の内容なども含めて幅広くとらえ，それらについて総則に示された基本理念や各教科等の目標が示す方向に充実した学習指導を展開することが求められていると考えるべきである。

おわりに

「確かな学力」などの「生きる力」の育成をめざすことは，子どもたち一人一人の人間としての豊かな成長をめざすということである。それは，教育の在り方として理想的なことであり，やりがいのあることである。一方，方向性としては間違っていないが，学校へ定着するには更に時間と工夫が必要であるという見方もある。

「新しい学力観」に立つ教育の考え方が世に問われてから十数年が経過し，

関係者の多大な努力により，かつてのような覚えた知識の量を唯一の物差しとして学力をとらえるような考え方はゆっくりではあるが薄くなり，もはや後戻りはしないところまできたと考える。「生きる力」の育成を実現するための教育課程や学習指導，そして評価の在り方については，なお一層の改善の余地があることも事実であろう。「思考力」や「判断力」と唱えるだけでは教育は変わらない。それらを子どもの姿として具現化することに向けた実践を重ね，工夫改善の歩みを共に進めていくことが大切であると考える。

〈注〉
(1) 高浦勝義「個性化教育の必要と問題解決能力の育成」，加藤幸次・高浦勝義編著『学力低下論批判』黎明書房，2001年，170頁。
(2) 中央教育審議会教育内容等小委員会審議経過報告(昭和58年11月)今後の教育において特に重視すべき視点として，①自己教育力の育成，②基礎・基本の徹底，③個性と創造性の伸長，④文化と伝統の尊重を示している。その中で，自己教育力として「学習への意欲」や「学習の仕方の習得」をあげるとともに，基礎・基本にかかわって，「学校教育は単なる知識の伝達の場ではない。思考力，判断力，創造力を養うことを知育の基本に据え，発達の段階に応じて，最小限度必要な知識・技能を確実に身に付けさせるようにするべきである」と述べている。
(3) 臨時教育審議会第四次答申（昭和62年8月）
　　教育改革の視点として，①個性重視の原則，②生涯学習体系への移行，③変化への対応を示している。その中で，個性重視にかかわって，「社会の変化に積極的かつ柔軟に対応していくために，芸術，科学，技術等あらゆる分野においてとくに必要とされる資質，能力として，『創造性・考える力・表現力』の育成が重要である」とし，「知識・情報を単に獲得するだけではなく，それを適切に使いこなし，自分で考え，創造し，表現する能力が一層重視されなければならない」と述べている。
(4) 文部省『小学校教育課程一般指導資料　新しい学力観に立つ教育課程の創造と展開』東洋館出版社，1993年，9頁。
(5) 同上書，75頁。
(6) 西野範夫「子供たちのよさを生かす共感と支援の教育」，文部省『初等教育資料』平成7年4月号（No.631）。

第II部

学力をめぐる諸外国の研究・実践の動向

第1章

イギリス初等学校における教育改革の経緯と基礎学力問題

新井浅浩

はじめに

わが国の学力論争とりわけ昨今の学力低下論争は，イギリスにおけるここ30年来の教育改革においてとりざたされた教育思想・方法における二つの立場の相克と無関係ではない。そのため，次の二点の真偽を検討しておくことは意義が深いと思われる。

第一点は，わが国の学力論争においては，学力低下の問題と新しい学力観に基づいた教育改革路線の是非とが対となって論じられているが，その際わが国の今次の改革の方向は，イギリスで既に失敗に終わったものを追いかけているという一部の認識についてである。「総合的な学習の時間」に代表される新しい学力観は，イギリスにおいて，子ども中心の教育アプローチと呼ばれるものと共通すると理解される。それゆえ，わが国のこうした改革の方向を批判する論者は，次のような認識を持っているようだ。すなわち，イギリスにおいては，子ども中心の教育アプローチは失敗に終わり，その結果，学力低下を招き社会問題の元凶となった。そしてそれに対して，サッチャー政権以来の教育改革により，子ども中心の教育アプローチから脱却したとされるが，これは事実であるのか。

もう一つは，教育改革をすすめる際には，教育の実態把握に基づいておこなわれることの重要性が改革批判論者からも指摘されているが，イギリスのこれまでの改革路線は，そのような結果によるものであったかという点である。すなわち，わが国については，その実態把握の欠如を指摘しつつ，他国の事例については，そうした問題はなかったかのごとく，その結果および方

向性を妥当なものとして，わが国の方向性を批判する際の論拠としていないだろうか。

イギリスの初等学校において，ここ30年来経験してきた教育改革の経緯は，これまで様々に論じられてきたが，本稿ではそれを，以上のような問題意識のもとに，基礎学力問題との関連をふまえつつ検討してみよう。

1 初等学校の改革の経緯とその論議

イギリスの初等学校においては，第二次大戦後の教育体制を長く規定していた1944年法のもと，宗教教育が唯一必修科目とされたなかで，そのカリキュラム編成の実質的主体は，各学校および各教員にあった。くわえて，三種の中等学校に振り分けられるための11歳試験の内容（主に英語の言語能力と数学の能力を問うもの）が，初等学校の教育内容に広く影響を及ぼしていたが，1960年代半ば以降，中等学校の総合化が進んでからは，11歳試験も廃止に向かい，それらの影響からも自由になった。こうした中で，ペスタロッチ，フレーベル，モンテッソーリ，デューイ，アイザックスなどの進歩主義教育者たちの唱えた子ども中心主義の教育哲学により，教育内容が子どものニーズや関心によって選択され，学ぶ知識内容が子どもの活動から導き出されるという形でテーマをめぐって組織化された総合学習型のカリキュラムを多くの教師たちが導入した。これは，教育科学省（当時）の中央教育審議会が1967年に公表した通称プラウデン報告書によって大々的に取り上げられた[1]。以後は，こうした実践は，「プラウデン哲学」に基づいたものと称されるようになった。イギリスの初等学校におけるこうした実践は，アメリカをはじめ海外でも大きく紹介そして賞賛されたのである。

しかし，子ども中心の教育アプローチという用語で説明されるこうした実践は，イギリス国内においては，主に政治的右派からは嫌悪の対象とされた。そうした批判のあらわれは，保守党政権に影響力のある論者によって編まれた一連の通称「教育黒書」に代表される[2]。「教育黒書」は，初等教育，中等教育，高等教育について，それぞれ批判したもので，1969年を皮切りに合

計5回にわたり出版された。最初の二つの編者が大学の教員であり，当時学生運動が大学の教員たちの頭を悩ませていたこともあってか，最初の「黒書」は大学問題が中心であった。その中には，初等学校で権威を尊重することを教えないことが，学生が大学で無秩序になる原因であると主張する論稿もあった。その後の「黒書」では，初等教育の在り方や中等学校における総合制化に批判の中心が移行した。ライト（Wright, N.）による入念な調査により，「教育黒書」に載せられた論稿の事実には多くの誤謬，不正確，偽り，矛盾，混乱があったことが明らかにされた[3]。しかし，この「黒書」が大きく世論を動かしたことは間違いない。

　教育黒書においても取り上げられ，当時話題となったものの一つは，ウィリアム・ティンダル校事件である。ロンドンの初等学校で，急進的な取り組みをしていたこの学校においては，その教育の在り方をめぐって親と学校側とがトラブルになり，1976年には特別調査が入るまでにいたった。同校の実践は，ダーリング（Darling, J.）の指摘によれば，ペスタロッチやフレーベルなどの子ども中心の哲学というよりも，ニイル（Neill, A.）のサマーヒル校の考え方に近いものであったという[4]。しかしこの事件は，マスコミによってセンセーショナルに取り上げられてしまった。すなわち，一切の諸価値や道徳性を破壊するという過激な教育をしている学校であると報道されたのである。報道を見た一般の親たちは，子ども中心主義の教育アプローチをすすめる初等学校の実践に対して危機感をもつことになった。

　研究調査において，エポックメーキングなものとして名を馳せたのは，1976年に発表されたランカスター大学のベネット（Bennett, N.）によるイングランド北西部871校以上の初等学校の3，4学年を対象とした教授法と子どもの到達度に関する大々的な調査である[5]。これは，教授法を「フォーマル」「インフォーマル」「混合」に分けてその違いによる子どもの学力到達度を比較している。この場合の「インフォーマル」とは子ども中心の教育アプローチによる実践と同定される。調査は，「フォーマル」のクラスは，〈読み〉〈数学〉〈英語の理解〉において，「インフォーマル」のクラスよりすぐれていたと結論した。この本の出版にあわせてテレビ番組は特集を組み，

第II部　学力をめぐる諸外国の研究・実践の動向

『デイリーエクスプレス紙』『タイム紙』『デイリーテレグラフ紙』などの新聞はセンセーショナルに取り扱った。ベネットは，自身の研究調査の結論には自信を持ちながらも，「この調査結果を〈フォーマルな教授アプローチへの回帰〉のスローガンとして欲しくない」と『ガーディアン紙』に寄稿している。その理由は，彼自身の研究調査においても，全ての分野で極めて高い結果を出していた「インフォーマル」なクラスもあったし，このような結論を出すにはいかない他の研究調査の存在もあったからといわれる。また4年後に，ベネットや彼の研究チームのメンバー自身によって，同調査の統計結果が再分析されたが，その結論は，「英語の進歩はフォーマルが優れ，読みの進歩はインフォーマルが優れ，数学の進歩は，フォーマルとインフォーマルで同じくらいである」ということになった[6]。この結果は，学術誌に論文として発表されたが，テレビは，それを取り扱うことはなかった。

　これらの流れが，1976年，当時のキャラハン首相の有名なラスキン・カレッジの演説と，それを端緒とした全国的な「教育大討論」につながった。そこでは，初等教育に対する問題提起がなされたが，その動きは，その後保守党政権に受け継がれて，1988年の教科主導のナショナル・カリキュラムの設置に帰結した。後段に指摘するとおり，初等学校において，それまで主流であった子ども中心の教育アプローチは，逆風を迎えることになったのである。

　研究調査が正しく受け止められず，違った形で世論を形成してしまったことが，1990年代にも起こっている。それは，当時リーズ大学のアレキサンダー（Alexander, R.）教授の研究グループによる調査とその後の政府の動きである。アレキサンダー自身，これをデジャヴ体験のようであると記している[7]。これは，もともと1985年から5年間にわたりリーズ県が，学校の向上のために1400万ポンドを支出した「初等学校ニーズプログラム」の評価をするものであった。調査結果においては，教授・学習の項目はほとんどなかったが，新聞を賑わしたのは，「読みのスコアにみられる学力水準の低下」「〈流行の〉進歩的教育法が幅をきかせていること」「（労働党による）地方当局，指導主事，さらに一般の教育専門家の害悪について」といった物語であった。このような報道をされることは，アレキサンダー自身の本意ではなかったと

いう。さらには，このアレキサンダーと初等教育の主任視学官であるローズ (Rose, J.) および全国教育課程審議会（当時）のウッドヘッド (Woodhead, C.) が指名され，三人による初等教育に関する討議文書が当時の教育科学省から発表された[8]。これは，通称「三賢人報告書」と呼ばれ，これによって，発見的な学習法は否定され，トピック中心の学習法は，学力到達度の低下につながるとされた。しかし，もともと，リーズの調査でそのような研究結果を見出したのではなかったアレキサンダーが，このような内容の討議文書の執筆に加わったのは奇異に思える。ガルトン (Galton, M.) の明らかにするところによると，この文書の最初の草稿は，アレキサンダーが書いたものであり，その段階では，一斉教授法にその意義の一端を認めるという程度のニュアンスの書き方をしていたものが，最終稿では，「これまでの研究調査により，現代の初等学校のクラスで欠落している秩序，統制，目的，集中を一斉授業は明らかに提供している」というように，一斉授業の方法を真っ向から肯定する文書となった。このことに関しては政治的介入による修正があった結果であるとされている[9]。ダーリングは，これによって，子ども中心の教育アプローチは，完全に公的な支持を失ったと指摘している[10]。

　このように，イギリスの初等学校の改革路線における重要な分水嶺においては，研究調査によるきちんとした裏づけのある議論にもとづいたものではなく，政治的動きとマスコミによるプロパガンダが大きく影響して，その方向が定められたことが指摘できる。

2　ナショナル・カリキュラム導入と基礎学力

　初等学校における教授法とその効果についての研究としては，レスター大学のガルトン (Galton, M.) とサイモン (Simon, B.) が行った通称オラクル調査 (Obseravational Research and Classroom Learning Evaluation) が最も洗練された調査といわれている。これは社会科学調査審議会から助成を受け，1975年から1980年までの5年間に，三つの地方当局の中の，村，住宅地，市中心部を含んだ19の学校の58学級における教師と児童の行動を観察

調査したものである[11]。

　注目するべきは，その20年後の1996年，この研究チームが，前回の調査と同じ学校を再調査していることである[12]。これにより，同じ初等学校が20年の間にどのような変容をしたのかがわかる。この20年間の最大の制度的変化は，それまでなかったナショナル・カリキュラムの導入である。それにより，学級内における教授活動や児童の行動がどのように変容したのか，まことに興味深い。

　それらの変化を詳述することが本稿の目的ではないので，抜粋して述べると以下のようである。

　まず，教師と子どもの関わり合いであるが，76年の調査と96年の調査を比べると，96年の方が，教師の対個人への関わりが減り，対小集団や対クラス全体への関わりが増えている（表1）。また，教師の活動としては，「説明」の割合が96年にはかなり増えている（表2）。教師の質問の特徴としては，76年に比べ，96年の方が，「限定的質問」が圧倒的に増え，「課題の観察」が激減している（表3）。これらからわかることは，ナショナル・カリキュラムの導入を経た96年には，76年と比べると，教師主導の一斉授業が増えたことである。

　観察されたカリキュラム内容については，英語と数学の合計は76年は，全体の64.1%であったものが，96年には，53.9%とむしろ減っている（表4）。ちなみにナショナル・カリキュラムにおいては，英語，数学，理科を中核教科としている。そこで96年において理科の12.4%を英語と数学に加えると，76年の英語と数学の合計64.4%とほぼ同じ数字になる。このように，76年においては，英語と数学を根幹としてカリキュラムの中で占めていたのと同じ割合を，現在は英語，数学，理科で占めている。そして，理科，歴史，地理，宗教，教育，教科横断は，それらを合計したものを，76年の調査では総合学習（general studies）として，その割合は24.4%であったが，96年では，29.3%と4.9ポイント増加している。そして，技術や情報技術，人格および社会性の教育（PSE）は，76年の分類にはなかったものであるが，これらが合計で5.0%となっている。

表1　聞き手の種類の変化（1976－1996年）

	1976－77年		1996年	
対個人	55.8[a]	(71.2)[b]	43.1	(48.4)
対小集団	7.5	(9.8)	14.6	(16.4)
対学級	15.1	(19.0)	31.3	(35.2)
合計	78.4	(100.0)	89.0	(100.0)

注）aの数字は，すべての関与における百分率を表す。bの括弧内の数字は，教師と児童の関与における百分率を表す。
出典）Galton, M., et al., Inside the Primary Classroom 20 years on, Routledge, 1999, Table 3. 3.

表2　教師の活動の変化（1976－1996年）

	1976－77年	1996年
質問	12.0	16.2
説明	44.7	59.2
無言の関与[a]	22.3	12.2
無関与	21.0	12.4
合計	100.0	100.0

注）a「無言の関与」とは，児童の報告を聞いたりすることである。
出典）Ibid, Table 3. 4.

表3　教師の質問の特徴

質問	1976－77年		1996年	
	全質問の百分率	全観察の百分率	全質問の百分率	全観察の百分率
事実	29.2	3.5	24.7	4.0
限定的問題	18.3	2.2	34.6	5.6
開放的問題	5.0	0.6	9.9	1.6
課題の観察	32.5	3.9	18.5	3.0
日常	15.0	1.8	12.3	2.0
合計	100.0	12.0	100.0	16.2

出典）Ibid, Table 3. 5.

第II部　学力をめぐる諸外国の研究・実践の動向

表4　観察されたカリキュラム

ORACLE 1976年カリキュラム	ORACLE 1996年相当するもの	観察された百分率 ORACLE 1976年	観察された百分率 ORACLE 1996年	差 (1976-96年)
言語	英語	36.1	30.1	-6.0
	数学	28.5	23.8	-4.7
		(64.6)	〈53.9〉	(-10.7)
	理科		12.4	
	＋歴史		5.9	
	＋地理		7.4	
	＋宗教教育		0.4	
	＋教科横断		3.2	
総合学習		24.4	(29.3)	(+4.9)
美術・工芸	美術	10.9	11.8	+0.9
	技術		4.0	+4.0
	情報技術		0.9	+0.9
	人格・社会性教育		0.1	+0.1
			(5.0)	(+5.0)
合計		100.0	100.0	

出典) Ibid, Table 4. 15.

　このように英語・数学の重視は，76年，96年ともにあてはまるが，子ども中心の教育アプローチにおいては，それらは軽視されていると一般には曲解されている。すなわち，すべてを総合学習型でおこなうことを主張していると誤解されている。筆者が，これまでに何度か指摘したことであるが，例えば，先述のプラウデン報告書においても基礎学力をきちんと教えることの重要性について指摘されている。

　さて，オラクル調査の意義深い特徴としては，20年間をはさんで同じ学校を調査したことに加え，基礎学力に関して76年と96年で同じテスト（むろん使用する語彙は時代の変化を考慮している）を実施した点である。管見によれば，このような調査はイギリスにおいては他になされていない。

　調査結果を見ると，数学，言語技能，読み・語彙のいずれも，かなり深刻

表5　1976年度および1996年度終了時における第4, 5, 6学年の基礎学力成績の比較

	ORACLE1976年			ORACLE1996年		
	%	標準偏差	人数	%	標準偏差	人数
数学	56.0	17.7	409	45.4[a]	20.4	476
言語技能	43.3	17.7	410	36.2[a]	17.3	476
読み／語彙	62.7	19.9	410	47.7[a]	18.6	476

出典）Ibid, Table 6.2.
注1）aは，$p<0.01$

表6　各学年別の全体テストの比較（1976年と1996年）

	ORACLE1976年			ORACLE1996年		
	8／9歳[b]	9／10歳	10／11歳	第4学年	第5学年	第6学年
	(調整された百分率得点の平均)			(百分率得点の平均)		
数学的技能	42[c]	62	75	31[d]	55[d]	62[d]
言語的技能	31	49	55	28[d]	41[d]	47[d]
語彙と読み	50	74	86	36[d]	53[d]	61[d]
人数	580	306	315	235	193	196

出典）Ibid, Table 6.3.
注1）aは，1976年の学年当初の得点から予測して学年末の得点を算出している。
注2）bは，より長いテストの百分率を算出している。
注3）cをはじめ全て端数は切り捨てている。
注4）dは，$p<0.01$。

に低下している（表5）。これは，英語，数学の時間がカリキュラム上，減ったことに直接対応している。

　さらに，各教科の内容を細かく分析すると，数学では〈数学の概念〉は76年に比べ96年が向上しているのに対して，〈問題解決〉の分野が低下していることがわかる。言語技能については，〈大文字の使用〉や〈句読法〉については，96年の方がむしろ向上しているが，〈スペリング〉については，深刻に低下している。〈大文字の使用〉や〈句読法〉については，ナショナル・カリキュラムでも重視しており，向上はうなずけるところである。〈スペリング〉は，ナショナル・カリキュラムでも強調しているが，〈フォニッ

クス〈音声とつづり字の関係を教える語学教授法〉〉を教える時間の減少と，作文の時間の減少，とりわけ調査によれば，授業中の教師のチェックする時間の減少が原因ではないかと分析されている。読みについては，96年では〈語彙〉よりも〈理解〉の低下が著しい。

　結局，96年では，〈数学の問題解決〉〈読解〉〈スペリング〉が76年の子どもより困難を抱えていることが明らかになった。中でも，〈読解〉の低下が著しい。

　このような低下は，いかにして起こったのか。ガルトンらの結論は，ナショナル・カリキュラムの導入の影響である。〈句読法〉など作文の基本的技術や数学における〈基本的な計算の概念〉，〈図形〉や〈測定〉に関する直接的な問題など僅かに向上した側面があるが，その代償は英語における〈読解〉や〈スペリング〉，数学の〈問題解決技能〉においての低下であった。ナショナル・カリキュラムの導入は，先に見たようにカリキュラムにおける幅とバランスを保つことになったが，その結果として数学と英語にあてる時間を削減した。また，ナショナル・カリキュラム導入により，直接的な教授を主にする一斉授業が強調され，カリキュラムにおいて，その〈過程〉を重視して取り組むよりも，〈内容の伝達〉を重視するようになった。結果として児童の課題への取り組みを教師が見守ることや「無言の関与」や「無関与」の時間が減ったのである。「無言の関与」や「無関与」とは，モニターすることや児童の学習の報告を聞くことや子どもの側に座って添削をすることを含む。このような即時のフィードバックの時間が減少しているのである。基礎的学力については，76年の方が，幅広く扱われており，96年では，それは技術的・機械的な側面に限られてしまっていることが，このような結果の原因であるとしている。

おわりに

　以上に見たように，イギリスの初等学校においての，子ども中心の教育アプローチから教科主体のナショナル・カリキュラム導入による伝統的教授法

への回帰は，子ども中心の教育アプローチの失敗が研究調査として明らかにされた結果とはいえない。これらのアプローチが基礎学力を低下させたという結果が明らかにされていないにもかかわらず，研究調査の結果が調査者自身の本意から離れて曲解され，政治的なプロパガンダに利用され，誤った世論が形成された結果といえる。

イギリスの初等学校での実践は，問題となったウィリアム・ティンダル校などはともかく，一般にきわめて柔軟に現実的な対応を見せ，結果として，例えば基礎学力についてもしっかりと教え込むというものであった[13]。

そのような中で，教科主義のナショナル・カリキュラムが導入されたのである。本稿で示したように，ナショナル・カリキュラム導入によって，たしかにカリキュラムの幅が広くなりバランスは保たれたが，そもそもの眼目である基礎学力は低下してしまったようだ。さらに，教師の教えるものが測りやすいものに限定されてしまう危険性も指摘されている。これらの事実は，まさしく実態把握に基づいた教育改革ではなかったことの証左ではないだろうか。

ちなみに，以下のような動きがあったことは指摘しておかなければならない。ナショナル・カリキュラムを導入する過程において，それまでの初等学校の優れた実践といわれるものを十分に評価できるような評価システムの構築が目指されたり[14]，ナショナル・カリキュラムの量的削減が図られたり[15]，基礎学力をさらに強調するための施策[16]が出されたりした。ただし，評価システムについては，そうした目論見は失敗に終わったといえる。また，2000年からの現行のナショナル・カリキュラムにおいては，ナショナル・カリキュラムを通して，学ぶべきものとして，キー・スキル（コミュニケーション，数字の活用，情報技術，他者との協働，学習の向上，問題解決，思考スキル）を強調したことや，人格・社会性・健康教育や市民性教育などを教科知識に限定しない形で教えることを定めた。これはナショナル・カリキュラムの教科知識を教え込むことからの発展と見ることもできるが，こうしたことがあっても，英語，数学，理科の中核教科の評価に関する各学校の児童の平均点がリーグテーブルという形で公表されるという制度のもとでは，依然，

狭められた範囲での基礎学力重視という結果におわる可能性は大きいであろう。

20年の年月をはさんだ二度のORACLE調査を実施した先述のガルトンは，こうしたカリキュラム体制の変容をどう捉えているのであろうか。彼は，96年の研究を紹介した著書において台湾，韓国，日本，シンガポール，香港らと比べて国際比較テストにおけるイギリスの数学の能力が低い事実に対していくつかの考察を加えているが，その中で興味深いのは，次の指摘である。「イギリスが教科ベースの一斉授業で〈基礎へ返れ〉という運動にかまけている間に，これらの国では一斉授業から脱却し，小集団学習や仲間による指導を含んだ協同学習の時間を増やすカリキュラムへと変更しようとしている。ライバルの国がこのようにしている間に，今日のイギリスの教師たちが，対話と探求よりも情報の伝達者として振舞うことを強いられているのは，危惧すべきである[17]。」

教育改革において反対のベクトルを持つ両国で，お互い相手の方向性を引き合いに出しつつ，自国の動きに批判を加えているのは，極めて皮肉なことである。

〈注〉
(1) Central Advisory Council for Education, Children and Their Primary Schools, Her Majesty's Stationary Office, 1967.
(2) それらは，以下の5冊である。
・Cox, C. B. and Dyson, A. E. (eds.), Fight for Education: A Black Paper, Critical Quarterly Society, 1969a.
・Cox, C. B. and Dyson, A. E. (eds.), Black Paper Two: The Crisis in Education, Critical Quarterly Society, 1969b.
・Cox, C. B. and Dyson, A. E. (eds.), Black Paper Three, Critical Quarterly Society, 1970.
・Cox, C. B. and R. Boyson (eds.), Black Paper 1975, J. M. Dent & Sons, 1975.
・Cox, C. B. and R. Boyson (eds.), Black Paper 1977, Temple Smith, 1977.
(3) Wright, N., Progress in Education, Croom Helm, 1977, pp. 139-140.

(4) Darling, J., Child-Centered Education and its critics, Paul Chapman Publishing, 1994, p. 101.
(5) Bennett, N., et al., Teaching Style and Pupil Progress, Open Books, 1976.
(6) Atkin, M., Bennett, N. and Hesketh, J., "Teaching Style and Pupil Progress: A Re-Analysis", British Journal of Educational Psychology, 51, 1981, pp. 187-196.
(7) Alexander, R., Policy and Practice in Primary Education, Routledge, 1992, p. 166.
(8) Alexander, R., Rose, J. and Woodhead, C., Curriculum Organization and Classroom Practice in Primary Schools. A discussion paper, Department of Education and Science, 1992.
(9) Galton, M., et al., Inside the Primary Classroom 20 years on, Routledge, 1999.
(10) Darling, J., op. cit., p. 108.
(11) それらは例えば, Galton, M., Simon, B. and Croll, P., Inside the Primary Classroom, Routledge, 1980 に紹介されている。
(12) Galton, M., et al., op. cit., 1999.
(13) 小澤周三「英国の学校はどのように変わってきたか」稲垣忠彦編『子どものための学校－イギリスの小学校から－』東京大学出版会，1984年。
(14) ナショナル・カリキュラムの評価とテストのあり方を検討するために設置された作業グループの報告書である通称TGATレポートにより，そのような勧告がなされた。
　　Department of Education and Science, National Curriculum Task Group on Assessment and Testing-A report, 1988.
　　拙稿「人間の成長・発達と学校制度－イギリス－」山下武編著『現代教育への視座－教育学試論－』八千代出版，1994年にその一部を紹介した。
(15) 例えば, 拙稿「イギリスにおける全国共通カリキュラムの改定動向－「デアリング・レビュー」を中心に－」『学校と地域社会との連携に関する国際比較研究　中間報告書（Ⅰ）』国立教育研究所，1996年。
(16) 96年に当時の保守党政権のもと全国リテラシー・ヌメラシープロジェクトが開始されたものが，現労働党政権も引き継ぎ，全国学力向上策として実施した。毎日の英語および数学の時間の確保などが示された。
(17) Galton, M., op. cit., p. 198.

第2章

アメリカ合衆国の教育改革と「真正の評価」

松尾知明

はじめに

　アメリカ合衆国において，教育のアカウンタビリティがきびしく問われるなかで，標準テストが多用されるようになったが，その批判として「真正の評価（authentic assessment）」と呼ばれる新しい評価のあり方が提起されるようになった。そこでは，標準テストを中心とする評価の問題点が明らかにされると同時に，学力をどのように捉え，それをいかに評価するのかといった学校教育の根本問題が一つの焦点になったといえる。

　では，子どもたちは，学校で，何を知り，何ができるようになればいいのか。学校教育で培うべき能力（＝学力）とは，どのようなものなのか。本稿では，合衆国における「真正の評価」をめぐる議論をもとに，子どもにめざされる学力形成と評価の問題に示唆される点について考察したい。

1　テスト批判としての真正の評価

　合衆国においては，低迷する教育の状況を告発した連邦教育省長官諮問委員会報告書『危機に立つ国家（Nation at Risk）』(1983年)の発表を契機に，かつてない規模で教育改革が進められている。それに伴い，教育の説明責任を果たすことが強調されるようになり，子どもたちの知識や技能の習熟度を標準テストによって測定しようという動きが全米で広がっていった。

　一方，こうした潮流への批判あるいは反動として，80年代の終わり頃から「真正の評価」と呼ばれるオールタナティブな評価のあり方が論議されるよ

うになった[1]。子どもの学力を学習の場面と切り離された1回きりのペーパーテストで表面的に診断することの問題が提起されるなかで，作品や文章などの作業実績をもとに，学習者の「ありのまま」の学力を捉えようとする「真正の評価」が注目を集めるようになったのである。

　この動きのなかで指摘された標準テストの問題は，Darling-Hammondらの整理によれば，以下の点が挙げられる[2]。

　第一に，標準テストは，あらかじめ答えの決まった問題をすばやく表面的に解く能力を捉えるのみで，思考力，創造力，表現力などを含めた学力を総合的に測定することができない。

　第二に，標準テストは，関連のないばらばらな知識の記憶と再生を求めるが，それは，有意味で目的的なコンテクストで，既知の事象にこれから知ろうとする事象を関連づけて学ぶといった今日的な学習観に基づいていない。

　第三に，標準テストは，結果責任を問われれば問われるほど，授業はテストの準備へと傾斜する一方で，プロジェクトや実験，グループでの協働学習，体験的，問題解決的な活動などは削られ，カリキュラムの幅を狭めてしまう。

　第四に，標準テストは，学習結果としての知識の量を測る限定的な評価なので，別の課題や他の状況での成績を予測したり，なぜそのような点数をとったのかの理由を捉えたりすることが困難な精度の低い診断の道具である。

　このように，標準テストのみによって学力診断をすることの問題が浮き彫りにされるなかで，その代替として，子どもの作業実績をもとに学力を捉える「真正の評価」が議論されるようになったのである。

2　「真正の評価」とは

　では，「真正の評価」とは，何を意味するのだろうか。

　authentic とは，英和辞書によれば，「信ずべき，確実な，根拠のある，真の，本物の……」[3]とある。「オーセンティック」といえば，一般には，絵画や書物が「にせもの」ではなく「本物」であること，あるいは，報告が「虚偽」ではなく「根拠のある」「信頼できる」ことなどの文脈で使われる。

それに従えば、「真正の」評価とは、ある概念との対比において、「本物の」あるいは「信頼できる」評価ということになる。この場合、その対立する概念とは「標準テスト」をさしており、「真正の評価」は一般に、標準テストのみの評価ではないという特質によって定義される。そうしたアプローチをとることで、「真正の評価」は、評価のあるべき姿、さらには、学校で育てるべき能力を問い直す必要性を唱えるために使用される概念であるといえる。

　「真正さ (authenticity)」の概念は、教育と評価の文脈では、Archbald & Newmann (1998) において、「真正の学力 (authentic achievement)」という形で最初に使用されたという[4]。

　Newmann らは、子どもたちの能力を実質的に把握できない標準テストが多用される状況で、学校で成功するとは何を意味するのかという根本問題が問われているとして、「……評価の質と有用性は、測られた結果が人の業績の適切で、有意味で、重要で、価値ある姿を代表している程度によっている。これらの特質を一つの概念に集約したのが、真正性である」という[5]。

　すなわち、評価が意味をもつには、その測られるパフォーマンスが私たちが生きていく上で、重要で価値のある成果を示すものでなければならないというのである。そのような社会で必要とされる高次の思考力や問題解決力などの「真正の学力」を判断する指標として、彼らは後述するように、「知識の生産」「修練された探究」「学校を超えた価値」の3つを挙げている[6]。

　Authentic assessment の用語は、Wiggins (1989) が初出であるという[7]。
　彼によれば、「価値のある知的な課題について生徒のパフォーマンスを直接検討するときに、評価は真正なものになる」という[8]。そうしたパフォーマンス課題は、あらかじめ答えの決った問題を解く標準テストとは違い、大人が現実世界で直面するリアルでオープンエンドな問題を扱い、質の高い作品やパフォーマンスを生み出すものでなければならないと指摘する[9]。

　「真正さ」が何を意味するのかについては、論者により見解が異なるが、パフォーマンスが遂行される文脈が、現実の生活に密接に関係する際に「真正さ」が実現されると一般に考える。したがって、「真正の評価」では、例

えば，スペルやライティングをテストする代わりに，実際のオーディエンスに向けて書いた文章が評価され，あるいは，科学についての知識の量を問う代わりに，科学の実験そのものが評価の対象になるのである。

3　「真正の評価」の背景となる学習理論

「真正の評価」という問題提起の背景には，行動主義の学習論から構成主義的な学習論への展開があるが，Cumming & Maxwell は，そうした学習理論を踏まえ，「真正さ」の主要な解釈として以下の四つを挙げている[10]。

(1) パフォーマンスと評価

第一に，「真正さ」を構成するものとして，パフォーマンスを挙げている[11]。パフォーマンスは，「真正さ」の中核となる概念で，課題の遂行に伴って現実に観察される行為やその成果をいう。パフォーマンスでは，生産的な活動遂行のプロセスで，知識の統合とその応用が求められ，また，個別の部分よりはむしろ，全体として達成される実績が重視される。

したがって，学校では，具体的な活動をともなうリアルな課題が準備され，評価にあたっては，知識を統合したり，応用したりして，その課題が実際に解決されるプロセスや成果を捉えることが必要とされる。

なお，パフォーマンス評価は，必ずしも「真正の評価」と同意ではなく，遂行する課題が，現実の生活を反映している場合にのみ「真正に」なる[12]。

(2) 状況的学習と評価

第二に，「真正さ」を構成するものとして，「状況的学習（situated learning）」の学習観を挙げている[13]。これは，学習は，時間・空間的な文脈のなかに位置づけられ，その具体的な状況の下で生起するという考えである。したがって，学習は，状況に埋め込まれており，その状況に依存するので，学習によって獲得したある能力が，他の文脈にそのまま転移するとは限らない。

この状況的学習の考えに従えば，学習課題は，「現実の社会」と密接に結

びつく文脈の適切さが重要となり，評価にあたっては，そうした具体的な状況に即して展開する学習活動の評価が必要になる。

(3) 専門的技能の複雑さと評価

第三に，「真正さ」を構成するものとして，「専門的技能（expertise）」の複雑さが挙げられている[14]。専門家のパフォーマンスは，専門領域の知識や技能を必要とするだけではなく，その仕事を遂行する複雑な状況において，特有の問題を解決する高次な能力が要求される。しかもその問題解決は，答えのある問題ではなく，オープンエンドな未知の問題への挑戦を意味する。

したがって，学習場面における課題は，こうした専門家の直面する問題に対応することが望まれ，その評価にあたっては，新しい知識をつくり出すための高次の思考力と問題解決力を捉えることが求められる。

(4) コンピテンシーと評価

第四に，「真正さ」を構成するものとして，学習理論ではないが，職業教育における「コンピテンシー（competency）」が挙げられている。職業教育では，コンピテンシーは，満足されるパフォーマンスと捉えられ，身につけた知識や技能が実際の仕事に役立つかどうかが問題にされる。現実世界との直接的な結びつきが深い点で，「真正さ」の構成要素として位置づけられる。

この文脈では，学習課題は，仕事に関わりが深く，職場で必要とされる諸能力の発揮が期待されるものとなり，評価においては，その課題遂行の過程や成果で満足できるコンピテンスが認められたかどうかが問題にされる。

4 「真正の学力」の構成要素

では，「真正の評価」では，どのような学力形成が求められているのだろうか。それには，上述した四つの構成要素の視点が含まれるが，ここでは，「真正の学力」を判断する規準として，Newmann らが挙げている「知識の生産」「修練された探究」「学校を超えた価値」の三つを取り上げたい[15]。

(1) 知識の生産

「知識の生産」とは，成功した専門家－科学者，法律家，芸術家，ジャーナリスト，デザイナー，技術者などの仕事にみられる特質で，既存の知識の「再生」に終わらず，新たな知識を「生産」するといった側面をさす。すなわち，そうした知的営みは，オリジナルな話し言葉や書き言葉などの「ディスコース」，デザインされ，生み出された成果としての「もの」，音楽，演劇などの「パフォーマンス」といった新たな創造をともなっている。

したがって，学校で求められるのは，すでにできあがった知識を記憶し再生する力ではなく，専門家の経験と学習とが結び付けられ，有意味な文脈のもとで遂行される「ディスコース」「もの」「パフォーマンス」としての知識を生産する力である。

この「知識の生産」力を促すのに適するとされた「CDシステム入れ木製ケースづくり」（4，5年生算数）の課題例では，上から三つ，二つ，一つに区切られた3段のケースをつくるために，6枚の板（長さ60インチ，幅2.5フィート，厚さ1インチ）を，割り算を使うことによって，どのように使用するのかを示したケースの設計図を書くという事例が挙げられている。

(2) 修練された探究

「修練された探究」は，「先行知識の基礎」「深い理解」「入念なコミュニケーション」から構成される「真正の学力」を支える認知の働きである。

「先行知識の基礎」は，知識の生産のために，各分野で生み出されてきた事実，語彙，概念，理論，慣行などの知見を習得する側面をいう。それは，既存の知識の伝達や再生のためではなく，各分野で培われてきた知識の活用や応用を可能にするための知識の基礎である。

「深い理解」は，羅列された知識の記憶ではなく，意味ある問題への深い習熟を問う側面である。それは，具体的な問題を掘り下げるなかで先行の知識に習熟することで，知識の生産を可能にする複雑で深い理解である。

「入念なコミュニケーション」は，専門家が，仕事を遂行するにも，その

成果を表現するにも駆使される，話し言葉や書き言葉，映像などの複雑なコミュニケーションの側面である。それは，個人あるいは集団で，問題解決に取り組み，意味あるパフォーマンスを遂行するために，シンボルを巧みに操作して，自分自身を効果的に表現するコミュニケーション能力である。

　この「修練された探究」を促すのに適するとされた「将来の町」（4，5年生社会科）の課題例では，ある市の一地域を選び，その特徴（建物，会社，住居，公共施設，交通手段，住宅地の荒廃や高い犯罪率などの問題）を調べ，会社の誘致，公園など公共施設の設置など，地域の問題を解決する改善計画を小グループで立案するという事例が挙げられている。

(3) 学校を超えた価値

「学校を超えた価値」は，学校だけではなく社会においても意義をもつという知的成果の特質である。すなわち，パフォーマンスに求められるのは，学校でよい評定を得るためだけの練習，試験，レポートなどではなく，社会生活において意味をもつ概念，問題，争点を取り扱い，そこで表現される文章，作品あるいは実演である。したがって，学校で涵養されるべきものは，学校の内に閉じるのではなく，それを超えて拡がり価値をもつ，現実の社会に生きる力である。

　この「学校を超えた価値」を促すのに適するとされた課題例（4，5年生社会科）は，州の下院または上院議員に手紙を書いて，ミッシシッピ川のわしが危機に瀕していることについて意見を伝えるという事例である。その際，その手紙は，説得力をもつこと，あるいは，その問題に関する知識を伝え，考えを段落に整理し，いろいろな書き出しの文で始め，考えを伝えるために会話文を用い，正しい手紙の書き方に従い，また，正しい句読点やつづりを用いるなどに留意して書かれることが必要であり，その後，友達から批評をもらい，自分で納得できれば郵送するというものである。

5 「真正の評価」の特徴

では,「真正の学力」をどのように評価しようとしているのか。

(1) 目標準拠評価

「真正の評価」では,集団内の相対的な位置をみる「集団準拠評価」ではなく,達成目標の実現状況を捉える「目標準拠評価」が採用される。すなわち,現実社会で遂行される各分野のパフォーマンスをもとに達成目標が設定され,その目標に照らして,子どもの学習の実現状況が判断されるのである。

その際,「真正の評価」では,パフォーマンスの質を高めることが重要であるため,達成目標は一般に公開され,子どもの学習に関わる人々の間で共有されることで,共通の基盤に立つ支援がめざされる。

特に,学習場面では,教師はコーチ,生徒はパフォーマーの役割を担う[16]。すなわち,教師は,コーチする過程で,達成目標に照らして子どものパフォーマンスを評価し,その評価結果をフィードバックすることで,その指導を改善していく。一方,生徒もまた,学習の過程で,達成目標をもとに,自分自身のパフォーマンスを自己評価し,その結果をフィードバックして,パフォーマンスを高めるために学習を改善するのである。

このように,目標準拠評価を採用して,達成目標を明確にし,子どもが質の高いパフォーマンスを独力で達成できるように,自己学習力や自己評価力を育成していくことが,「真正の評価」の特徴の一つといえる。

(2) 多様な評価情報・資料の活用

「真正の評価」では,学習の過程や結果のなかで生まれる多種多様な評価情報・資料が活用される。その際,しばしば,これらの評価や情報を意図的,計画的に蓄積することで,「ポートフォリオ(portfolio)」が作成される[17]。「真正の評価」では,こうした多面的な情報をもとに,子どもの学力の全体像を捉えようとするのである。

ここには，評価観の転換がみられる。すなわち，これまでは，学力を標準テストによって評価するという慣行が長い間支配的であったため，「査定 (assessment)」，「評価 (evaluation)」，「テスト (test)」の概念は，ほとんど互換可能なものとして使用されてきた[18]。

しかしながら，「真正の評価」では，査定，評価及び測定という概念を明確に区別する。すなわち，「査定」とは，子どもが何を知っていて，何ができるのかなど，学習についての多様な資料・情報を集める過程をいい，一方，「評価」は，そうした査定によって得られた情報を解釈したり判断したりする過程である。こう考えると，「テスト」は，子どもの学習を「測定」する一つの方法であり，査定のための一手段にすぎないことになる[19]。

したがって，「真正の評価」では，テストという一つの査定情報のみで評価を下すことはしない。その代わりに，さまざまな評価情報・資料を収集し（査定），その多面的な査定情報によって，子どもの学力を総合的に価値判断するのである（評価）。このように，子どもの学力を多角的に捉えるために，各種の評価情報・資料を活用するのが「真正の評価」の特徴の一つといえる。

(3) 評価の信頼性と妥当性

「真正の評価」においては，学習の過程で生まれるさまざまな資料や情報を活用するため，いかに評価に信頼性や妥当性をもたせるかが大きな課題となる。そこで活用されるのが，多様な評価資料・情報を得点化していくための指針となる「ルーブリック (rubric)」である。

ルーブリックでは，ある学習に到達することが期待される達成目標としての「評価規準 (criterion)」とその実現状況を判断するための指標としての「評価基準 (standard)」の両方を設定することが不可欠である。

すなわち，ルーブリックの作成にあたっては，パフォーマンスの達成目標となる評価規準を設定し，それがどのような状況にある場合に例えばABCとなるのか，その実現状況を示す評価基準を事前に決定していくことが必要になるのである。なお，評価基準を何段階にするかは決まっておらず，3，5，10段階など多様な設定の仕方がみられる。

「真正の評価」を実現していくには，パフォーマンスの実現状況を的確に捉えるために精度の高いルーブリックを作成することが重要になる。さらに，作成されたルーブリックを教師間で検討し合う機会をもち，よりよいものに練り上げる作業も必要となる。こうした手続きを通して初めて，信頼性，妥当性のあるルーブリックが実現されていくのであろう。

多様な評価資料・情報を信頼性や妥当性をもって評価するために，こうしたルーブリックを活用することもまた「真正の評価」の特徴の一つといえる。

4　「真正の評価」の展開

では，こうした「真正の評価」という教育改革の運動は，どのような展開をみせているのだろうか。

1980年代後半から1990年代前半になると，前述の通り，「真正の」という用語が使用され始め，Archbald & Newmann (1988)，Wiggins (1989, 1993)，Hart (1994) などの論文や単行本が出版されるなかで，「真正の評価」という言葉も急速に普及していく[20]。

それにともない，新しい評価の考え方は，教育の実践や政策にも取り入れられるようになる。例えば，州レベルをみても，バーモントでは，ライティングと数学のポートフォリオを活用した評価システムが導入され，コネチカットやニューヨークでは，科学の実験をしたり数学や科学の概念を使って現実世界の問題を解いたりするためのパフォーマンス評価が開発され，あるいは，カリフォルニア，メリーランド，その他数州では，数日かかって複雑な課題に取り組むライティングの評価が検討されたりした[21]。

このようにして，「真正の評価」を推進しようという動きは，1990年代の中ごろにピークを迎える[22]。

しかしながら，1990年代の終わりまでには，「真正の評価」は学級レベルの実践では広がりをみせたものの，信頼性の問題，研修の不十分さ，膨大なコストなどのために大規模な政策としての取り組みは停滞していった[23]。

現在では，特に，2002年のNCLB法の成立を契機に，標準テストの成績

が大きな意味をもち，結果責任が問われるなかで，伝統的な測定中心の評価への回帰が進んでいる[24]。さらに，地域によっては，テストを受けるための準備が横行したり，総合的なカリキュラムなどの革新的な取り組みが打ち切られたりする事例も多いという[25]。

こうしたきびしい現実に直面する一方で，Coalition of Essential Schools (CES) や Center for Collaborative Education (CCE) など，「真正の評価」を支持し推進するネットワークづくりも着実に進んでいる[26]。

おわりに

構成主義的な学習理論への展開を背景に，「真正の評価」は，従来からの標準テストを中心とした評価の批判的検討を通して，評価の方法，さらには，教育のあり方の革新を試みる教育改革の一つの潮流といえる。それは，ばらばらの知識の記憶と再生に終始する教育から，現実の世界で生きる力を培う教育へのパラダイム転換を意図するものとも捉えられるだろう。

市民として，複雑な現代社会で高度な意思決定を行い，また，働き手として，各職場で多様な問題解決をする私たちは，生きる上で直面する切実な課題を遂行するために，高次の思考力，判断力，あるいは実践力が求められている。「真正の評価」は，このような現実世界を生き抜く能力こそ学校教育で涵養する必要があり，そのために，現実に生きるパフォーマンスを可能にする「真正の学力」の形成をめざそうという主張なのである。

こうした基本的な考え方については，教育関係者から多くの支持が寄せられている一方で，そのカリキュラムを具体的にどう構成するのか，その推進に不可欠な教師の資質向上をどう進めるのか，また，信頼性や妥当性をもつ評価を実施するためのコストをどうするのかなど，克服すべき課題も多い。

標準テストによる結果責任がますます問われている現在，合衆国の教育改革のなかで，「真正さ」という視点から教育の再構築を唱える「真正の評価」という教育革新の一思潮が，いかに定着，発展，あるいは，停滞していくのか，今後の動向が注目される。

〈注〉
(1) 澤田稔「総合学習的教育実践の豊富化のために－合衆国における教育改革の新動向が示唆するもの」高浦勝義編著『総合学習の理論』黎明書房，1997年，183-196頁。
(2) Darling-Hammond, L. L., Ancess, J. & Falk, B., Authentic Assessment in Action: Studies of Schools and Students at Work, Teachers College Press, 1995, pp. 6-7.
(3) 『英和中辞典』旺文社，1975年，149頁。
(4) Wiggins, G. P., An Exchange of Views on "Semantics, Psychometrics, and Assessment Reform: A Close Look at 'Authentic' Assessments," Educational Researcher 27 (6), 1998, p. 20 によれば, Archbald, D. A. & Newmann, F. M., Beyond Standardize Testing: Authentic Academic Achievement in the Secondary School, NASSP Publications, 1988 が初出であるという。
(5) Newmann, F. M. & Archbald, D. A., The Nature of Authentic Academic Achievement. H. Berlak, et al., Toward a New Science of Educational Testing and Assessment, State University of New York Press, 1992, pp. 71-72.
(6) Newmann, F. M. & Associates., Authentic Achievement: Restructuring schools for intellectual quality, Jossey-Bass, 1996, pp. 22-28.
(7) Cumming, J. J. & Maxwell, G. S., Contextualising Authentic Assessment. Assessment in Education 6 (2), 1999, p. 179 によれば, Wiggins, G. P., A True Test: Toward More Authentic and Equitable Assessment, Phi Delta Kappan 70 (9), 1989, pp. 703-713 が初出。
(8) Wiggins, G. P., The Case for Authentic Assessment, ERIC Digest, ERIC Clearinghouse on Tests Measurement and Evaluation, 1990, p. 1.
(9) Ibid, p. 1.
(10) Cumming & Maxwell, op. cit., pp. 179-184.
(11) Wiggins, G. P., Assessing Student Performance: Exploring the Purpose and limits of Testing, Jossey-Bass, 1993.
(12) Wiggins, 1998, op. cit., p. 21.
(13) 例えば, Cobb, P. & Bowers, J. Cognitive and Situated Learning: Perspectives in Theory and Practice. Educational Researcher 28 (2), 1999, pp. 4-15 あるいは, ジーン・レイヴ, エティエンヌ・ウェンガー（佐伯胖訳）『状況に埋め込まれた学習』産業図書，1993年などを参照。

第II部　学力をめぐる諸外国の研究・実践の動向

(14)　専門家に必要とされる能力については，例えば，ドナルド・ショーン（佐藤学・秋田喜代美訳）『専門家の知恵』ゆみる出版，2001年を参照。
(15)　Newmann and Associates, op. cit., pp. 22-28.
(16)　Wiggins, G. P., Educative Assessment: Designing Assessments to Inform and Improve Student Performance, Jossey-Bass, 1998, pp. 13-14.
(17)　ポートフォリオについては，高浦勝義『ポートフォリオ評価入門』明治図書，2000年を参照。
(18)　Hart, D., Authentic Assessment: A Handbook for Educators, Addison-Wesley Publishing Company, 1994, p. 1.
(19)　Ibid, pp. 1-2.
(20)　Archbald & Newmann, op. cit., Wiggins, 1989, 1993, op. cit., Hart, op. cit.,
(21)　Darling-Hammond, Ancess $ Falk, op. cit., p. 13.
(22)　Center for Collaborative Education, How Pilot Schools Authentically Assess Student Mastery, 2004, The Author, p. 4.
(23)　Ibid, p. 4.
(24)　NCLB（No Child Left Behind）法は，1965年の初等中等教育法を改正したもので，2002年1月8日に成立した。この法律は，子どもたちの学力向上をめざし，読みと数学のテストの毎年の実施（2005－06年度～）や年次報告書の提出（2002－03年度～），あるいは，教員の資質の確保等を義務づけることを通して，連邦の教育に関する補助金を得ている州に対してアカウンタビリティを求めるもので，教育への連邦の役割を飛躍的に広げることになった。
(25)　Falk, B., Standards-Based Reforms: Problems and possibilities, Phi Delta Kappan 83 (8), 2002, p. 616.
(26)　CESの活動については，http://www.essentialschools.org/，また，CCEについてはhttp://www.ccebos.org/を参照のこと。

第3章

学力と教育政策
——ドイツにおけるPISAの影響から——

坂野慎二

はじめに

　現在，ドイツ連邦共和国（以下，「ドイツ」）において教育政策，とりわけ「学力」の確保が最重要な政策課題の一つとなっている。そのきっかけは，国際学力調査結果が公表されたことである。国際学力調査結果は，1997年（TIMSS）と2001年（PISA）にそれぞれ公表されたが，ドイツの生徒の成績はどちらの調査でも振るわず，ヨーロッパ諸国の中で最低レベルであることが明らかになった。1度ならず2度にわたる国際学力調査によって，ドイツの児童生徒の学力低下が本物であることが示されたのである。

　ドイツでは，教育政策について論争が起こる場合，多くは制度的な課題が取り上げられ，政策論としての学力については，これまであまり議論されてこなかった。ドイツでは，大学入学までの就学期間が13年と，他のヨーロッパ諸国に比べて1年長い。さらにドイツの大学は卒業までに7年程度を必要とし，大学を卒業すれば30歳位になっていることもまれではない。こうした年数をかけて行われるドイツの教育は，世界最高レベルであるという自負があった。

　ここでは国際学力調査の結果が公表されたことにより，ドイツの学力低下がどのように把握されたのかを整理する。次いで連邦レベル及び教育に権限を持つ16ある州政府が学力向上を目指して，教育の機会均等を目指す政策と並行して，教育の成果を目指す政策を導入しつつあることを明らかにする。その上で，学校教育目標とその評価をつなぐ理論的モデルとして，コンピテンシー・モデルが検討されていることを示す。

第II部　学力をめぐる諸外国の研究・実践の動向

1　国際学力調査と教育政策

　1997年6月，第3回国際数学理科学力調査（通称 TIMSS＝The Third International Mathematics and Science Study, 1995年実施）の結果が公表されると，ドイツでは大きな反響を呼んだ。この調査によって，ドイツの算数・数学および理科の成績は調査国の中位に過ぎず，日本等から大きく引き離されていることが明らかにされたのである。国立教育研究所の報告書[1]によると，ドイツの生徒の成績は，中学2年生の数学で41ヵ国（地域）中23番目，理科は41ヵ国中18番目であった。日本はそれぞれ2位，3位であったため，それほど大きな話題とはならなかったが，ドイツにとっては「TIMSSショック」と呼ぶにふさわしいものであった。教育雑誌のみならず，新聞や一般誌もこれを大きく報道した。しかし関係者達は，ドイツの生徒の成績が悪かった理由として，こうした暗記型の試験に不慣れなこと等を理由に挙げ，調査結果を必ずしも信用していなかった。ドイツのこれまでの教育は正しいとの考え方に立脚した議論であったともいえる。

　しかしこうした考え方は完全に打ちのめされることとなった。2001年12月4日に公表されたOECD-PISA調査（2000年実施。ドイツ語では「ピザ調査」と発音するが，以下，「ピサ調査」と呼ぶ）の結果は，やはり惨憺たるものであった。読解力は31ヵ国中21番目，数学は20番目，理科は20番目という結果で，いずれもOECD参加諸国の平均を下回った。しかも数学と理科は下位グループに位置付けられていたのである[2]。もはやドイツの学校教育が他の国々よりも立ち後れていることを認めないわけにはいかなくなったのである。

　国際競争が激しい現代社会において，教育水準の低下は，国家の衰退を招く原因となりかねない。国が教育に力を入れなければならない理由の一つは，国力維持という点にある。各紙はこれを大きく伝え，ドイツの学校教育への危惧を表明した。各州文部大臣の集まりである常設文部大臣会議（KMK）もピサ調査の結果を受けて，翌12月5日に七つの行動プログラムを打ち出し

た。そこでは，理解の弱い生徒への援助，授業関連の教育の質の維持・向上，才能ある生徒への援助，教員の資質向上，等が重点課題として取り上げられている。

2002年6月にはピサ補足調査（PISA-E）の結果が公表された。これは各国共通のピサ調査に加えてドイツ独自に実施したもので，これまで明らかにされることがなかった州毎の学力結果が公表された。従来からも教育関係者の間では，いわゆる「教育の南北格差」問題が囁かれてきた。すなわち，南に位置するバイエルン州やバーデン・ヴュルテンベルク州（伝統的学校制度を維持している州）では，教育の質は高いが成績評価は厳しく行われているとされ，逆に北部諸州や都市州（総合制学校を推進している州）では教育の質はあまり高くないのに成績評価があまい，といわれてきた。ピサ補足調査の結果は，こうしたこれまでのうわさを証明するものとして受け取られたのである。

ピサ補足調査の結果によって，まさに州毎の教育政策，教育の質が問われることとなった。結果からみれば，伝統的な分岐型学校制度を維持してきたキリスト教民主＝社会同盟（CDU/CSU）の南部諸州の教育政策が優れており，社会民主党（SPD）の北部諸州や都市州の教育政策（総合制学校の普及を進めている）は，結果として成果に結びついていないと判断される可能性が生じたのである。

もちろん，ピサ補足調査の報告書では，都市州などでは生徒達の社会的条件が厳しく，学校教育のみにその責任を帰することが適切とはいえないことが言及されている。しかし一般の人々には，SPDの教育政策が「敗北」したと映っても不思議ではない状況にあったことは確かである。

こうしたドイツの状況は，日本でも2002年7月21日付の朝日新聞の1面トップで，「教育不安世界中に」という記事で紹介された。そこでは学力成績の悪かったドイツの教育政策関係者が，成績の良かったフィンランドを視察する姿を報じられている。

国際学力調査により，ドイツの教育政策課題として明らかになったのは，次の2点である。第一に，ピサ調査等により，ドイツの生徒の学力分布は幅

が広いことが明らかになった。成績の上位者は，日本等と同じくらいいるのだが，成績中位者が少なく，成績下位者の割合が高いということである。第二に，16ある州毎に成績の違いが非常に大きいということである。ピサ調査でみると，バイエルン州は上位国グループに近いところに位置するが，最下位であったブレーメン州は，各国平均をはるかに下回っていた。

　従って，教育政策において，重点的に取り上げられるべきは，成績下位者に対するケアと，成績の低かった州の成績を高め，州の間の相違を小さくしていくことである。

2　教育改革の方向性
—— 学校教育で何を獲得し，何を評価するのか ——

　ピサ調査等の結果，基礎学力の低下，あるいは教育システムそのものの不成功が議論されることとなった。もちろん，国際学力調査により調査の対象となったのは，数学や理科，国語の学力である。こうした知識や技能は，様々な能力の一部分である。しかし同時に，他の教育活動，さらには学校を終えた後の日常生活に必要不可欠な知識・技能であったり，様々な職業に必要な知識・技能の基盤ともなるものでもある。IT等が発達した社会においても，こうした知識・技能が重要であることを否定することは困難であろう。

　ドイツでは，新たな教育改革が必要との論議が広がっている。その後の議論で論点となっているのは，「何を（学力や能力）」目標とし，「何を」評価する（しうる）のかであり，「どのように」その目標を達成するのかである。

(1)　**教育目標と能力**

　現代社会における学校教育目標は，それぞれの国の歴史的文脈と伝統に立脚するものであり，各国に共通で自明なものではない。学校を中心として獲得されるべき基礎・基本にかかわる能力あるいは学力に関する教育目標は，様々な形で語られ，定義が行われてきた。例えば，E.　シュプランガー (Spranger, E.) の基礎陶冶・職業陶冶・一般陶冶という考え方は，第2次世界大戦後のドイツにおいて，なお教育政策の指針として有効であったし[3]，

W．フリットナーは1950～60年代のギムナジウム改革に関連づけながら，キリスト教文化・ドイツ文化を基盤とする基礎教育の重要性を説いた[4]。こうした考え方は「一般陶冶（Allgemeinbildung）」という言葉に象徴される。後にみる2002年の教育フォーラムの報告書にみられる「未来のための能力」も，まさに学校教育を通して獲得されるべき能力のモデルとして位置づけることができよう。

しかしこうした理想論的教育目標は，多元的な要素を含んでいる。具体的に掲げられる教育目標においても，相矛盾するような内容を含んでいる。日本国憲法を例に挙げていえば，「能力に応じて」と「等しく」とは，場合によっては矛盾する規定なのである。教育の目標や目的において，多くの国で抽出できるものは，一つが個人の個性・能力・学力の育成であり，二つが社会の構成員としての成熟である。前者が個人内の発達に主眼を置くものであるのに対し，後者は外部の人間社会との関係力である。前者はテストなどによりある程度客観的な測定が可能である。人間関係力等に代表される後者については，観察等により測定されるが，評価者の主観が入りこむ余地があり，評価基準とする場合には慎重な取り扱いが必要である。

(2) 成果として評価する能力あるいは学力

「あるべき姿」＝理想像に基づく教育目標の定義に対して，実際に子どもの成果を測定し評価する対象となる，あるいは評価が可能な能力・学力といったものは，理想的な教育目標と重なるものであろうか。すでに述べたように，目標となる能力・学力で測定することが可能なのは，その一部分であり，すべてではない。しかも各国の歴史的文脈の中で，学校の教育目標により導き出される能力や学力が一致している訳ではない。

こうした事実を端的に示しているのが，TIMSS調査及びピサ調査における能力のとらえ方である。ドイツでは，報告書を作成するときに，この能力をどのように把握するのかについて，大きな議論があった。ピサ調査において，測定される能力は「リテラシーLiteracy」という語が使用されたが，ドイツ語では，この「リテラシー」にあたる言葉がなかったのである。ピサ

調査のドイツ語版報告書（2001年）においては，この点について次のように言及している[5]。

a）TIMSSで測定される能力は，前期中等教育段階におけるカリキュラムの定着度を測る標準的な教材によるテスト問題と応用力（Anwendungs-orientierung）を測定するための問題との妥協であった。b）ピサ調査の問題は，多様な応用状況における基礎的力の把握に力点を置いている。c）ピサ調査に用いられた「Literacy」概念は，英米型のものであり，ドイツ語版報告書で用いられた「Literalitaet（Literacyのドイツ語訳：坂野注）」あるいは「Grundbildung（基礎教育）」によっては十分に置き換えられない。「Literalitaet」は識字化に基づいており，読解力，数学的リテラシー，科学的リテラシーを意味しない。ヨーロッパ大陸における新たな普通教育あるいは基礎教育の概念規定の試みは，テノルト（Tenorth）が示したようなコミュニケーション能力と学習能力，つまり普遍的基礎教育（Allgemein- und Grundbildung）を中心的基準として論じている（2001.19-20頁）。

　ピサ調査報告書で示されたように，ドイツにおける能力のとらえ方は，先にみたドイツの，あるいはヨーロッパの伝統に基づく能力観なのである。
　しかしながら，1980年代以降，イギリスやアメリカを中心にニュー・パブリック・マネジメントの潮流が生まれ，ドイツにも流れ込んできている。教育の世界においても，理念的な教育目標に向かって教育を行うのではなく，具体的な評価指標をたて，教育活動を評価する動きが現れてきている。学校の自律性や学校参加，学校選択や学校評価といった言葉に象徴される，学校組織開発による教育の効果を高めようという動きが，ドイツにおいても普及している（詳細は，坂野（2003）参照）。
　そうした潮流の中で，子ども達の能力を，できる限り客観的に，そして公正に，評価することが求められている。そこに現れてきたのが教育スタンダードである。

(3) 教育スタンダード

　ドイツにおいて，教育は16ある各州の権限である。教育課程については，16州がそれぞれに学習指導要領を作成していた。連邦レベルでは中等教育段階で，主要な教科の最低時間数を定める各州文部大臣会議（KMK）の協定がある程度であった。連邦は，高等教育および職業教育に関する競合的立法権を有するが，初等中等教育に関する権限は有しない。

　教育スタンダードをドイツ全体で統一しようとするならば，各州が合意することが必要になる。KMKは，2002年5月23／24日に「各州の競争による質的確保と革新のための教育スタンダード」を決議した。そこでは，(1)教育の質を確保するために，各州は独自に教育スタンダードを設定しつつあるが，KMKが共通の教育スタンダードの設定を提案する。(2)検証は，学校の終わりの段階で行われる。(3)検証は，初等段階と中等段階で行われる。その方法は各州がそれぞれ定める。(4)教育スタンダードに基づいて試験問題が作成されるとともに，継続的に開発される。(5)国際的な学力比較事業（IGLU[6]，PISA）に各州は参加する。合わせて，もう一つの大きな課題である州間の比較事業を行うことも確認された。

　これを受けて，KMKは2002年10月18日に「質的確保」委員会（Amtschefkommission "Qualitatssicherung"）の作業部会の発足を決定し，2003年2月18日には，連邦教育学術省，KMK，ドイツ国際教育研究所の合同会議を開催し，教育スタンダードについての枠組みを提示・議論した。その内容は2003年6月に連邦教育学術省により「国家教育スタンダード開発のために－鑑定（以下「鑑定」）」としてまとめられ，公表された[7]。

　この「鑑定」報告書に基づき，2003年7月9日には，KMKは教育スタンダード案を提示した。その内容は，中級段階（実科学校）修了段階におけるドイツ語，数学，外国語の獲得すべき能力（Kompetenz，コンピテンシーにあたるドイツ語）を示したものである。ピサ調査結果の公表からちょうど2年が経過した2003年12月4日，KMKは中級段階（実科学校）修了時におけるドイツ語，数学，外国語の獲得すべき能力を決定した。このスタンダー

ドが従来のドイツにおける教育内容の規定の仕方と異なる点は、具体的な教科の内容を記載するのではなく、学校終了段階において、各科目で獲得すべき能力を規定するよう努力していることである。

さらに2004年10月には第4学年（基礎学校）終了およびハウプトシューレ終了における国家教育スタンダードが決定されている。これは初等段階のドイツ語と算数、ハウプトシューレのドイツ語、数学、外国語（英語／フランス語）についてのスタンダードである。教育スタンダードは、教育の質を確保するための必要な手段として位置づけられている。

こうした教育スタンダード政策を、他州に先行して実施しているのは、バーデン・ヴュルテンベルク州（CDU主導）である。同州は2003／04年度から新学習指導要領を試行している。この学習指導要領では、学年ごとの内容列挙をやめ、おおむね2年ごとの教育内容と獲得されるべき能力を提示している。たとえば基礎学校全体の学習指導要領は、「教育計画 Bildungsplan」という名称が使われているが、個別教科、たとえば算数では、「教育スタンダード Bildungsstandards fuer Mathematik」という名称が用いられている。評価は、基礎学校の2・4年、ギムナジウムの6, 8, 10, 12年と2年毎に行われる。

共通の教育スタンダードとして現在開発が進められているのは、ドイツ語、数学、英語といった教科の枠組みであり、「教育領域・教育内容」にあたるものである。教育スタンダードに示された「教育領域・教育内容」と、先に述べた理念的な教育目標の両者の対応関係が整理できなければ、教科の評価は対象となる領域・内容の記憶力の確認となってしまう危険性がある。断片的な知識を獲得することが本来の学校教育の目的ではないならば、それを活用し、生涯にわたり必要となる知識や技能を獲得していく能力こそが重視されなければならない。「目標」と「評価」を一体化させることは重要であることが、同時に多くの困難を伴うものである。日本における「生きる力」と「基準・規準」の関係と比較して考えるならば、その困難さは容易に理解できよう。

3　コンピテンシー・モデルによる能力把握の試み

(1)　コンピテンシーの枠組み

　以上みてきたように，ドイツにおける能力・学力論争をみていくと，学習する必要がある領域（内容）とそれを基盤として獲得される能力が一体となり，あるいは渾然からしながら議論されていることを読み取ることができよう。

　こうした「目標」と「評価」における能力を統合的に把握するためのモデルとして，ドイツではドイツ型「コンピテンシー・モデル」による能力把握が試みられている。

　2003年の連邦教育科学省等の委託を受けた教育学者達による「鑑定」報告書では，こうした教育目標における能力と評価における能力を結びつけるために，「コンピテンシー」（ドイツ語ではコンペテンツ Kompetenz）・モデルを使って説明しようとしている。そこで述べられている内容を筆者なりに要約するならば，以下のように整理できる（「鑑定」55頁以下参照）。

　教育政策として現れる教育目標は，時として矛盾する二つの目標を内包している。一つは個人の能力の育成であり，二つは市民・国民の育成である。この両者の目標を達成しようとするとき，目標そのものが曖昧となり，多元的な評価の枠組みが必要になる。国がこうした多元的な教育目標を達成するために教育スタンダードを設定することが求められるが，その規定の仕方は，教育の内容や領域を規定する場合と，それによって獲得される知識・技能を規定する場合である。後者の方法による場合，コンピテンシー・モデルによって規定することが可能である。

　「図」は，「鑑定」の中で取り上げられているバウメルト（Baumert）の考え方である。この図に示されるように，世界と出会い（Begegnung）の場・状況とその予備的知識（教科群）を縦軸に，実際の社会で行動していく

図　ドイツにおけるコンピテンシー・モデル

世界との出会いの手段 (カノン準拠型知識)	市場の言語・自己規定能力（文化財 Kulturwerkeuge）				
	交通言語の統制	数理的能力	外国語能力	IT 能力	知識獲得の自己規定
認知的・道具的な世界のモデル化（数学，理科）					
美的・体験的出会いと形成（言語／文学，音楽／絵画／美術，物的表現）					
経済と社会の規範的・評価的矛盾（歴史，経済，政治／社会，法）					
構成的合理性の問題（宗教，哲学）					

aus: BMBF (2003): Zur Entwicklung nationaler Bildungsstandards. Eine Expertise. S. 68.

ための諸能力を横軸に示したものである。こうした図式は，教育目標とその実現への方向性とについての関係性を示そうとしたものの一つである。

(2) コンピテンシーと評価

コンピテンシー・モデルを具体化するためには，提示されたコンピテンシーが測定されなければならない。そのためにはこれを可能とするテストの開発が重要となる。しかしこうしたテストの開発は容易ではない。先の「鑑定」報告書では，テストを開発するための四つの整理軸を示している。(1)テストは相対評価か絶対評価か，(2)評価基準は一つか多元的か，複数の科目にまたがるのか，(3)すべての生徒に共通問題か，別の課題を与えるべきか，(4)水準を揃えるのか，多様にするのか。

「鑑定」報告書は，(1)は絶対評価で目標準拠型であること，その際，能力段階が考慮されることを指摘している。(2)のテストの対象であるが，「鑑定」は多元的に能力をテストすることが，好ましいとしている。それによって教育目標に準拠した能力の測定が可能になるとする。(3)については，直接的な言及はない。(4)について，「鑑定」は目標準拠型を提示し，生徒個々人の強

みと弱みを把握するためのテストであることを強調している。

　このテストで測定の対象となる能力が学習指導要領に提示され，目標に準拠して学校教育活動が行われるのである。従って，学習指導要領は，中心的な教育内容を記述することになり，すべてを網羅的に規定するものではなくなる。州レベルでみてみると，学習指導要領は授業内容の6割あるいは7割程度を規定しているだけで，残りは学校で教育内容を編成することを原則とする州もすでに現れてきている。

おわりに

　ドイツでは国際学力調査結果の公表以降，教育政策における「目標」とそれを実現するための「実施」方法，その実施を検証する「評価」方法が，問われている。これまでの教育に対する自信が揺り崩され，その原因を明らかにしながら，新たな枠組みを模索しているといえる。

　こうした新たな枠組みの模索段階では，諸外国の事例が参照されるのだが，そこに「目標」と「評価」における学校教育による能力問題がある。理念型による学校教育目標は，そのすべてを成果として測定することは困難である。しかしこれまでのように教育の「ブラックボックス」論として，その関係を曖昧にしたままで多くの資源を教育に投入することは困難な時代なのである。基準となる教育スタンダードを作成すること，そしてそれに基づいて評価することの困難さは，ドイツのみならず，日本でも多くの教育関係者が悩み，苦しんでいる点である。コンピテンシー・モデルは，もともと企業における人事評価の手段として活用されていたが，教育学の領域では，職業教育の分野において，比較的早い時期に導入された。様々な試行を繰り返しながら，学校教育目標と評価基準とをすりあわせていくことが，その唯一の解決への糸口となるのではないだろうか。

〈注〉
(1)　国立教育研究所『中学校の数学教育・理科教育の国際比較』（国立教育研究所

紀要第127集）東洋館出版社，1997年。
(2) 国立教育政策研究所『生きるための知識と技能－OECD生徒の学習到達度調査（PISA）』ぎょうせい，2002年。
(3) シュプランガー，E. 村井実ら訳『教育と文化』玉川大学出版部，1969年。Spranger, E., Innere Schulreform 1949. 坂野（2000）を合わせて参照。
(4) Flitner, W. Hochschulreife und Gymnasium‐Vom Sinn wissenschaftlicher Studien und von der Aufgabe der gymnasialen Oberstufe. 1959. Ders, Die Gymansiale Oberstufe. 1961.
(5) Deutshces PISA-Konsortium (Hrsg.), PISA2000. Basiskompetenzen von Schuelern im internationalen Vergleich, Leske+Budrich, Opladen, 2001.
(6) IGLU＝Internationale Grundschul-Lese-Untersuchung. 国際基準学校読解力調査。35ヶ国による共同プロジェクト。小学校4年生を対象として，読解力，算数，理科の諸能力を調査している。結果は2003年4月に公表された。Bos, W. u. a, IGLU. Einige Laender der Bundesrepublik Deutschland im nationalen und internationalen Vergleich, Waxmann/Musenster, 2004.
(7) BMBF, Zur Entwicklung nationaler Bildungsstandards. Eine Expertise, 2003.

〈主要参考文献・資料〉（注に挙げたものを除く）
・天野正治ほか『ドイツの教育』東信堂，1998年。
・河野和清『地方分権下における自律的学校経営の構築に関する総合的研究』多賀出版，2004年。
・窪田眞二・木岡一明『学校評価のしくみをどう創るか－先進5カ国に学ぶ自律性の育て方』学陽書房，2004年。
・坂野慎二『戦後ドイツの中等教育制度研究』風間書房，2000年。
・坂野慎二『日本とドイツにおける中等教育改革に関する比較研究』（科研費報告書），2001年。
・坂野慎二『統一後ドイツの教育政策』（科研費報告書），2003年。
・坂野慎二「ドイツにおけるPISAショックと教育政策」日本ドイツ学会『ドイツ研究』第37/38号，成文堂，2004年。
＊ドイツ語文献の主なものについては，坂野（2003）参照。
・Arbeitsgruppe Bildungsforschun/Bildungsplanung Universitaet Duisburg-Essen, Standort Essen, Indikatorisierung der "Forum Bildung"-Empfehlungen-, Ein exemplarischer Versuch unter Beruecksichtigung der bildungb-

ezogenen Indikatorenforschung und -entwicklung, Essen, 2003.
- Avenarius, H. u. a. Bildungsbericht fuer Deutschland. Erste Befunde, Leske+Budrich, Opladen, 2003.
- Avenarius, H. u. a, Bildungsbericht fuer Deutschland: Konzeption. Frankfurt am Main, 2003.
- Deutshces PISA-Konsortium (Hrsg.), PISA2000- Die Laender der Bundesrepublik Deutschland im Vergleich. Leske+budrich, Opladen, 2002.
- Deutshces PISA-Konsortium (Hrsg.) (2003) PISA2000- Ein differenzierter Blick auf die Laender der Bundesrepublik Deutschland, Leske+budrich, Opladen, 2003.
- Fahrholz, B. u. a, Nach dem Pisa-Schock. Plaedoyers fuer eine Bildungsreform. Hoffman und Vampe, Hamburg, 2002.
- Forum Bildung (2001): Qualitaetsentwicklung und Qualitaetssicherung im internationalen Wettbewerb, Vorlaeufige Empfehlungen und Expertenbericht. (Materialien des Forum Bildung 8.), 2001.
- GEW, Konferenz. Bildundsstandards-Wundermittel oder Teufelzeug? Berlin, 2003.
- KMK, Einheit in der Vielfalt. 50 Jahre Kultusministerkonferenz 1948-1998, Luchterhand, 1998.
- KMK (jaehrlich) Jahresbericht. (seit 1999) Bergheim.
- Ministerium fuer Kultus, Jugend und Sport Baden-Wuerttemberg, Bildungsplan 2004, Grundschule, Anhoerungsfassung Mai 2003.
- Ministerium fuer Kultus, Jugend und Sport Baden-Wuerttemberg, Bildungsstandards fuer Mathematik, Grundschule Klasse 2, 4, 2003.
- Ministerium fuer Kultus, Jugend und Sport Baden-Wuerttemberg, Bildungsplan 2004, Gymnasium, Anhoerungsfassung Mai 2003.
- Ministerium fuer Kultus, Jugend und Sport Baden-Wuerttemberg, Bildungsstandards fuer Mathematik, Gymnasium Klasse 6, 8, 10, 12, 2003.
- Weinert, F. E. (Hrsg.), Leistungsmessungen in Schulen. Beltz, Weinheim und Basel, 2002. 2. Aufl.
- 常設各州文部大臣会議 (KMK) HP (http://www.kmk.org/index1.shtml)
- 連邦教育学術省 HP (http://www.bmbf.de/)
- ドイツ国際教育研究所 HP (http://www.dipf.de/)

第II部　学力をめぐる諸外国の研究・実践の動向

第4章

中国における学力観の転換
——「素質教育」の意味するもの——

一見真理子

1　歴史の中の学力観

　新しい時代を生きる子どもたちが獲得すべき学力，能力の捉え方は巨大国家中国においても世紀の境目に大きく転換している。

　それをみる前に中国における学力の捉え方の歴史的変遷を大まかに押さえることにしよう。近代以前の中国における支配的な学力観は，「博」の尊重で，四書五経をはじめとする古典に通じる知識教養の幅広さを競う「科挙」に及第し，仕官することが社会的成功であった。西学東漸の近代以降には「専」，すわなち特定の分野の知識体系を修得する専門性が重んじられるようになったが，「博」と「専」いずれの場合も，知識の獲得が一義的に問われてきたこと，学問に触れることのできるのが社会の一部の階層であったことは共通であった。

　20世紀前半に教育改進のために尽力した教育家・陶行知（とうこうち，1891～1946）は，王陽明の知行合一説やデューイのプラグマティズム思想にもとづき，形骸化した知識で頭のふくらんだ人間を「偽知識階級」と批判し，知識が大衆のものとなるために，「手と脳がともに発達すること」（原文：「手脳相長」）を尊重し，行動の中で知を獲得する主体形成による民族解放と民主社会建設への実践に先駆的にとりくんだ。ひきつづく中国革命のプロセスの中でも，識字教育から幹部教育にいたるまで，「紅」すなわち革命事業への忠誠と毛沢東（1893～1976）のいわゆる感性的認識から理性的認識へいたるような実践能力（『実践論』1937）が求められた。

　中華人民共和国建国後は，社会主義建設事業のために「紅」と「専」の両

113

立が求められるようになり，さらには「徳」・「知」・「体」等の「全面発達」をとげることが教育理念となった。ちなみに「全面発達した社会主義事業の後継者育成」は，中国の教育基本法である「中華人民共和国教育法」(1995)の教育目標にも一貫して掲げられている。

ところで建国後の歴史の中で，文化大革命期 (1966～76) には，極左的な偏向により知育が否定され，「紅」一辺倒の「教育革命」が学校における体系的・系統的な知の伝授と人材育成システムを破壊し，空白の10年を招来した。このため文革終結後の10年余は，人材養成の急速化をねらう高等教育機関を頂点とした重点学校制度の導入，進学率と試験の点数を唯一の学習成果の評価基準とする新たな知育偏重の時期が続くこととなり，進学圧力による児童生徒の心身の健康問題や，大学生が「IQ は高いのに能力が低い」ことなどが社会問題化することにもなった。

以上，非常におおまかに中国における広義の「学力」をめぐる振幅の大きな歴史を振り返ったが，今日では，学力をとらえる際に資質〔原文：「素質」（ならびに「素養」）〕という概念[1]が用いられるようになっている点に注目したい。

2 「素質教育」の提唱と展開

21世紀の到来を目前に中国共産党中央と国務院が公布した『中国教育の改革と発展に関する要綱』(1993，以下『要綱』と略称）には，基礎教育は「民族の"素質"を高める基礎工程であり，大いに強化しなければならない」こと，また「小中学校は"応試教育"から全面的に国民の"素質"を高める方向へと軌道転換しなければならない」ことが記されている。この文書が発端となり，「"応試教育"（受験教育）から"素質教育"への転換」というフレーズが以後広く流布することとなった[2]。

素質教育の提唱の背景には，文革期に適切な教育を与えられないまま増加してしまった巨大な人口負担を，すぐれた人的資源に転化させるという国家からの強い要請がある。政府は「"人口"の素質の向上」をめざしてまず，

人口抑制・優生政策に着手する一方，85年にはじまる教育改革で，識字教育と9年間の義務教育の実施に取り組んだ。上述の『要綱』が出されたのは，その成果がある程度出た段階で，しかも経済体制が従来の計画経済から社会主義市場経済に転換した時期でもあり，教育界もこれに応じた能力観（学力観），人材観と教育経営体制の刷新をもとめられた時期でもあった。

　このようにして，以前はマクロレベルで「民族・国民・人口の素質向上」というふうに語られた「素質」という用語が，教室の実践の中に「素質教育」という形で入ってくるようになったのである。なお，ここで指摘しておきたいのはほぼこれと同時に中国政府は子どもの権利条約を批准して(1992)，国内行動計画を発効させるなど，国内のあらゆる情況の子どもの発達の権利を大切にする社会的気風が生まれていたことである。子どもの権利への着眼は，「素質教育」観の形成に大いにあずかっているためである。

　以上のような経緯から教育現場では，伝統的な「応試教育」とは異なる「素質教育」とは何かが論議の的となった。当初は，子どもの学習負担軽減がくりかえし中央教育部門から指令されていたこともあって，「素質教育」とは宿題も出さず，試験による評価を一切行わない教育のことであるとか，知育以外の芸術・スポーツ分野を重視する特技教育のことであるなどの理解の混乱もあったという。

　「素質教育」の提唱から10年あまりを経た今日，あらゆる形でその実践が行われているが，理論研究の結果，ふまえるべき点として共通に確認されているのは，以下のとおりである[3]。

　素質教育とは，(1)すべての子ども・青年・国民を対象にしていること（教育権の保障），(2)個々人の発達水準をその特質をふまえて引き上げること（発達権の保障，多元知能論にも依拠），(3)未来社会を生きる主体形成のための教育であること（生涯学習論にもとづく），(4)創造能力，実践能力，問題解決力，さらには健全な競争力やチャレンジ精神の育成も重視するものであること。

　なお，前述の『要綱』に引き続いて1999年に中国共産党中央と政府国務院は『教育改革の深化と素質教育の全面的推進に関する決定』（以下，『決定』

と略称）を公布し，素質教育を，(1)基礎教育の理念としてのみならず，就学前から高等・成人教育を含めて，(2)学校のみならず家庭や社会をも含めて，(3)経済発展地域から発展途上の内陸部にいたるまで，(4)中央から末端の各レベルの政府と社会全体が責任をもって，文字どおり全面的に推進することを宣言し，大型の「園丁（教師）プロジェクト」，「ハイテク人材開発プロジェクト」，「現代遠隔教育プロジェクト」，「西部教育開発プロジェクト」などの多角的な施策を目下進めている[4]。

3　素質教育にもとづく学校とカリキュラムの変容

　中国における新たな学力観にもとづく教育実践には，80年代半ばから90年代にかけて登場したいくつかの先行モデルがあり，それらの結果もふまえ中央政府は1992年に九年義務教育の課程基準の改訂（1994年には学校5日制度の完全実施に伴う時数調整の改訂）を行っている。これは，従来の学科課程に加えて，少年先鋒隊活動・体育活動・クラブ活動から成る「活動課程」を新たに授業時間内に組み込み，さらにこれとは別に年間それぞれ1週間の学校行事活動，社会実践活動，地方裁量時間が加わる画期的なものであった。教室で一斉授業を行い，試験で知識の定着度を測定するだけの教育から，子どもたちが活動し参画する時間が正規のカリキュラムの中にも登場したのである。

　たとえば，筆者が90年代半ばに参観した江蘇省南京市の瑚玡路小学校では，学校ぐるみで学習負担の軽減と教育の質の向上に取り組み，その結果，子どもたちを「集団と学習と生活の主人公にする"小主人教育"」を打ち出していた。小主人教育では，カリキュラムを「学科課程系統」，「活動課程系統」，「環境（家庭・社会・学校のこと）課程系統」の3つに大きく分類し，学科課程を中心として，他の2つの課程が「知力的因子」（観察力・思考力・想像力・記憶力・注意力などの知的操作能力に関わる因子）と「非知力的因子」（動機・興味・関心・情緒・意志・性格といった心のかまえに関わる因子）の双方を大切にしながら相互に支え合う学習モデルを描いている[5]。

さらに同小学校では，集団・学習・生活の小主人を育てるための目標系列を低学年，中学年，高学年の発達段階別に系列化し，以下のような観点をとりいれた教育を行っていた。以上は学校において独自に開発された「素質教育」の好適な事例といえる。

表1　「小主人教育」の目標系列の構成表

	集団の小主人	学習の小主人	生活の小主人
主人意識	知る 気づく	知る 気づく	知る 気づく
自主能力	参与能力 コミュニケーション能力 組織能力 評価能力	学習活動の組織能力 実際に操作する能力 資料収集整理能力 知的操作技能 モニタリングとフィードバック	自立能力 健康管理能力 家庭の中で貢献する能力
主人公としての態度	協調性 主体性 責任感	探究心 主体性 自己信頼感	独立性 主体性 責任感

（それぞれの項目には発達段階別のねらいと内容が説明されているが省略した。）
出典）南京市瑯玡路小学・南京師範大学教育系『小主人教育的理論与実験』1992.10，南京出版社，pp.34-36。

1994年の改訂の後も政府教育部は，素質教育を深化させる教育課程改革にとりくみ，2001年からの実験を経て2005年から新しい課程基準を全国的に実施することになっている。その解説によれば，カリキュラム全体の「バランス」，「総合性」，「選択性」がとくに強調されている。また例えば「総合性」については，小学校段階の科目の総合化，「総合実践活動」（総合的な学習の時間）の導入，「選択性」については「地方及び学校が定める課程」が授業時間内に組み込まれたことが大きな特徴である[6]。新課程基準においては，授業の合計時間数と比例配分の大まかな基準を示すのみで，具体的な課程設計は地方と学校にゆだねられる学校ベース型の教育課程編制に移行することになっている。

表2　2005年全国実施予定の新基準案

（教育部「義務教育課程設置実験方案」2001年）

①初等学校（小学校）（6年制）　　　　（年間：自然時間，1時間＝60分）

学年			1	2	3	4	5	6
必修教科	共通	品徳と生活（社会）	7～9%					
		科学	―	―	7～9%			
		言語・文学	20～22%					
		数学	13～15%					
		外国語	―	―	6～8%			
		体育	10～11%					
		芸術（又は音楽・美術）	9～11%					
選択		総合実践活動	16～20%					
		地方・学校の裁量課程						
合計			607	607	700	700	700	700

②前期中等学校（初級中学）（3年制）　　　（年間：自然時間，1時間＝60分）

学年			1	2	3
必修教科	共通	思想品徳	7～9%		
		歴史と社会（又は歴史，地理）	3～4%		
		科学（又は生物，物理，化学）	7～9%		
		言語・文学	20～22%		
		数学	13～15%		
		外国語	6～8%		
		体育と健康	10～11%		
		芸術（又は音楽，美術）	9～11%		
選択		総合実践活動	16～20%		
		地方・学校の裁量課程			
合計			893	893	842

注）1．各教科の配分比は，初級中学までの9年間合計時間数で必ずしも各学年ごとの配分比ではなく，具体的な時間は学校が定める。
　　2．総合実践活動は，情報技術教育，課題研究，ボランティア活動，社会実践活動（見学，体験活動など），労働技術教育などで，学校が内容を定める。
　　3．現行基準に定められている各種活動は，学校が独自に定める。
出典）学校の授業時間に関する国際比較調査研究会（渡辺良代表）編『学校の授業時間に関する国際比較調査』国立教育政策研究所2003.3 pp.179-180より適宜引用。

4 教育評価の変容

前掲の素質教育全面展開の『決定』においても、「素質教育」を実施するためには適切な教育評価システムを確立すること必須であることが強調されている。1997年、全国規模の初の「素質教育」経験交流会が山東省煙台市で開催されている[7]が、そこでの教育評価関連の報告事例をみると要点はほぼ次の2点に集約され、以後もその方向で教育評価改革が推進されている。

(1) 100点法による成績評価の改変

長らく中国では、教科名と得点を100点法で記入するだけのシンプルな成績表が子ども本人と保護者に渡されてきた。「素質教育」の提唱とともにそれらは改廃され、段階評価、文章による評語、あるいは学科以外の要素の報告リスト方式が採用されるようになった。表3は江蘇省での事例である。

表3〔江蘇省小学生素質発達報告カード〕

身体の状況	身長		肺活量		視力	左	
	体重		血色素			右	
	胸囲		う歯	有（　　）	無（　　）		
	罹病状況						
	機能のレベル		優	良	可	未達	
	教師の評語						

		評定		
		★★★	★★	★
心理発達	独立自覚			
	困難に負けない			
	愉快で活発			
	謹厳で思考を好む			
	自尊　自信　自制			
	コミュニケーション能力　協調性			
	教師の評語			

品徳行為		評定		
		★★★	★★	★
	郷里を愛し，祖国を愛す			
	教師を尊敬し，友だちを大切にする			
	集団に関心をもち喜んで人を助ける			
	(中略)			
	教師の評語			

労働実践		評定		
		★★★	★★	★
	自分のことを自分でする			
	集団のことを積極的にする			
	労働にまじめに真剣にとりくむ			
	簡単な工具が使える			
	(中略)			
	教師の評語			

科学文化	学科	思品*	語文	数学	自然	社会	体育	音楽	美術	外語
	考査状況 平時									
	期末									
	総評									

		評定		
		★★★	★★	★
	能力の発達状況			
	学習への興味と態度			
	教師の評語			

活動表現		評定		
		★★★	★★	★
	クラスの少年先鋒隊活動			
	クラブ活動			
	教師の評語			

(後略)

出典）曹文「推進小学素質教育的重要措施－江蘇省小学生素質発展報告単」『江蘇教育』1995.7

＊「思品」とは「思想品徳」のこと。道徳に該当。

(2) 進学率でのみ学校を評価することの改革

99年の『決定』にも明記されたとおり，文革後暫く中国の現場を支配した上級学校への進学率はすでに唯一の指標でなくなり，各地で素質教育の学校評価指標体系が制定されるようになった。ちなみに文革中廃止されていた視学制度（現在では「督導制度」という）が再開されるのは1991年のことで，1995年に全ての省で厳格な学校評価が実施されるようになったことも評価指標の開発に拍車をかけた。

以下に掲げるのは，天津市が90年代半ばから独自に開発した「三Ａ教育評価システム」の小学校版である。三Ａとは徳育・知育・体育の三つが優秀の意味で，進学競争加熱による知育偏重を改革する意図が込められている。これによって天津市では，「三Ａ学校」と「三Ａ校長」を評定し，素質教育の標準化をねらった。このシステムは，解決すべき問題の的確な対処とのぞましい方向づけを，わかりやすく量化された形で示したということで，国内でも高く評価されたものである（表4参照）。

表4　天津市三Ａ小学校の評価用基本標準（試行版）　1996

1．徳育のＡ級標準
1．全教職員が各児童を熱愛し，学習に遅れのある児童を積極的に助け，体罰と学習遅滞児の排除行為がみられない。遅れのあった児童の向上率が90％以上で教師と児童の親の紛争率が0％である。
2．『小学生日常行為規範』を実施し，児童は礼儀正しく，規律を守る。児童の違法行為や規律違反，犯罪率，行政拘留・刑事拘留率が0％である。学校は市の小学生日常行為規範の模範学校である。
（中　略）
5．学校に校訓・校歌・校旗・校章がある。校内環境が美化され，学校の周辺には秩序があり，校風が良好で，児童が学校集団に対して誇りと充実感を持っている。アンケート調査による親の満足度が98％以上である。
2．知育のＡ級標準
1．学校は国家教育委員会（当時）の頒布したカリキュラム基準を厳格に執行している。活動カリキュラムの実施を重視し，専門の指導責任者，指導計画があり，実効性を重んじている。
2．学校は優秀児・特殊な才能のある児童の発見と育成を行い，学習に遅れのある児童を忍耐強く補習する。個性に応じた教育を行い，児童の学習への意欲をかきたて，児

> 童には学習への強い興味と初歩的な自習能力と良好な学習習慣が身についている。
> 　　　　　　　　　　　　　(中　略)
>
> **3．体育のA級標準**
> 1．毎日1時間の体育鍛錬時間があり，毎月1回以上の体育の小規模な試合を組織する。毎年1回の運動会を組織する。計画的に遠足・キャンプ・軍事教練・マラソンなどの多彩な体育活動を行う。児童の参加率は90%である。
> 　　　　　　　　　　　　　(後　略)

出典）顧明遠主編『素質教育的督導与評估』中国和平出版社，1996，9，pp.348-351。

　素質教育における教育評価について論じた毛家瑞と孫孔懿（1996）は，その意義を「科学的な評価によって，教育目標の達成情況をフィードバックしながら，学生の全面発達，教師の指導力の向上，学校全体の改善を導くことにあり，かつてのような，生徒だけを評価対象とした，選抜淘汰や等級分けのための評価であってはならない」とし，「教師・学校管理職・行政関係者・生徒・親が評価活動に参与し，相互に進歩向上すべきである」と説いている[8]が，中国の教育現場がこうした評価活動の実施を積み重ねながら大きく様変わりしていることは，前掲の江蘇省，天津市などの事例からも窺えるであろう。

むすびにかえて
――「素質教育」における学力観の新しさ――

　以上のように，中国における学力の捉え方は，「素質教育」の提唱によって，知力因子と非知力因子を統合したものとなり，生涯発達を遂げる主体性や未来社会を生きる幅広い資質の育成に重点が置かれるようになったことが理解できよう。

　ここ数年，「素質教育」の実施にむけて編まれた新しいテキストが出版されているが，筆者はそれらの斬新な内容を感慨をもって眺めている。例えば，青年前期の生徒たちにむけた『心理素質』実験テキストシリーズ[9]は，『知力・能力』，『非知力心理因子』，『社会適応』，『心理の平衡』という分冊からなり，また副読本の『素質教育文庫』シリーズ[10]は「生存」，「メディア」，

第II部　学力をめぐる諸外国の研究・実践の動向

「情感」,「価値」,「人格」,「審美」,「挫折」の7シリーズ全33巻からなり,子どもたちの自己管理・危機管理能力,逆境や試練に打ち勝つ力,メディア・情報リテラシーの必要性,思春期特有の問題への対処法,競争社会で心の平衡を保ちながら他者とともに豊かに生きる知恵などについて豊富な古今東西の事例とともに率直に語り,ともに考える姿勢が貫かれているのが特徴である。これらは,科学技術が進歩しながらも難題にあふれた新世紀を生き抜かなければならない子どもたちの獲得すべき幅広い能力(広義の学力)を中国ではどう考えているのかについてのヒントを与えてくれるからである。

〈注〉
(1)　「素質」とは辞書的な定義では「①事物の本来の性質,②素養すなわち平素の修養,③ヒトの神経系統・感覚器官の先天的な特質」(『現代漢語詞典』)であり,②がある点で日本語のそれよりも意味が広い。なお,素質の語義に含まれる「素養」は,今日では「リテラシー」の訳語としても定着するようになっている(例えば「信息素養」は情報リテラシー,「媒体素養」はメディア・リテラシーのように)。
(2)　拙稿「改革・開放後中国における「素質教育」の展開と提唱」,阿部洋編『現代中国における教育の普及と向上に関する実証的研究－江蘇省の場合を中心に－』(科研成果報告書),1998年,3月,62頁。
(3)　楊銀付「全面推進素質教育的新階段」,国家教育発展研究中心編『2000年中国教育緑皮書』教育科学出版社,2000年,4月,32-36頁,拙稿「中国の教育改革」,『日中児童文化2004』日中児童文学美術研究センター,2004年,4月,9-20頁。
(4)　拙稿「教育改革の方向と重点定まる－"素質教育"の発展基礎に科学技術立国目指す中国」『内外教育』5040号,時事通信,1999年。
(5)　南京市珊玡路小学・南京師範大学教育系『小主人教育的理論与実験』1992年,10月,南京出版社。
(6)　学校の授業時間に関する国際比較調査研究会(渡辺良代表)編『学校の授業時間に関する国際比較調査』,国立教育政策研究所,2003年,3月,172頁。
(7)　「全国中小学素質教育経験交流会伝達提綱」1997年,9月。
(8)　毛家瑞・孫孔懿「素質教育評価」『素質教育的督導与評估』,中国和平出版社,

1996年，8月，1-35頁。
(9) 《心理素質》教科書編写委員会編『中等学校教科書（実験本）心理素質』開明出版社，1998年，2月。
(10) 人民日報事業発展部同編集委員会編,『素質教育文庫』全33巻，暨南大学出版社，1998年，5月。

〈参考文献〉
・拙稿「中国におけるメディア・リテラシー教育」『国立教育政策研究所紀要第132集』2003年，3月，127-140頁。
・謝安邦「中国における学力向上策－基礎教育課程の改革－」『比較教育学研究第29号』2003年，16-24頁。

第Ⅱ部　学力をめぐる諸外国の研究実践の動向

第5章

韓国における学力低下問題に関する考察

金　泰勲

はじめに

　分数ができない大学生，簡単なわり算ができない中学生など，日本では1999年から「学力低下」問題がマスコミなどで様々な分野の論者を巻き込み，現在は教育を語る際のキーワードにもなっている。同様に，韓国でも2000年から学力低下問題がショッキングな社会問題になっている。

　これは，1997年度から大学入試における「本考査」の禁止[1]や日本の「ゆとり教育」と同様に特技・適性教育を重視した「一芸教育」が招いた結果である。いわゆる「李海瓚世代」と呼ばれる，2002年以降に大学進学した者の学力低下の論争の背景には，1998年から1999年の間，「教育部長官」(2001年1月に教育人的資源部と改称された。文部大臣に該当する)に在任した李海瓚による教育政策がある。当時，教育部では，大学入試において「大学修学能力試験」(センター試験に該当する，通称「修能試験」)の科目を縮小し，生活記録簿による一芸で大学に進学できるという政策をとった。これにより，高校生等は勉強よりは趣味活動に専念するようになった。実際に彼らの「修能試験」の平均点が大きく下がり，多くの大学が，自ら新入生の基礎学力を固めるために新たに学習コースを設けるなど，その対策に追われている。

　その一方，従来のように知識の量だけが学力ではなく，特技・適性教育を重視した政策の結果，表現力，思考力や社会的体験や問題意識を育むことができたこと，これこそが学力であるとし，学力低下論に対して，否定的にみる者も少なくない。

　本稿では，韓国における学力低下論争を中心にその情況を紹介する。

1 韓国における児童・生徒の学力評価

　2000年6月28日,「韓国教育課程評価院」(KICE)によって,全国の180校(中学校88校,高校92校)の7,381人(中学3年生3,409人,高校2年生3,972人,それぞれ在学生の0.5%に該当する)を対象に,国語,英語,数学,漢字の評価が行われた。

　基礎学力を測るために行われた同評価の結果,各教科を四つのレベルに分け,「優秀レベル」「普通レベル」「基礎レベル」「基礎レベル未満」で分析した。その結果,いわゆる「李海攢一世代」と呼ばれる高校2年生の場合,全般的に「普通レベル」で,100点満点の中,平均点は国語55.7点,英語52.0点,数学47.9点,漢字52.3点となった。

　事実上,韓国において児童・生徒に対する評価が法的根拠に基づいてできるようになったのは,2001年1月29日に,「初・中等教育法」第9条第1項の改正にある。それによると,「教育人的資源部長官は,在学中の児童・生徒の学業成就度を測定するための評価を実施することができる」とある。

　こうした「初・中等教育法」に基づき,2001年度から毎年初等学校(小学校に該当する)6年,中学校3年,高等学校1年に在学する1%の児童・生徒を対象に,「国語」「英語」「数学」「科学(理科)」「社会」の学力の評価を実施してきた。

　このような法的根拠を設けることができたのは,2000年から施行されている現行の『第7次教育課程』(学習指導要領に該当する)に示した「教育課程の質の管理のために国家水準で周期的に児童・生徒の学力評価や,学校と教育機関の評価,教育課程の編成・運営に関する評価を実施する」ことによる。

2 韓国の初等学校における学力の評価

　「教育人的資源部」では,2002年3月に,児童の学力の向上や公教育の充

第II部　学力をめぐる諸外国の研究実践の動向

実化のための方針を定め，同年4月の「市・道教育監（教育長に該当する）政策協議会」において，毎年，初等学校3年生を対象に3R's (Reading, Writing, Arithmetic) の評価を行い，これらの基礎学力の評価を通して課題などを改善していく方針を明らかにしている。

当時，公表された学力評価の目的，内容，方法は，次の通りである。

① 目的
・国民の基礎学力を保障する目的で客観性のある評価を実施し，これに基づき，国家，市・道（市は日本の政令指定都市に，道は日本の県に該当する），学校レベルでの適切な支援策を設ける。
・初等学校3年生レベルで，「読み取り」「書き取り」「基礎数学」の習熟度の到達情況を確認し，その結果に基づいて，初等学校低学年に対する教育政策の指針を提供する。
・基礎学力に達してない児童の特性を把握し，これに基づき基礎学力を育むための教育プログラムを開発，普及する。

② 内容
・基礎学力水準を測るための，国家レベルの評価を行う。
・モデルになった児童には，評価結果を個人別に分析し，その結果を提供する。これには，「読み取り」「書き取り」「基礎数学」の領域毎の基礎学力の到達レベル，診断内容情報，細部領域別の到達レベル，内容領域別に診断情報などの内容を盛り込んでいる。
・一定のレベルに達してない児童のための，補習教育プログラムを設け，行う[2]。

以上のような目的や内容に基づき，同年10月15日，初等学校3年生を対象（5,520校，20,048学級，705,853人）とした「国家水準基礎学力診断計画」（国家レベルでの基礎学力を診断するための評価）が，「教育人的資源部」とKICEによって「読み取り」「書き取り」「基礎数学」の三領域で行われ，評価の結果は児童個々人に知らされた。評価の結果は次の表を参照されたい。この評価は，その後，2003年，2004年にも行われている。

表　2002年度初等学校3年生の基礎学力の診断結果

区分	総点	全体		到達基準点	未到達者数	未到達者率
		平均	標準偏差			
読み取り	100点	93.39	8.33	75点	2,486人	3.45%
書き取り	100点	94.88	7.57	78点	2,159人	3.00%
基礎数学	100点	92.28	9.27	77点	4,931人	6.84%

出典）教育人的資源部他『国家人的資源開発基本計画2003-2004施行計画（案）』2003年，11頁
注）すべての領域において未到達者は964人（1.34%）

3　初等学校における学力低下論争

　2000年12月6日IEAが，1998-99年に38ヵ国の中学2年生を対象に実施した「第3回国際数学・理科教育調査」（TIMSS-R）の結果を発表した。それによると，韓国は数学では2位，理科では5位であった。1995年の評価では，当時4年生（98-99年の中学2年生）が，数学2位，理科1位（当時中学2年生は数学3位，理科4位）であったのと比べると，学年が上がることにより，学習到達度の順位は下がることが窺える。

　2003年10月，「教育人的資源部」とKICE初等学校3年生を対象に行った「国家水準基礎学力診断評価」（調査の対象になったのは，3年生の3%である545校の2万556人である。）によると，初等学校3年生の「書き取り」の場合，基礎学力に達してない児童の割合が前回2002年と比べ，増加した。すなわち，領域毎に100点満点で，「読み取り」が66点，「書き取り」が76点，「基礎数学」が75点以下を基礎学力の下限点と定めた同評価で，「読み取り」が3.24%，「書き取り」が3.77%，「基礎数学」の場合5.18%が，基礎学力に達しなかった。2002年の評価の「読み取り」3.45%，「書き取り」3.00%，「基礎数学」6.84%と比べ，「読み取り」と「基礎数学」の領域では減ったが，「書き取り」は増加した。三つの領域において基礎学力に達してない児童は1.37%であった。

これを男女別に見ると，女子の学力が高く，「読み取り」の基礎学力未到達者の割合は，男子が4.50％，女子が1.80％で，男子が2.5倍も多い結果となった。「書き取り」の基礎学力未到達者も男子が5.70％の対し，女子が1.56％で，男子が3.7倍も多く，「基礎数学」も男子が5.36％，女子が4.96％で男子の方が多い結果となった。平均点は「基礎数学」の場合，男子が91.74点，女子が91.81点で，ほぼ同点であったが，「読み取り」と「書き取り」では女子が男子よりそれぞれ3.53点，3.56点高かった。

基礎学力未到達者を地域別に見ると，中・小都市が最も低く，「読み取り」未到達者の割合は，中・小都市2.22％，大都市が3.07％，邑・面（村・町）が5.19％で邑・面が中・小都市より2倍以上高かった。「書き取り」は中・小都市2.73％，大都市が3.36％，邑・面が6.35％で，「基礎数学」の場合も中・小都市4.27％，大都市4.51％，邑・面が8.15％という結果となった。

こうした「基礎学力未達者が邑・面地域に多いことは，親の関心度と学習機会など家庭や地域の環境にその原因があり，中・小都市が大都市より学力未到達者の割合が少ないことは，成績のすぐれた者や未到達者の割合が相対的に少ないことにある」と，KICEの関係者は述べている。

評価と同時に行ったアンケートでは，読書を楽しむ者，とそうではない者，との平均点において，「読み取り」で5.92点，「書き取り」で3.63点，「基礎数学」で3.01点の差があった。これは読書と学力との何らかの関係があると思われる。また，親と対話をよくする者，とそうではない者，との平均点の差も「読み取り」で4.34点，「書き取り」で3.14点，「基礎数学」で2.98点があった。そして，忘れ物をしない者，とそうではない者との平均点の差も，「読み取り」で13.86点，「書き取り」で10.78点，「基礎数学」で11.70点の差があった。

4　大学生の学力低下に対する論争

大学生の学力低下に対する本格的な論争となったのは，2001年4月9日，ソウル大学理工学部新入生1,444人を対象に数学の基礎学力の評価の結果を

きっかけに始まった。それによると，全体の7.7%の111人が100点満点での基準点の30点にも達してなかった。また，4,265人を対象にした英語の場合，26.0%である1,107人が1000点満点で基準点の501点以下であった。

また，2003年，新入生4,155人を対象に実施したTEPS[3]テストの結果，1000点満点で701点以上の高得点者は18.8%である781人で，2002年の4,083人の中，高得点者は25.0%の1,023人に対し，6.2%も減少した。2004年度の春学期には国語の中で漢字の基礎学力を測るためのテストを行った結果，全体の60%が100点満点中60点以下で，50点以下も44.6%であった。

さらに，2004年7月15日付の韓国の主要日刊紙『朝鮮日報』では，「お粗末な結果で国の将来は真っ暗。大統領はまず，この報告書を読むべきだ」というタイトルで，日本の国際科学振興財団がまとめた4ヵ国の大学生学力調査の記事を引用し，「理系軽視の盧武鉉(ノ・ムヒョン)政権」を批判した。調査は日本，韓国，中国，シンガポールの有名大学の学生に理科と数学のテストを行い，比較したもので，結果は「物理，化学は中国が強く，日本は生物が強い」，「韓国は日，中の間に埋没した」という内容であった。

同調査は，「科学技術の将来を支える人材」の実力を探る目的で，2003年10月から2004年2月までに，日本，韓国，中国の高校1年と，これにシンガポールを加えた4ヵ国の大学1，4年生を対象に，内閣府の委託を受けた研究グループ（代表遠藤誉・筑波大名誉教授）によるものである。

日本，中国，韓国，シンガポールの高校生と大学生の「理系学力」では，中国が他国を"圧倒"しているものの，日本も「生物」「情報科学」では優位にある。調査対象者は，各国の学力上位の「エリート層」で，同研究グループは，「日本の学生は解いたことのない問題に挑む精神に乏しい」と指摘している。数学は，高校1年生にとっては「かなり難しい本質的な力が問われる」出題だったが，中国のトップ校が「驚異的な正答率」をマークした。大学1年生では，受験勉強の成果か，日本も中国と互角のところまで追いつくが，中国はその後，大学4年生までコンスタントに伸び続けるのが特徴だという。

大学生の物理は，日本と中国がほぼ互角。高校生を対象にした物理の別の

国際調査でトップだったシンガポールは，大学生では日本や中国に後れを取り，韓国はさらに低迷。化学は，大学4年生では中国の平均点が61点，日本は58点とほぼ対等，韓国が43点，シンガポールが35点の順だった。その一方，「脳の科学」「遺伝子」「環境科学」が出題された生物は，日本の優位が目立った。日本は韓国や中国に比べ，生物の著名な研究者が国内にとどまっているとされ，国内研究者の活力を反映したとの分析もある。生物では，大学1年生と大学4年生に同じ問題が出題され，大学教育の成果が問われたが，最も伸びが大きかったのは韓国だった。

コンピュータなどの情報科学は日本とシンガポールが優位であった。中国は，「情報倫理」の得点が低く，社会的な浸透の遅れがうかがわれるという。日本が最も低迷したのは英語。中国はリーディング（読解），韓国はリスニング（聞き取り）の平均点が高い傾向が出ていた。日本の高校1年生は，語彙や文法も含めた全分野で最低点だった。中国やシンガポールでは，学校卒業段階で英語の到達度試験を導入して効果を上げているとされ，研究グループは，日本での同種の取り組みを提案している。

これらの結果について，韓国では教育界を始め，国民の多くは，前述の「学力より個性」の教育といった，李海攅政策以来，理数系が苦手な学生が増え，「ゆとり教育」が学力低下を招いたことにその原因があると指摘している。

5 学力低下論の源流

(1) 現行の教育課程への批判

韓国の学力低下論の大きな論争は，特に大学生の数学や理科の学力が非常に低下しているという点を指摘している。その例としてソウル大学生の基礎学力の評価や日本の国際科学財団の調査による結果を紹介している。これには韓国の子ども達が，主体的に勉強しようとする者が少なくなってきたことにその原因があるのではないかと，教育関係者らは指摘する。それは，学習者の能力・適性・進路に応じた生徒中心の現行の『第7次教育課程』の施行

の結果であると，現行の教育課程に対する批判の声が多い。1997年12月30日，「教育部」によって告示され，2000年度から試行されている『第7次教育課程』は，①学習者の能力・適性・進路に応じた生徒中心の教育課程の導入，②国民の共通基本教育課程と選択中心の教育課程の導入，③教育内容の量と水準の適性化，及び水準別教育課程の導入，④地域及び学校の自主裁量と生徒の選択幅の拡大，などが主要な内容であった。『第7次教育課程』の基本的方針は，「21世紀の「世界化」（国際化）・情報化時代を主導する自律的で創意的な韓国人の育成」が掲げられている。この方針は，「児童・生徒の健全な「人性」（心の教育）と「創意性」（創造性）を涵養する基礎・基本教育の充実を謳いながら，国際化・情報化に適応できる自己主導的な能力伸張を育成すること」を目標としている。この結果，地域及び学校の教育課程運営及び編成の自主性が大きく拡大された。この改訂の内容は以下の通りである。

① 「国民共通基本教育課程」が編成された。初等学校1年生から高校1年生までの10年間を「国民共通基本教育課程」と設定し，学年制の概念を維持しながら一貫性のある教育課程として構成された。
② 高校2・3年生の選択中心の教育課程が導入された。それは，「一般選択」と「深化選択」に区分され，多様な選択科目が設けられた。また課程と系列の区分を廃止し，生徒の選択の幅を拡大した。
③ 「水準別教育課程」が導入された。生徒の能力と個人差により多様な教育の機会を与えるために，段階型・深化補充型・水準別教育課程が編成運営された。
④ 裁量活動時間が増設，ないしは新設された。生徒の自己主導的な学習能力を伸張させるために，裁量活動時間が拡大・新設され，学校教育課程編成に関する運営の自主性と生徒の選択権を認めた。
⑤ 教科別の学習量の最適化と水準を調整した。最低限の必修学習内容を中心に教科別学習内容を厳選し，履修教科目数を縮小して，範囲と水準を適正化した。
⑥ 質管理中心の教育課程の評価体制が確立された。教科ごとに教育目標を設定し，定期的な学力評価と学校教育課程の評価が実施された。

⑦ 情報化時代に備えた創意性と情報能力を育成する。コンピュータ教育の内容を強化し，開放的な自己主導の学習能力を促進することが可能な創意的な教育活動を保障する。

　前述したように，現行の教育課程は，児童・生徒の学力より，「児童・生徒の健全な人性と創意性を涵養する基礎・基本教育の充実」といった人間の内面に関わるものが多く，学力向上に関する内容や一貫性が欠けていると指摘されている。

　また，教科の性格や指導内容，地域及び地域社会の実情に応じて，教育課程編成に関する運営の自主性を与えたことにより，学力の地域間の差が大きくなったという批判の声もある。また，多様な選択科目が設けられたことにより，中学校や高校において数学や理科の授業時数が大幅に減らされたことが児童・生徒の学力を低下させる結果を招いたとも指摘されている。こうした多様な科目の選択制は後述のように大学入試にも大きく影響を与えている。

(2) 現行の大学入試制度との関わり

　教育部による政策が原因で勉強しない子ども達が増加し，学力低下を招いたにもかかわらず，「特技・適性」を中心に受験生を選抜する入試制度は，変わってない。

　教育部では，大学入試を各大学が独自に受験生を選抜するようにしながらも，1997年度から，学生選抜のための「本考査」を禁止している。「本考査」の禁止により，事実上，大学独自の学力の評価はできなくなったことも大きな原因ではないかと，私は思う。

　また，科目を細分し選択制とし，学習の負担の重いものと軽いものを同じ枠の中に入れ，その中から一教科を選択するようにしたため，学力の低下を招くようになったと，私は思う。選択科目は，個々人の教科によりその偏差値が異なるため，受験生の選抜に大学当局はその評価の基準で苦労している。たとえば，「修学能力試験」の「自然系」（理工学系）の場合，受験生が選択しなければならない「数理領域」（基本的な計算能力や数学的概念，原理，法則の理解能力を問うテスト）の「カ型」（「数学Ⅰ」と「数学Ⅱ」を必須と

し,「微分と積分」,「確率と統計」,「離散数学」の中から,一つを選択するテスト)の試験範囲をみてみよう。これら三つの試験範囲の領域の内容は異なっていて,同等なレベルでの偏差値を要する知的能力と学習負担を要するものではない。しかし,現行の教育課程によると,「微分と積分」は「数学Ⅰ」と「数学Ⅱ」で習得した内容を土台とすると明示されている。ところが,「確率と統計」及び「離散数学」は,高校1年生の教育課程の内容の到達可否にかかわらず,選択することができると示している。つまり,「微分と積分」はその科目を学習するために,相当な内容を自ら先に学習しなければならないのである。こうした三つの領域を同等な比重で選択することで果して公正な評価かできるかが,疑問である。

また,外国語の場合も,ドイツ語か,フランス語を選択し受験し,ドイツ語よりフランス語の難易度が高い場合,フランス語を選択した者は不利になる。そういうわけで韓国人にとって比較的に点の取りやすい日本語を選択する受験生が激増している。

要するに,一,二問に,合格をかける受験生の立場では,選択科目そのものが悩みの種でもある。そこで受験生は点数の取りやすい科目,つまりあまり学習の時間を必要としない教科を選択することになる。

こうした現行の教育課程や入試制度が,結果的に学歴低下を招いたと,私は思う。

6　児童・生徒の学力向上のためのソウル市の試み

ソウル市では,初等学校生の学力評価のための,中間及び期末テストを復活する方針を公にした。孔貞澤(コンジョンテク)新任ソウル市教育監は,2004年8月27日,就任記者会見をとおして,「子どもの基礎学力の伸張のために,学力評価の方法と時期,適用範囲などの裁量権を学校に任せる」ことを述べている。また,同氏は,ソウル市の学力水準は全国的に見て,「中上位」であると言いながら,初等学校4～6年生に基礎学力を付けるため,学校が努力し,それが高等学校までつながってほしい,と述べている。従って,ソウル市内の初

等学校は，試験の復活を賛成する保護者が多い場合は，中間及び期末テストを行い，成績を付けることが可能になった。このことにより保護者から子どもの学力低下を懸念し，試験の復活を求める声が高まっている現況から，中間及び期末テストを取り入れる初等学校は多くなりそうである。

　また，教育監は，各学校は「教育人的資源部」の「学業成績管理施行指針」と「初・中・高校の生活記録簿の電算処理及び管理指針」を守らなければならないことや，評価に関しても，初等学校の場合，現在のような敍述式評価ではなく，秀，憂，美，良，可，や席次などが表示された成績表を復活させ，初・中・高校で学力評価を実施するなど，学校間の競争も強化していく方針を明らかにしている。

　こうしたソウル市の政策に対して，保護者からは，学校でテストを受けないので，子どもの学力がどのレベルなのか判らないので，この政策への賛成の意見が既に出ている。しかし，テストが過熱される場合，テストを専門とする学習塾の過熱化などを促進することになるだろうと言う憂慮の声も出ている。一方，教育監は，児童・生徒の学力伸張のためには教師評価も重要であるとし，「教育人的資源部」が教師に対する評価基準等を設けない場合，ソウル市が教員団体などと相談し，試験的に実施していくことを明らかにした。

7　学力低下を助長させる大学入試制度改善案に対する批判

　こうした学力低下問題がしばしば指摘されているにもかかわらず，国際学力比較調査の結果などをもって，韓国の児童・生徒の学力は，世界的にみてもトップレベルであると，「教育人的資源部」の関係者らは言っている。しかし，こうした結果は学校教育のみで得られた点数では決してない。多くの児童・生徒が学習塾に通うことを考えると，ある意味では当然の結果であると言える。また，教科の好き嫌いや，興味・関心についての調査結果は，無視されているようである。

　2004年8月26日，「教育人的資源部」では，2008年度から実施する予定の

「2008年度以後の大学入学制度改善試案」を公表した。
　同案は，高校在学時の内申書重視の方向を打ち出し，入試判定の主な基準である「修学能力試験」の役割を軽減するなど，成績表記をこれまでの得点表記から等級表記へ改めるなど，厳しい受験戦争を緩和する方針が提案されている。「修学能力試験」を点数単位で提供するのではなく9等級に分け，内申書も，秀，優，美，良，可と表示することになる。
　この制度の改善には，学歴重視社会による受験戦争の背景に塾や家庭教師などの課外教育による家庭の私教育費の軽減や公教育軽視の大きな社会問題を解決しようとする教育人的資源部の狙いがある。こうした新しい入試制度について，「韓国教員団体総連合会」では，「等級制」による競争緩和で，益々学力低下になっていくことを憂慮し，「教育人的資源部」の内申書の強化と「9等級制」案は，中等教育の充実化と個人の教育費の負担や受験生の学習の負担を軽減することはできても，競争緩和による学力の低下は，益々深刻になるだろうと述べている。
　また，世論も「教育人的資源部」の意図とは異なり，インターネットサイトを通した「2008年度大学入学試験制度改善案についてどのように考えているか」というアンケートの結果，約67.9％が，「学力の低下など大学の学生選抜の基準が無くなるなど困難に陥ることになる」と述べ，29.0％が「修学能力試験の影響力が弱まり，学校教育の正常化に役に立つことになる」と述べている。実際に「教育人的資源部」案のように「9等級制」を実施することになると，1等級は上位4％になり，2008年度の全体受験生は約60万人で，1等級判定を受ける生徒は2万4,000人になる。これは，約10校の名門大学の入学定員が2万6,000人であることを考えると，「修学能力試験」は評価道具としてその価値を喪失することになる。こうしたことから，各大学では，判定基準が曖昧な「修学能力試験」の結果と信頼度の低い「内申書成績」で新入生を選抜するよりは，実力のある新入生を選抜するためには，独自に「本考査」を実施すると教育人的資源部案に猛烈に対立している。
　安秉永「教育副総理」（教育人的資源部長官は副総理の資格）は，こうした反対意見に対して，「学生生活記録簿を中心に，大学が独自に実施する論

述考査や面接などを活用すれば，受験生を選抜するのに大きい問題はないと考える」とし，「本考査を実施するようになれば高等学校教育課程はバランスを失い，過熱な塾通いや家庭教師などによる学習を促進することになるため，認めるわけにはいかない」と述べている。

結び　楽しい教育にむけて

　私は，学力の低下を防ぐことは，学習内容を増やしたり，レベルを上げたりすることではないと思う。無論，学力の本質とも言うべき知識の量も大切である。学力とは何か，その定義は非常に曖昧である。学んだものを力として測れるものもあるし，測れないものもあるからである。確かに，韓国の児童・生徒や大学生は，知識の量として測れるものは統計の数字から見て下がってきた。しかし，統計の数字は誤差もあるし，テストの難易度によって異なる。私は，数字として測れない学力はむしろレベルアップされたのではないかと思う。「微分，積分ができなくても，高校時代に習ったフルートは僕の人生にとって大きな財産である」といっていたある大学生の言葉のように，これこそ大きな学んだ力と言える。学んだ力を学力として測ることより，まずは学校生活で楽しさを感じるようになることや先生の授業がよく分かるといった環境作りが急務ではないかと思う。

〈注〉
(1) 教育部は，1997年度から国語，英語，数学を主とする大学独自の入学試験「本考査」を禁止し，全国共通の入学者選考試験である「大学修学能力試験」及び，論述，面接などを活用する大学入学制度を行っている。その狙いは家庭における過重な教育費の負担を軽減し，受験重視の弊害から子ども達を保護する事にある。私立大学の場合は，大学が独自に決定することができるが，実施しないことを勧奨している。
(2) 「初等学校3年生の診断評価」実施の結果，基礎学力の向上が必要であると判断された児童のために，その向上のための補習資料を開発した。「読み取り」「書き取り」「基礎数学」の領域毎に4冊ずつ計12冊の『基礎学力補正教育資料』

と『基礎学力補正教育資料使用指導書』1冊を開発し，2003年6月に学校現場に配布した。
(3) "Test of English Proficiency developed by Seoul National University"の頭文字でソウル大学が主管し，施行する英語テストである。

〈参考資料〉
・韓国教育課程評価院（KICE）ホームページ。
・教育人的資源部ホームページ。
・「朝鮮日報」2004年9月10日付。
・「読売新聞」2004年7月13日付。
・佐藤学『教育改革をデザインする』岩波書店，2003年。
・市川伸一『学力低下論争』ちくま新書，2002年。

第III部

学力の研究と調査

第1章

問題解決評価観の意義と展開

高浦勝義

はじめに

　筆者は，現在，教育評価に関する二つの開発的研究に取り組んでいる。一つは「総合的な学習の授業及び評価に関する開発的研究」（平成14年度～16年度）であり，他は，教科を対象にした「ポートフォリオ評価を活用した指導と評価の改善に関する開発的研究」（平成14年度～16年度）である。

　それぞれの詳細は，既に公表した第一次及び第二次の報告書やホームページ（http://www.nier.go.jp/shochu/sogo），さらには本書の第Ⅲ部第2章の松尾論文等に譲ることにし，本稿では，開発的研究を支えている問題解決評価の考え方やその取り組みにおける基本的な前提について検討することにしたい。

1　測定評価観の反省

(1)　「測定」と「査定」と「評価」の区別を

　教課審答申（平成12年12月4日）も「従来どおりの知識の量のみを測るような評価が依然として行われている」というように，私たちは，評価といえば，子どもの知識の量（＝学習の結果）を"測る"ことと考えてきたように思う。知識の習得量をテストで測り，その成績の良し悪し（＝テスト得点の高低）によって教育効果を判定するといった測定評価観である。

　しかし，今日，このような測定評価観は，その欠点が指摘されている。一

つには，「測定（measurement）」と「査定（assessment）」の混同である。また，測定即「評価（evaluation）」とみなす誤謬も指摘されている。

たとえばハート女史によれば，アメリカでは，大学入学適性テスト得点の急下降を契機に学校の国民に対する「説明責任（accountability）」が厳しく問われるようになり，そのためのテスト開発と実施の動きが広がり，1980年代はまさにテスト至上主義が醸成された。元来，「テストは査定の一手段である」のに，このテストへの過度の依存がみられたというのである[1]。すなわち，「査定（assessment）とは，生徒に関して，彼らが知っていること，できることなどの情報を収集する過程である」[2]。このため，テスト情報は"査定"情報の一つにしかすぎない。しかるに，このテスト情報が査定情報のすべてであるかのように誤解されてきたというのである。

一方，「評価とは，査定された情報について解釈したり，判断する過程である」[3]という。

いうなれば，査定とは子どもの学習の過程及び成果に関する多種多様な情報を収集する過程であり，これらの査定情報を基に，なぜそうなったのか，今後どうすればよいかといった教育的な解釈・判断（＝意思決定）を行うことが評価と考えられているのである。

(2) 評価の三つの機能の統一的実現

前出の教課審答申は，評価の機能として，①まず，教育の実践に役立つ評価，その改善に資する評価という，いわゆる「指導と評価の一体化」，②次に，評価は，子どもにとっては自己のよさや可能性等に気付き，その後の自己の学習の在り方を考え，豊かな自己実現に資するという子どもの「自己学習力（自己評価力）の向上」，③さらには，評価は保護者，地域の人々，国民全体といった「外部の人々への説明責任」を果たすものという三つを指摘している。

従来の測定評価観では，このうちの③はともかくとしても，①や②の機能への対応はほとんどできなかったといえよう。何しろ，学習の結果情報からはどこが問題であるか，今後，どうすればよいかといった過程に結びつく情

報は得られ難いからである。

　ではこれらの三つの評価の機能の統一的実現にいかに迫るか。同答申は，「評価を指導に生かしていくためには，……評価規準や評価方法等に関する情報が児童生徒や保護者に適切に提供され，共通に理解されていることが大切である」などの提言をしているが，三つの評価の機能の実現との関連は必ずしも明示していない。

　このようなとき，筆者らは，測定評価観に代わって「問題解決評価観」を提唱し，具体化することにしたのである。

2　問題解決評価観の提唱

(1)　問題解決評価とは

　問題解決評価とは，『価値づけの理論』[4]等にみられるデューイ（John Dewey, 1859-1952）の評価の考え方を参考に命名したものである。

　彼によれば，価値づけないし評価は，私たちが様々な問題的場面に遭遇し，それを解決するためにいろいろと事物・事象なり活動の価値を比較判断する，その判断行為を指すことになる。このため，問題解決の過程はまさに評価の連続的な過程であると考えられる。

　これを，教師の授業に即していえば，教師は自己の問題解決の計画を練り，それを実践する。そして，その問題解決の過程において，子どもの学習の過程及び成果に関する資料・情報を収集し，それを基に自己の計画や活動の良し悪しを判断する。そして，その評価結果を基に当初の計画通りに指導を進めるか，それとも変更を加えて指導に臨むかを決める。このような指導と評価の一体化を絶えず営んでいるといえよう。

　一方，子どもからいえば，教師の支援を得ながら，自己の学習のめあてや計画を立て，それを追究する。そして，その問題解決の過程において，自己の学習の過程及び成果に関する資料・情報を基に絶えず自己のめあてや計画，活動の良し悪しを判断し，その結果を基に必要な改善を加えたり，あるいは

当初の予定通りの活動に臨むということになる。まさに自己学習（力）の追究と向上のプロセスそのものである。

ちなみに，このような問題解決評価観に類似のものとして，たとえば続氏の「評価は目的追求－評価－調整という単位での目標追求活動における部分活動であって，追求活動の実績と目標との関係をチェックし，調整活動のために，フィード・バック情報を提供するものである」[5]といった主張などをあげることができよう。

(2) ステイク氏の「顔」モデル

そして，このような問題解決評価観の実用化を図る際，次図のようなステイク氏の「顔」モデル（countenance model）[6]が有益であると考えた。

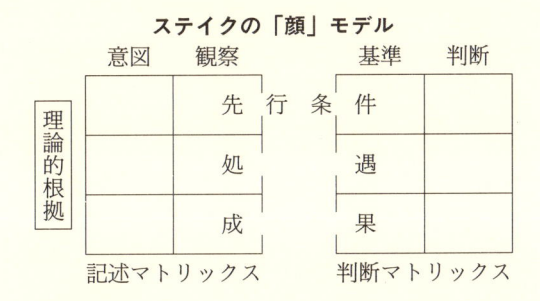

ステイクの「顔」モデル

理論的根拠	意図	観察	基準	判断
		先行条件		
		処遇		
		成果		

記述マトリックス　　　判断マトリックス

すなわち，通常の授業は，〈記述マトリックス〉欄の〈意図〉でいう理論的根拠に基づいて指導のプラン（先行条件→処遇→成果）を練り，その実践の結果（先行条件→処遇→成果）を〈観察〉するということになる。

ところで，この〈意図〉と〈観察〉の間には一致ないし不一致（ズレ）の状況がみられることになるが，その一致・不一致の善し悪しの価値判断は〈判断マトリックス〉欄の〈基準〉（先行条件→処遇→成果に関する望ましい基準に基づく価値判断）及び〈判断〉（類似の授業の先行条件→処遇→成果に基づく価値判断）によって行われ，この結果を基に必要な改善策が検討されることになる。

しかも，ステイク氏によれば，1単位時間の指導前が"計画"－指導中が"実践"－指導後に"評価"というように形式的に考えず，むしろ1単位時間

の指導中に，この計画→実践→評価→……のサイクルがそれこそ何回となく生起していると考える必要がある。

このようなため，筆者らは，この「顔」モデルを参考に，①計画→②実践→③評価→④計画の継続・改善の決定→⑤実践→⑥評価→……という問題解決評価モデルを創造し，指導の改善や自己学習力の向上に向けた評価の開発的研究に取り組んでいるのである。

(3) ポートフォリオ評価とルーブリックの登場

ところで，この指導と評価の一体化，あるいは自己学習の過程や成果に関する資料・情報を収集し，それを目的的・計画的に集積していけば教師ポートフォリオ（teacher portfolio），あるいは子どもポートフォリオ（student portfolio）が作成されることになる。

このため，このポートフォリオの中に集積される資料・情報がより正確で詳細であればある程，教師／子どもは，それを基に，それぞれ自己の指導／学習の改善の手立てをより容易に考えつくことができよう。また，このポートフォリオは保護者らへの説明責任のためにも使用することができる[7]。

ところで，このようなポートフォリオ評価は，1980年代末頃からのアメリカにおいて，従来のテスト評価に代わって急速に注目され，子どもの真正の評価（authentic assessment）のためのよき手段として盛んに研究され実践されるようになったのであるが，他面において，集積される多種多様な資料・情報から「得点化」（scoring）する方法が求められることになった。テスト以外の資料・情報からの数値化の試みとしてのルーブリック（rubric）の作成である。

すなわち，ルーブリックとは子どもの学習の過程及び成果を評価するための「一セットの得点化指針（scoring guideline）」であり，そのためには「評価基準（standard）と評価規準（criteria）をあらかじめ設定することである。評価規準が欠如すれば，査定（assessment）はただそれだけ，すなわち単なる課題や教授活動そのものにすぎない。おそらく最も重要なことは，得点化のための評価規準は判断される内容を明らかにし，そして多くの場合，

同時に受容可能な作業実績のための評価基準を明らかにするということである。このため，評価規準はあなたの目標（goal）と達成の基準（achievement standard）を伝えるのである」[8]と考えられているのである。

近年のわが国では，ここにいう評価規準（＝達成目標）を解明する動きは盛んであるが，一方の評価基準（＝達成目標の実現状況を判断する指標）への言及は少ない。しかし，評価規準と評価基準の両者なくしては信頼性と妥協性のある評価はできない。このような反省から，筆者らは評価規準のみならず，同時に評価基準を予め設定して開発的研究に取り組むことにしたのである。

3　評価の4観点の特質と意義

(1) 「生きる力」としての評価の4観点

ところで，教育効果の指標として，既出の教課審答申は「自ら学び考える力などの『生きる力』をはぐくむ」ために，各教科においては，「現行の指導要録における評価の観点，『関心・意欲・態度』『思考・判断』『技能・表現』『知識・理解』の4観点」が不可欠であることを提言した。

なお，総合的な学習の時間の評価に関しては三つの観点を例示した。一つは「学習指導要領に定められた『総合的な学習の時間』のねらいを踏まえ，『課題設定の能力』『問題解決の能力』『学び方，ものの考え方』『学習への主体的，創造的な態度』『自己の生き方』というような観点」である。二つ目は「教科との関連を明確にして，『学習活動への関心・意欲・態度』『総合的な思考・判断』『学習活動にかかわる技能・表現』『知識を応用し総合する能力』などの観点」である。そして，最後は「各学校の定める目標，内容に基づき，例えば，『コミュニケーション能力』『情報活用能力』を定めたりすること」というものである。

筆者らは，総合の評価に際しては，二つ目に例示されている4観点を踏襲することにした。しかも，二つ目の例示の最後の「知識を応用し総合する能

力」という観点は"総合的な思考・判断"能力であると考え，これを，教科の場合と同様に，「知識・理解」と置き換えることにした。

このようにして，筆者らは，教科や総合の時間，さらには道徳，特別活動においてもこれら評価の4観点を共通に採用することにした。というのも，生きる力の育成は，元来，すべての指導場面において統一的に希求されることが大切であると考えるからである。

(2) 評価の4観点の意義

① 学ぶ力としての評価の4観点

既述のように，筆者らは現行の評価の4観点を各教科等のすべての指導において共通に採用することにしたのであるが，その理由は，これら4観点は子どもが何かを"学ぶ"ときに必要な能力として抽出されていると考えたからである。

この特質を明らかにするために，観点別評価が初めて採用された昭和55年の指導要録をみると，観点は「学習指導要領に示す目標の達成状況を観点ごとに評価する」ためとされていた。ところが，平成3年の指導要録では，観点は「新学習指導要領に示す各教科の目標や内容を踏まえ，自ら学ぶ意欲の育成や思考力，判断力などの育成に重点を置くことが明確になるよう配慮し，観点等を改めた」とされるようになった。

この両者の異同に関して，たとえば安彦氏は，新たな改訂においては，従来の「関心・態度」に「意欲」を加え，しかも従来では最後だったこの観点が第一のもの，最初の観点として出されるようになったことに言及している[9]。知識軽視ー態度重視の学力の始まりだなどといった当時の批評もこのような捉え方に基づくものであったといえよう。

しかし，筆者は，奥田氏の指摘[10]も参考にしながら，両者間にはこのような順序の違い以上の，もっと重大な転換があった。いうなれば"学力のとらえ方"の転換があったと考えている。

敷衍していえば，昭和55年当時では，各教科の内容は目標から割り出されたので，たとえば作文であれば観点の「表現の能力」だ，数の計算であれば

「技能」だ，図・表や地図・資料であれば「観察・資料活用の能力」だといった具合に，評価の観点と内容があたかも1対1対応するかのように考えられていた。ところが，平成3年以降は，各教科の目標や内容を踏まえながらも，結局は，自ら学ぶ意欲の育成や思考力，判断力などの育成に重点を置くという，いうなれば"学ぶ力"（＝当時，自己教育力）から観点が導かれるようになった。このため，たとえ作文であれ，数の計算であれ，あるいは図・表や地図・資料であれ，それらを学習するときには常に同時に4観点が不可欠になるとされるようになった。

このような各教科の目標・内容中心の観点から子どもの学ぶ力中心の観点への移動は，別には"内容分析的な観点"から"能力分析的な観点"への移動としても捉えられている[11]。

② デューイの「探究」と自己教育力と評価の4観点の相互関係

筆者は，望ましい学力像，したがってまた評価の4観点の特質を明らかにするために，かねてよりデューイの探究（別には反省的思考）に着目してきた。そして，「探究」と「自己教育力」と平成3年時の「評価の4観点」との相互関係を次図のように捉えてきた[12]。

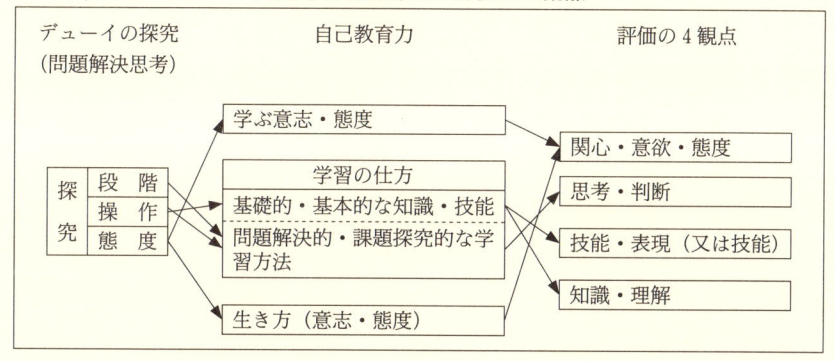

探究と自己教育力と評価の4観点

デューイの探究 (問題解決思考)	自己教育力	評価の4観点
探究 段階 操作 態度	学ぶ意志・態度 学習の仕方 基礎的・基本的な知識・技能 問題解決的・課題探究的な学習方法 生き方（意志・態度）	関心・意欲・態度 思考・判断 技能・表現（又は技能） 知識・理解

デューイの「探究」は「段階」と「操作」と「態度」の三位一体の構造にて成立する思考と考えられている。そして，「段階」からみれば，探究は(1)問題的場面→(2)問題の形成→(3)仮説の形成→(4)仮説の検証→(5)問題の解決→(6)解決された場面を辿り，「操作」からいえば，これらの各段階の推移は観

察 (observation) から推理 (inference) し，そして推理したことを観察によって検証するという両操作の絶えざる交互展開によって可能になる。また，このような探究は寛心性 (open-mindedness)，誠心誠意 (whole-heartedness)，責任 (responsibility) という望ましい思考「態度」に支えられている。

一方，「自己教育力」概念は，昭和58年3月の中教審教育内容等小委の『審議経過報告』において提言され，その特質は，図示されるように，「主体的に学ぶ意志，態度，能力」「学習の仕方（基礎的・基本的な知識・技能及び問題解決的あるいは問題探究的な学習方法）」及び「生き方（特に中等教育段階では自己を生涯にわたって教育し続ける意志の形成」であるとされた。

このような特質を考え，「探究」と「自己教育力」と「評価の4観点」それぞれの諸能力の対応関係を図のように描いたのである。

なお，今回の平成13年の改訂指導要録においても，平成3年時代の評価の4観点が踏襲されることになっている。すなわち，評価の4観点は学ぶ力から抽出された能力分析的な観点として設けられているのである。

(3) 絶対評価と個人内評価における4観点の活用

① 絶対評価と個人内評価の重視

既出の教課審答申は，今後の評価においては絶対評価と個人内評価を重視し，相対評価を後退させることになった。そして，絶対評価は各教科の「観点別学習状況」及び「評定」において，一方の個人内評価は新設の「総合所見及び指導上参考となる諸事項」欄及び総合的な学習の時間の評価において生かそうとする，やや二元的な提言を行った。

しかし，筆者らは，このような見方には論理的な必然はないと考え，その結果，教科，道徳，特別活動，総合の時間のすべてにおいてともに絶対評価と個人内評価を行うことにした。

② 絶対評価と個人内評価における評価の4観点の活用

絶対評価における評価の4観点の採用は異論のないところであろうが，一方の個人内評価に関してはどうであろうか。

中には，個人内評価のための観点を絶対評価における場合とは別に設けよ

うという論調もみられなくもない。しかし，筆者らは，絶対評価の場合と同様，個人的評価においても評価の4観点を採用することにした。

すなわち，4観点相互の発達的・構造的な特質を学習過程の進行に即してみていけば，子どもの発達の強みなりよさや課題がみえてくると考えた。そして，このような個人内評価を〈観点間経時的評価〉として行い，記録していくことにした。一方，4観点それぞれごとの発達的特質を学習過程の進行に即してみていけば，それぞれの観点におけるその子どもの伸びや進歩の状況がみえてくると考え，このような個人内評価を〈観点内経時的評価〉として行い，記録に残していくことにした。

4 ルーブリックの作成

(1) 評価の4観点による評価規準の作成

既述のように，筆者らはルーブリックの不可欠性を念頭に入れて開発的研究に取り組んだのであるが，そのうちの評価規準の作成に関しては，何よりも評価の4観点を基に評価規準を作成することにした。

しかも，教科や学年レベルのみならず，単元レベル，さらには学習過程レベルにおける評価規準を作成することにした。

そのうち，単元レベルにおいては，次のような基本的な立場を採用することにした。

一つは，評価の4観点は，子どもの学び（＝自己教育力）を構成する能力であるので，どんな内容であれ，子どもがそれを学習するときには常に同時的に不可欠な能力となる。このため，教科等の単元に応じて評価規準の数やその呼称，特質等は変えず，どの単元においても評価の4観点を基本にして評価規準を作成することにした。

二つ目は，各4観点別に評価規準を作成する際，それぞれの観点においていくつの評価規準を作成するかに関しては，予め決まった数を特定せず，単元に応じて柔軟に考えていくことにした。それぞれを二つにしても，あるい

は観点により評価規準が二つ，あるいは三つと異なってもよいことにした。また，後述するように，各評価規準は○付き数字で表すことにした。

三つ目は，評価規準は，「おおむね満足できる」状況を示すといった考え方[13]はとらず，あくまでも"すべての子どもがここまで学習実現して欲しい"といったレベルで作成することにした。もし評価規準と評価基準を混同すると，目標が一部特定の子のみを対象に表記され，したがってまた，実際の授業もそのようになるという異常な事態を招きかねない。

ところで，このような単元レベルにおける評価規準は，さらに学習過程レベルにおける評価規準にまで具体化される必要がある。このため，まずは，単元の評価規準を○付き数字で作成し，そして，それぞれの評価規準の実現状況を判断する場面（学習過程）を決め，単元指導計画中の該当する場面に○付き数字を記していくことにした。

(2) 評価基準の設定

ルーブリックの作成のためには，評価規準のみならず，同時に，その実現状況を判断するための指標となる評価基準を予め設定しなければならない。

わが国では，昭和55年以来今日まで，「＋印～空欄～－印」や「A・B・C」の3段階による観点別絶対評価がなされてきた。しかし，子どものどのような成績なり出来映えであればA・B・Cであるかといった評価基準は一度も明示されてこなかった。これでは信頼性と妥当性のある評価は期待できない。このような反省から，筆者らは評価規準と評価基準を同時に記したルーブリックを作成することにした。

なお，評価基準を何段階に設定するかの定説はないが，わが国の現行の指導要録を念頭に置き，3段階にて設定することにした。

ルーブリックのフォーマット[14]を紹介すれば，次図のようである。

ルーブリックのフォーマット

学習活動	評価規準	学習活動における具体的な評価規準	評価資料	評価基準		
				A (3)	B (2)	C (1)

左から,「学習活動」,「評価規準」,「学習活動における具体的な評価規準」（＝学習過程レベルにおける評価規準の作成），その評価規準の実現状況を判断するための「評価資料」，そしてその資料からの読み取りの基準となる「評価基準」の欄を設ける。なお,「評価基準」欄内は，さらにA（3点），B（2点），C（1点）に3区分することにした。

〈注〉
(1) Hart, D., Authentic Assessment, Addison-Wesley Publishing Company, 1994, pp. 4-5.
(2) Ibid., p. 1.
(3) Ibid., p. 1.
(4) Dewey, J., Theory of Valuation, Foundations of the Unity of Science (Volumes Ⅰ-Ⅱ of the Encyclopedia), The University of Chicago Press, 1939.
(5) 続　有恒『教育評価』第一法規，1967年，27頁。
(6) Stake, R. E., The Countenance of Educational Evaluation, Teachers College Record, Columbia University, LXⅧ-7, April 1967, pp. 523-540.
(7) 拙著『ポートフォリオ評価法入門』明治図書，2000年参照。
(8) Burk, K., How To Assess Authentic Learning, IRI/Skylight Training and Publishing, Inc., 1994, p. 59.
(9) 安彦忠彦『新学力観と基礎学力』明治図書，1996年，31頁，47頁，140頁。
(10) 奥田真丈『新しい学力観と評価観　絶対評価の考え方』小学館，1992年，73-74頁。
(11)熱海則夫・梶田叡一編著『小学校　新指導要録の解説と実際』教育出版，1980年，13頁。
(12) たとえば，下記の文献を参照。
　・拙著『生活科における評価の考え方・進め方』黎明書房，1991年，104-108頁。
　・拙著『総合学習の理論・実践・評価』黎明書房，1998年，165-172頁。
(13) 国立教育政策研究所教育課程研究センター『評価規準の作成，評価方法の工夫改善のための参考資料－評価規準，評価方法等の研究開発（報告）』－小学校編及び中学校編－2002年，11頁。
(14) 国立教育政策研究所『総合的な学習の時間の授業と評価の工夫（第二次報告書）』，2004年，27頁。

第2章

総合的な学習の授業と評価に関する開発的研究

松尾知明

はじめに

　新しい学力観のもとで，絶対評価へと評価のあり方が転換されるなかで，目標に準拠した授業や評価を創造する教師の力量が問われる時代となった。
　一方，その円滑な実施を意図して，国立教育政策研究所教育課程研究センターでは，小・中学校別の『評価規準の作成，評価方法の工夫改善のための参考資料（報告）』（平成14年2月）が作成され，また，都道府県・市町村の教育委員会・教育センター等でも，各教科等の評価規準の開発が進められてきた。
　しかし，これらの評価規準の活用の仕方や客観的な評価に向けたプロセスについては必ずしも明確に示されていない。そのため，目標準拠の学びや評価をいかに実現していくかの指針づくりが差し迫った課題となっている。
　こうした理由から，筆者らは，国研のプロジェクトである「総合的な学習の授業及び評価に関する開発的研究」（平成14～16年度），及び，科学研究費（基盤研究B-2）による「ポートフォリオ評価を活用した指導と評価の改善に関する開発的研究」（平成14～16年度）に取り組んでいる[1]。
　本稿では，これらの研究成果をもとに，問題解決評価という新しい評価観に立って，目標に準拠した授業と評価をデザインするための一つのモデルを提示したい。なお，ここでは総合的な学習の時間を中心に検討するが，このモデルは，各教科，道徳及び特別活動のいずれにおいても基本的に同一の手続きで進めることを前提に開発したものである。

1　開発的研究の背景とその目的

　中教審答申(平成8年7月19日)において,「[生きる力]の育成を基本」に,「知識を一方的に教え込むことになりがちであった教育から,子供たちが,自ら学び,自ら考える教育への転換」を図ることが提言された。
　一方,教課審答申(平成12年12月4日)では,今後の評価について,「学習指導要領に示す目標に照らしてその実現状況を見る評価(いわゆる絶対評価)を基本に据え」るとともに,個人内評価(児童生徒ごとのよい点や可能性,進歩の状況などの評価)を重視することが提言されている。
　さらに,同答申では,これからの評価においては,何ができていないか,どこでつまずいたかなど,評価結果をフィードバックして,評価を指導の改善に生かす「指導と評価の一体化」,評価を自己学習と一体化させる「自己学習力の向上」,及び,通信簿,指導要録などさまざまな機会で果す「保護者など外部への説明責任」の三つの機能を実現することが提言されている。
　しかしながら,「生きる力」を育成するために,絶対評価や個人内評価とともに,評価の三つの機能が重視されているものの,これらをいかに実現していくかの指針については必ずしも明らかにされていない。
　このような背景から,本研究では,(1)絶対評価のみならず個人内評価をも同時に行う評価の開発,(2)指導と評価の一体化,子どもの自己学習力の向上,及び,保護など外部への説明責任に向けた評価という三つの機能を統一的に実現する評価の開発,という二つの研究の目的を設定し,目標に準拠した授業づくりと評価のモデルを構想することにしたのである。

2　研究の内容

　この研究では,上述の目的の実現をめざして,以下の4点に取り組んだ。
　1つめは,これまでのテスト中心の測定評価観に代わり,問題解決評価という新しい評価観を採用したことである。

「生きる力」という今日的な学力を捉え，評価の三つの機能を実現するために，本研究では，従来の測定評価観にかわる評価のあり方として，デューイの「価値づけの理論（theory of valuation）」に着目し，問題解決評価観という立場をとることにした。その詳細については前章を参照されたい。
　二つめは，評価の四つの観点を活用したことである。
　「生きる力」がどのくらい身についているのか，いかに育ちつつあるのかを判断する教育的指標として，本研究では，現行の評価の4観点を採用して，絶対評価と個人内評価をともに行うことにした。
　三つめは，達成目標である「評価規準（criterion）」と，その実現状況を判断する「評価基準（standard）」の作成を不可欠の課題としたことである。
　本研究では，評価の4観点ごとに，評価規準を教科・学年，単元，学習過程の各レベルで具体化するとともに，その実現状況を示す評価基準は，現行の指導要録に沿い，A（3点）B（2点）C（1点）の3段階を，学習過程レベルで設定することにした。
　四つめは，多様な評価資料・情報を活用したことである。
　本研究では，学習の過程や成果をありのままに捉える「真正の評価（authentic assessment）」を意図して，子どもの作品や文章など，多種多様な評価資料・情報を目的的・計画的に蓄積し，「ポートフォリオ（portfolio）」を作成して評価に活用することにした。

3　総合的な学習の時間の「内容系列表」「年間計画表」の作成

　では，花栗南小学校の事例をもとに，総合的な学習の時間の授業と評価をいかにデザインするかについてみていきたい。
　総合的な学習の時間をつくる際に，まず，活動はあるが内容がないといった活動主義に陥らないためにも全体計画をつくることが必要である。こうした理由から，本研究では，平成14年度より，各学校でこの時間の「内容系列表」（いわば，学習指導要領）を作成していることを参加の条件としてきた。
　周知の通り，中教審答申（平成15年12月26日）では，「総合的な学習の時

間」のいっそうの充実が求められ，それに伴う学習指導要領の一部改正では，各学校でこの時間の目標及び内容を定めることが規定されるようになったが，本研究は，こうした全体計画づくりの構想を先取りしていたといえる。

　では，花栗南小の「内容系列表」をもとに，その編成の特質をみていくと，まず，表1のように，「南っ子タイム」と名付けた総合的な学習の時間は，生活科の発展として，その目標や内容が検討されていることがわかる。

　また，表1の縦軸には，内容（スコープ）として「福祉」「地域」「国際理解」「芸能・教養」「環境」「健康・生命」「成長・共生」の7領域がとられ，横軸には，3・4年，5・6年の系列（シークエンス）が設定されている。それらによってできたセルには，それぞれの段階の発達に応じた目標とそれを達成するための内容が領域ごとに具体化されている。さらに，「情報」「公共」が，各内容との関連で指導するように位置づけられている。

　「内容系列表」が作成されると，次には，各学年においてそれぞれの内容をどのように指導するかなどを示す「年間指導計画」を作成する必要がある。

　ここでは紙面の都合で割愛するが，花栗南小の「年間指導計画」をみると，「単元名」「単元の目標」「内容系列表との関係」「単元の評価規準」が実施の月と対応させて記入されている。

　各学年の「単元名」のみを示すと，第3学年「草加の記録映画をつくろう－みたい知りたい私たちの草加（48時間）」「こだわりのある草加せんべいをつくろう（27時間）」「町の名人に挑戦しよう（30時間）」，第4学年「花南環境をよくしてひろげよう（35時間）」「綾瀬川をきれいにしよう（25時間）」「高齢者や障害者と交流しよう（45時間）」，第5学年「バケツ田圃で稲作りをしよう（45時間）」「こだわり豆腐を作ろう（25時間）」「新1年生に花栗南小学校を案内しよう（40時間）」，第6学年「大発見！　世界の国々（30時間）」「わたしたちのまちのサポーターをさがせ（15時間）」「卒業研究に取り組もう－6年間を振り返って（45時間）」となっている。いずれも創意工夫をこらした花栗南小ならではの単元の構想になっているといえよう。

表1　内容系列表

生活科

平成15年度

生活科・南っ子タイム内容系列表

草加市立花栗南小学校

	10の具体的な視点と「内容」との関連			1・2年	
生活者としての自分　自立への基礎・自己の生き方	オ 情報と交流　様々な手を適切に使って情報を交わしながら直接的間接的に相互に交流する / ク 遊びの工夫　遊びに使うものを作ったり，遊び方を工夫したりしながら楽しく過ごす	イ 身近な人々との接し方　家族や友達や先生をはじめ，地域の様々な人々と適切に接する / ウ 公共の意識とマナー　みんなで使う物や場所，施設を大切に正しく利用できる / エ 生活と消費　生活に必要なものを買ったり，計画的に，また大切に使ったりする / キ 時間と季節　1日の生活時間や季節の移り変わりによって，生活が変わることに気づく	コ 基本的生活習慣や生活技能　日常生活に必要な習慣や技能を身につける	目標	(1)自分と身近な人々及び地域の様々な場所，公共物などとのかかわりに関心をもち，それらに愛着を持つことができるようにするとともに，集団や社会の一員として自分の役割や行動の仕方について考え，適切に行動できるようにする。 / (2)自分と身近な動物や植物などの自然とのかかわりに関心をもち，自然を大切にしたり，自分たちの遊びや生活を工夫したりすることができるようにする。 / (3)身近な人々，社会及び自然に関する活動の楽しさを味わうとともに，それらを通して気付いたことや楽しかったことなどを言葉，絵，動作，劇化などにより表現できるようにする。
			人や社会とのかかわり	(1)学校の施設の様子及び先生など学校生活を支えている人々や友達のことが分かり，楽しく安心して遊びや生活ができるようにするとともに，通学路の様子などに関心をもち，安全な登校ができるようにする。
				(2)家庭生活を支えている家族のことや自分でできることなどについて考え，自分の役割を積極的に果たすとともに，規則正しく健康に気を付けて生活することができる。
				(3)自分たちの生活は地域の人々や様々な場所とかかわっていることが分かり，それらの親しみをもち，人々と適切に接することや安全に生活することができるようにする。
				(4)公共物や公共施設はみんなのものであることやそれを支えている人々がいることなどが分かり，それらを大切にし，安全に気を付けて正しく利用することができるようにする。
		カ 身近な自然とのふれあい　身近な自然を観察したり，生き物を飼ったり，育てたりするなどして，自然とのふれあいを深める	自然とのかかわり	(5)身近な自然を観察したり，季節や地域の行事にかかわる活動を行ったりして，四季の変化や季節によって自分たちの生活の様子が変わることに気付き，自分たちの生活を工夫したり楽しくしたりできるようにする。
				(6)身の回りの自然を利用したり，身近にある物を使ったりなどして遊びを工夫し，みんなで遊びを楽しむことができるようにする。
				(7)動物を飼ったり植物を育てたりして，それらの育つ場所，変化や成長の様子に関心をもち，また，それらは生命をもっていることや成長していることに気付き，生き物への親しみをもち，大切にすることができるようにする。
	ア 健康で安全な生活　健康や安全に気を付けて，遊びや規則正しい生活をする / ケ 成長の喜び　自分でできるようになったことや生活での自分の役割が増えたことなどを喜び，自分の成長を支えてくれた人々に感謝の気持ちをもつ		自分自身	(8)多くの人々の支えにより自分が大きくなったこと，自分でできることが増えたこと，役割が増えたことなどが分かり，これまでの生活や成長を支えてくれた人々に感謝の気持ちをもつとともに，これらの成長への願いをもって，意欲的に生活することができるようにする。

目標：福祉／地域／国際理解／芸能・教養／環境／健康・生命／成長・共生

第Ⅲ部　学力の研究と調査

南っ子タイム

3・4年	5・6年	情報	公共
(1)地域の人，もの，自然とのかかわりから，自分たちの生活と密着した問題に興味，関心をもって解決する活動をとおして，自分と現実社会とのかかわりについて総合的な理解を深めることができるようにする。 (2)人，もの，自然とのかかわりから自分のよさや可能性に気付き，自らの生活を拡充するとともに，生活をよりよく向上しようとする。	(1)自分と人，もの，自然を多面的なかかわりとしてとらえ，自分たちの生活と密着した問題に興味，関心をもって解決する活動をとおして，自分と現実社会とのかかわりについて総合的な理解を深めることができるようにする。 (2)人，もの，自然とのかかわりから自分自身を見つめ，自らの将来について目を向ける機会をとおして，自分のよさや可能性などに気づき，自分らしい生き方を実現していこうとする態度を養い，自分の生活をよりよく向上しようとする。		
(ア)身近な高齢者，年少者，障害者との交流を通して，それぞれの人の存在の大切さに気付き温かい気持ちで接することができるようにする。 (イ)様々な人々のおかれている社会的状況を知るとともに，身近なところに配慮や工夫があることが分かり，自分達や自分にもできる活動を実践することができるようにする。	(ア)高齢者，年少者，障害者との交流をとおして，相互理解を深め他者を尊重し，思いやりをもって接する事ができるようにする。 (イ)高齢社会や障害者のおかれている現状や問題点を知り，福祉に対する理解を深めるとともに，充実した福祉社会の実現のために自分達や自分にできる活動を進んで実践することができるようにする。	受け手の願いや状況に応じてメディアの特性をいかし主体的に情報を発信する　多様な情報源を用いて多くの情報の中から自分の目的に応じて適切な情報を選択し収集するとともに自分の生活に活用する	社会生活に必要な習慣や技能を身に付ける　社会性　協調性　公共意識等
(ア)地域の身近な文化や生活に関心をもち，その良さに気付くとともに，地域の人々の思いや願いを理解することができるようにする。 (イ)自分も地域の一員であることに気付き，地域の文化や生活を守るために自分達や自分にもできることを考え実行することができるようにする。	(ア)地域社会の現状や問題点を知り，地域を支える人々の働きや活動とのかかわり，その生き方に共感できるようにする。 (イ)地域社会の一員として，地域の文化や生活等に理解を深め，よりよい郷土の創造と発展していくための方法を考え実行することができるようにする。		
(ア)世界の様々な人々との交流をとおして，それぞれの文化などに進んで親しみ，そのよさに気付き，だれとでも仲良く助け合うことができるようにする。 (イ)外国語に興味，関心をもち，歌や言葉に親しむことができるようにする。	(ア)世界の様々な人々との交流をとおして，それぞれの国の歴史や文化について理解を深め，それぞれのよさを尊重するとともに，共に生きていこうとすることができるようにする。 (イ)外国語による簡単な日常会話を慣れ親しむことができるようにする。		
(ア)伝統的な遊びや芸能をとおして，そのよさに気付き，歴史や文化に関心を持つことができるようにする。 (イ)日本の歴史や文化などに進んで親しむことができるようにする。	(ア)伝統的な遊びや芸能をとおして，その歴史や文化について理解を深め，そのよさを尊重しようとすることがきるようにする。 (イ)日本の歴史や文化などについて教養を深め，潤いあるよりよい生活の創造及び郷土を愛する心をもつことができるようにする。		
(ア)地域の自然に親しみ，自然の大切さに気付くとともに，地域の環境問題を知り，それらは自分達の生活と深いかかわりがあることがわかることができるようにする。 (イ)環境の保全やよりよい環境の創造をめざし，解決に向けて活動している地域の人々の取り組みを知り，自分達や自分にもできる方法で実践することができるようにする。	(ア)自然や環境について関心を深め，大切にするとともに環境問題と自分達の生活とのかかわりについて理解し，地球的な視野にたち，自然との共存について考えることができるようにする。 (イ)環境の保全やよりよい環境の創造をめざした取り組みがかかえる構造的な問題について理解を深め，生活のあり方や生き方を振り返り，自分の問題として日常的に実践することができるようにする。		
(ア)生き物の飼育や栽培をとおして，生命のすばらしさ大切さに気付き，すべての生命を尊重することができるようにする。 (イ)健康な生活をおくるために基本的な生活習慣の大切さがわかり，自分の生活をよりよくしようとすることができるようにする。	(ア)生き物の飼育や栽培をとおして生命誕生の神秘を知り，自分自身の命も周りの人々とのかかわりの中で育まれてきたものであり，すべての生命をいつくしみ尊重することができるようにする。 (イ)食生活の安全性や健康増進について現状を総合的に理解し，自分の生活を見直し，よりよい生活を創造することができるようにする。		
(ア)体の成長にともない，男女の体つきが違ってくることや個人差，性差があることを知り男女が協力し合っていろいろな事に取り組むことができるようにする。 (イ)地域の人々との交流や人に役に立つ体験を通して，様々な人の温かさや生き方にふれ，自分自身をよりよく生かしていこうとすることができるようにする。	(ア)体の成長にともなって心も成長していることを知り，男女相互の理解を深めるとともに，互いの人格を認め合うことにより，よりよい人間関係を築こうとすることができるようにする。 (イ)地域の様々な人々の生き方に学び，互いに支え合い高め合う確かな仲間づくりを進めるとともに，共に生きる心の大切さを感じ行動することができるようにする。		

4 「単元指導計画・評価計画」の作成

次の段階では，内容系列表，年間計画表をもとに，具体的な単元を構想していくことになる。

(1) 作成フォーマット

この研究では，図1の単元「こだわりのある草加せんべいをつくろう」にみられる単元指導計画・評価計画のフォーマットを採用することにした。

(2) 単元指導計画・評価計画の作成要領

ここでは，その作成要領を具体的にみていきたい。

①対象学年及び担当者の決定：単元をどの学年のだれが担当するかを決め記述する。図1にあるように，本単元は，3学年の3名の教員によって実践されていることがわかる。

②単元名，指導時数，学習活動及び支援の決定：学年の子どもの実態，学校や地域の特性，内容系列表などを考慮に入れながら，どのくらいの時間で，いかなる問題解決の活動を展開し，どういった支援を行うのかを検討する。

本単元では，問題解決活動のねらいや内容がわかるように「こだわりのある草加せんべいをつくろう」と単元名が決定され，27時間が指導時数とされている。また，図1にはないが，せんべいの食べ比べを通して問題をとらえ→せんべい作りの計画を立て→作り→食べ比べ→まとめをする，といった問題解決の学習の流れが構想され，各学習場面で支援が具体化されている。

③単元設定に関わる「教師の願い」の決定：どのような生活をする子どもに成長して欲しいかがわかるように，指導の概略，指導内容，目指す子ども像を記述する。

図1では紙面の都合で略したが，本単元では，内容系列表の「地域ア」「地域イ」を手がかりに，「教師の願い」が検討され，地域のために自分にできることを考え生活できるといった望ましい子ども像が記述されている。

図1　単元指導計画・評価計画

第3学年　南っ子タイム学習指導計画
担当者　椎野千代子　細井清美　市原建直

1．単元名「こだわりのある草加せんべいをつくろう」（全27時間）
2．単元設定の理由
　(1)　児童の実態（略）
　(2)　教師の願い（略）
3．単元の目標
　　草加せんべいについて調べたり，友達と協力してせんべいを作ったりする活動を通して，「草加せんべい」を作っている人々の思いや願い，工夫に気付くとともに，地域の文化に親しんだり，地域への愛着をもち，地域の文化や生活を守るために自分たちにできることを考え，生活できるようになる。
4．単元の評価規準
　○関心・意欲・態度
　　①友達と協力しながら，意欲的にこだわりのある草加せんべいを作ろうとする。
　　②草加せんべいについて関心を持ち，進んで調べようとする。
　　③草加せんべいに誇りを持とうとする。
　○思考・判断
　　①草加せんべいについて見通しを持って自分の考えをまとめたり，こだわりのあるおいしい草加せんべいを工夫することができる。
　　②草加せんべいをつくる人々の思いや願い，苦労，工夫と，せんべい作りで学んだことから草加市の良さを再発見し，地域の文化や生活を守るために自分たちにできることを考えることができる。
　○技能・表現
　　①草加せんべいについて，様々な方法で調べたりまとめたり発表したりすることができる。
　　②丁寧に挨拶したり，お礼を言ったりすることができる。
　○知識・理解
　　①草加せんべいは，草加を代表する特色ある産業であることや，草加せんべいに込められたお店や地域の人々の思いや願いを理解する。

5．学習過程と評価計画

学習活動	支援（方法・内容）	評価規準				評価資料
		関心意欲態度	思考・判断	技能・表現	知識・理解	
1，いろいろな店のせんべいを食べ比べる。〈8〉①それぞれの店のせんべいの違いに気付く。(1)	・5店の醤油味のせんべいを用意し，食べ比べることによって味，色，焼き方，焼き加減などの違いに気付かせる。		①			振り返りカード①

6．評価基準

学習活動	評価規準	学習活動における具体的な評価規準	評価資料	評価基準		
				A（3）	B（2）	C（1）
1の①それぞれの店のおせんべいの違いに気付く。	思考判断①	草加せんべいを食べ，おいしさのこだわりを自分なりに考えることができる。	振り返りカード①	おいしさのこだわりを味・色・焼き方・焼き加減のうち，3つ以上書いている。	おいしさのこだわりを味・色・焼き加減のどれか2つ書いている。	おいしさのこだわりを1つ以内しか書いていない。

④単元設定に関わる「児童の実態」の決定：一般的ではなく，単元に即して，「教師の願い」からみたときの子どもの生活実態を書く。

この部分も図1では略したが，本単元では，せんべい作りへの意欲の高まりはみられるものの，地域の文化や生活に対して，自分に何ができるかを考え生活するまでには高まっていない子どもの不十分さが記述されている。

⑤単元の目標の決定：単元の目的は，「〜の活動を通して（単元の活動），〜に気付き／を考え／を理解し／を表現し（指導のポイント），〜できるようになる（望ましい児童生徒像）。」のように，一文で書く。

本単元でも，「草加せんべいについて調べたり，……せんべいを作ったりする活動を通して，……人々の思いや願い，工夫に気付くとともに，……自分たちにできることを考え，生活できるようになる。」と一文化されている。

⑥単元の評価規準の決定：単元の指導を通して，子どもがどんな「関心・意欲・態度」を身につけて欲しいのか，いかなる「思考・判断」力を働かせ，育てて欲しいのか，そして，その結果としてどのような「技能・表現」及び「知識・理解」を身につけて欲しいのか，といった評価の4観点の側面から単元の目標を評価規準化し，○付き数字にて記述する。

本単元では，図1のように，「関心・意欲・態度」3項目，「思考・判断」2項目，「技能・表現」2項目，「知識・理解」1項目にそれぞれ具体化されている。

⑦学習過程における単元の評価規準の具体化と評価資料の決定：単元の評価規準を，具体的な学習過程のいつ，どこで，いかなる評価資料・情報をもとに評価するかを検討し，「評価規準」「評価資料」の各欄別に記述する。

本単元では，例えば，学習活動1の①において，「思考・判断①」の評価規準が，「振り返りカード①」をもとに評価されることがわかる。

⑧評価基準の設定：各評価規準の実現状況をみるための量的な指標である評価基準をABCの3段階の尺度で設定するために，「学習活動」「評価規準」「学習活動における具体的な評価規準」「評価資料」「評価基準」の各欄からなる評価基準の一覧表（＝ルーブリック）を作成する。

例えば，本単元の学習活動1の①では，「思考・判断①」を学習活動に沿

って具体的に書き改められた評価規準が,「振り返りカード①」をもとに, ABCの3段階の評価基準に従って絶対評価されることがわかる。

⑨評価の三つの機能への対応計画の決定：次の5節に示すような, 指導と評価の一体化, 自己教育力の向上, 保護者など外部への説明責任に向けた評価が実現できるように, 事前に計画をたてておく。

5 評価の三つの機能

本研究では, 評価の三つの機能を統一的に実現するために, 以下のような具体的な手立てをとることにした。

(1) 指導と評価の一体化

これまでの測定中心の評価では, どこでつまずいたのか, 指導のどこをどのように改善すればいいのかなど, 学習過程の情報が得られないため, 指導と評価の一体化は, 実質的にはほとんど取り組まれてこなかったといえる。

そこで, 本研究では, 問題解決評価観にたって, 指導を評価と一体化するプロセスを, 以下の図2のように考えることにした。

すなわち, 評価活動というものは, 授業の最初から最後まで行われるものであり, 教師が単元指導計画に従って学習指導を行い（○プランによる指導), そのもとで子どもが学習活動を展開し, 評価規準の実現状況を評価資料・情報をもとに絶対評価し（●活動と成果の読み取り）, その評価結果をもとに自分の指導計画を続けるのか, 改善するのかを判断して次の学習指導をおこなう（○プランの継続／改善による指導）といった連続するサイクルをイメージすることにしたのである。

例えば, 本単元の学習活動1では, 評価場面を目途に, それに至るせんべいの食べ比べの「①指導と学習の過程」, その場面で絶対評価した「思考・判断①」「関心・意欲・態度①」の「②評価結果」, その結果をもとに判断された計画の継続と個別指導という「③指導の改善と実施」が一つの単位として記述されている。

図2　問題解決評価モデル

学習活動	教師の支援	評価
○問題的場面	○プランによる指導 ●活動と成果の読み取り ○プランの継続／改善による指導	関心・意欲・態度 思考・判断 技能・表現 知識・理解
○問題の形成	●活動と成果の読み取り ○プランの継続／改善による指導	関心・意欲・態度 思考・判断
○解決策の形成	●活動と成果の読み取り ○プランの継続／改善による指導	関心・意欲・態度 思考・判断
○解決策の遂行	●活動と成果の読み取り ○プランの継続／改善による指導	技能・表現 知識・理解
○問題解決のまとめ ○問題解決の発表	●活動と成果の読み取り ○プランの継続／改善による指導 ●活動と成果の読み取り ○プランの継続／改善による指導	関心・意欲・態度 思考・判断 技能・表現 知識・理解
○問題解決の終了	●アンケート等の読み取り ○次時の指導	関心・意欲・態度 思考・判断 技能・表現 知識・理解

　このように，評価を指導の改善にフィードバックする評価活動のサイクルを通して，指導と評価の一体化を実現することにしたのである。

(2) 自己学習力の向上

　「生きる力」の育成がめざされ，自己学習力（学習目標を決め→計画を立て→追究し→その問題解決の過程で絶えず自己の活動の過程及び成果を目標に照らして評価し→解決に至る力）を促す評価が重要課題になったが，学習過程を問題にしないテスト中心の評価では，この課題への対応は困難である。

　そこで，本研究では，「足場づくり（scaffolding）」と呼ばれる自己学習力を育てるための教師の支援を検討することにした。すなわち，教師は，子どもの自己学習力の獲得に向けて，支援という「足場」を準備し，その度合

いを徐々に減らしつつ，ついには，独力で自己学習ができるようにする，といった計画的な支援を構想することにしたのである。

本研究では，「足場づくり」として，二つの段階を考えて実践した。

第1段階は，教師の主導のもとで子どもが評価活動を展開しながら，自己評価の意識化を図るものである。それには，問題解決型授業のなかで，問題解決を促す発問を工夫すること，具体的な評価場面で，評価基準をもとに学習カードを記述したり，自己評価を行わせたり，評価規準・基準を意識化させるコメントやアンダーラインを工夫したり，ポートフォリオを振り返る機会をつくったりすることなどを試みた。

第2段階は，子ども自らが自己評価を行うものである。例えば，中間発表→最終発表に向けた取り組み→最終発表といった場面をつくり，子ども自身が自分の評価規準あるいは評価基準を設定し，学習活動を展開し，その過程及び成果をルーブリックをもとに自己評価するといった工夫などを考えた。

本単元では，あいさつやお礼についての評価基準を示して相互評価をさせたり，振り返りカードのアンダーラインやコメントを工夫したり，あるいは，せんべい作りを2回行い，1回目の反省を2回目に生かしたりしている。

このような教師の計画的な「足場づくり」により，評価と自己学習を一体化させる自己学習力が少しずつ育成されていくものと思われる。

(3) 外部への説明責任

従来の評価でも，通知表，指導要録などの形で，外部への説明責任をある程度果たしてきたといえるが，学ぶ意欲や思考力，判断力，表現力，あるいは，子どもの学習過程も含めた十分な説明とはなっていなかった。

そこで，本研究では，学びの全体像を捉えるために，問題解決の過程で多種多様な評価資料・情報を意図的・計画的に収集して，ポートフォリオをつくり，それを外部へ開示していくことで，説明責任を果たすことにした。

特に，通信簿と指導要録の記載のためには，単元ごとに観点別の総括的評価結果を残しておくことにし，その評定には次のような基本方針をとった。

すなわち，「個人評価結果表」を作成し，いつどの場面における評価結果

を総括的評価として活用するかをあらかじめ決めておく。また，評価の得点化については，A「十分に満足できる」3点，B「おおむね満足できる」2点，C「努力を要する」1点とし，総括的評価の判定は，学習の実現状況がAは80％以上，Bは79～60％，Cは59％以下として考えることにした。

また，個人内評価については，「個人評価結果表」のなかの単元における評価結果の推移に着目して，評価の四つの観点の相互の発達的特質をみる「観点間経時的評価」，それぞれの観点ごとの発達特質，子どもの伸びや進歩の状況をみる「観点内経時的評価」によって捉えることにした。

本単元においても，教師の感や印象にたよるのではなく，事前にプロットした評価計画に従って実施した絶対評価を「個人評価結果表」にまとめ，それに基づいて総括的評価および個人内評価に取り組んだのである。

おわりに

これからの評価のあり方として，絶対評価及び個人内評価が重視され，また，評価の三つの機能－指導と評価の一体化，子どもの自己学習力の向上，及び，外部への説明責任－の統一的な実現が期待されるようになった。

このような評価を可能にするために，この研究では，問題解決評価観に立って，子どもたちの学力を評価の4観点から，多種多様な評価資料・情報をもとに，ルーブリックを活用して包括的に捉えるモデルを開発してきた。

この評価モデルが追試され，評価規準及び評価基準を練り上げる作業が繰り返されることで，目標に準拠した授業づくりや評価が実現されていくものと思われる。生きる力を育てる目標準拠評価を根付かせるためにも，問題解決評価という新しい評価観に立つこの評価モデルの普及・定着を期待したい。

〈注〉
(1) 研究成果は，第一次報告書（平成15年3月）あるいは第二次報告書（平成16年3月）としてすでにまとめ公表している。詳細については，国立教育政策研究所ホームページ http://www.nier.go.jp/「研究成果・刊行物」を参照のこと。

第Ⅲ部　学力の研究と調査

第3章

授業法の違いが学力，興味・関心および学習態度の形成に及ぼす教育効果に関する比較調査研究

山森光陽

はじめに

　国立教育政策研究所の研究グループ（研究代表者・高浦勝義初等中等教育研究部長）は，科学研究費補助金（特別研究促進費）による「指導方法の工夫改善による教育効果に関する比較調査研究」を，平成14年度から15年度の2ヵ年にわたって行った。

　文部科学省の第7次公立義務教育諸学校教職員定数改善計画（平成13～17年度）の主目的である「少人数指導を行うなど，きめ細かな指導」の効果を検討し，今後の改善への方途を得ることを目的とした。そのために，①少人数指導教員配置校の校長，配置教員及び児童生徒を対象に，少人数指導の実態とその教育効果に関する悉皆による質問紙調査，及び②学力調査，学習及び生活調査を行い，少人数指導の教育効果や課題を検討した。

　本章では上記②の，少人数指導等の授業法の違いが児童生徒の学力，興味・関心・意欲及び学習態度の形成に及ぼす教育効果に関する調査研究の結果の概要を紹介し，考察を行う。

1　方法

(1)　調査対象校及び授業

　調査対象校は，全国7地点の都市部・都市部以外から学年・教科別に，表1に示した7タイプの授業が抽出できるように選定した。

表1　7つの授業タイプ

タイプ1：40人程度（35～40人）学級を教員一人で一斉指導を行う
タイプ2：30人程度（25～30人）学級を教員一人で一斉指導を行う
タイプ3：20人程度（15～20人）学級を教員一人で一斉指導を行う
タイプ4：30～40人程度の学級をTTにより2人で一斉指導を行う
タイプ5：学級を解体し，15～20人程度の均一割学習集団で一斉指導を行う
タイプ6：学級・学年合同集団で習熟度別学習（到達度別学習）を行う
タイプ7：学級・学年合同集団で習熟度別学習（完全習得学習）を行う

　これらの7タイプの授業のうち，タイプ4から7までが「少人数指導」に該当する。「少人数指導」の各授業タイプについて説明すると，以下の通りとなる。

　タイプ4の「ティーム・ティーチング」は，学級内で2人の教員が，いわゆる主・副分担しながら一斉指導を行うといった授業を指している。

　タイプ5の「均一割学習集団での一斉指導」とは，学級集団や学年集団を，同人数程度ずつのいくつかの学習集団に分割し，一斉指導を行うといった授業を指している。

　タイプ6の「到達度別学習」とは，新たな単元の授業の開始前に，児童生徒の習熟状況の診断結果に基づいて，また児童生徒の希望も入れながら2～3の習熟度別の学習グループに分かれ，それぞれでグループ学習ないし個別学習に取り組む，といった授業を指している。

　タイプ7の「完全習得学習」とは，まず，教師が新たな単元を一定時間かけて共通授業を行い，その後，児童生徒の習熟状況の診断結果に基づいて，習得した者（概ね80％以上の通過者）は個別に習熟ないし発展的な問題に取り組み，未習得者は補充指導を受ける。そして，補充指導の結果，通過者は随時，習得者の取り組む習熟ないし発展的な問題へと進む，といった授業を指している。

(2)　調査対象教科

　調査時期や教科用図書における単元配置や，授業実施時期の違いなどを考

慮し，小学校4年算数「2けたでわるわり算」，6年算数「分数のわり算」，中学校2年数学「図形の性質」及び，英語「比較」の単元を調査対象とし，それぞれ「学力テスト」及び「学習及び生活に関する調査」を実施した。

なお，調査対象教科を算数・数学及び英語としたのは，次の理由による。すなわち，本研究の一環として行われた調査結果（『指導方法の工夫改善による教育効果に関する比較調査研究－校長，教員及び児童生徒を通してみる少人数指導の特質とその教育効果について（第一次報告書）－』平成15年3月）によれば，少人数指導の実施状況は，小学校では算数においてもっとも多く（83.5%），また，中学校では数学（54.8%）と英語（28.7%）において多く実施されている実態を考慮したためである。

(3) 調査内容

各学年，教科とも，以下の5つの調査結果を分析対象とした。

①**学力テスト**：各学年，教科とも調査対象単元から出題した。小4算数は18点満点，それ以外の学年，教科は20点満点であった。なお，出題に当たっては教科書による差が生じないように考慮した。

②**授業理解の阻害要因**：「進度が速い」「教師の説明がわからない」など，5項目を取りあげた。

③**個別学習の機会**：「授業中，先生にノートやプリントを見てもらう」など，個別学習の機会に関する4項目を取りあげた。

④**興味・関心・意欲**：「学習内容についてもっと勉強したい」など，学習内容に対する興味・関心・意欲に関する7項目を取りあげた。

⑤**学習態度**：「まじめに勉強に取り組んだ」など，授業中よい学習態度で学習を行ったかどうかに関する5項目を取りあげた。

なお，上記②から⑤は，小学生には「よくある－ときどきある－あまりない－まったくない」の4件法で，中学生には「とてもよくある－よくある－ときどきある－あまりない－ほとんどない－全くない」の6件法で回答を求めた。

(4) 分析方法

調査結果の分析は，まず，①「学力テスト」「興味・関心・意欲」「学習態度」の平均の差を検討し，②「学力テスト」「興味・関心・意欲」「学習態度」の3変数に対する「授業理解の阻害要因」と「個別学習の機会」それぞれの直接効果と間接効果を構造方程式モデルにより検討した。

結果の解釈に当たっては適性処遇交互作用のパラダイムを援用し，具体的には，「進度が速い」「教師の説明がわからない」などと感じることである「授業理解の阻害要因」と，「授業中，先生にノートやプリントを見てもらう」などの「個別学習の機会」との関連を検討し，できるだけ多くの子どもの学習成果や興味・関心・意欲，学習態度が高いのはどのような授業方法であるか考察を行った。

2　小学校第4学年算数調査の結果と考察

(1) 結果

各授業タイプ別の，「学力テスト」（最小0点～最大18点），「学習への興味・関心・意欲」（最小7点～最大28点），及び「学習態度の形成状況」（最小5点～最大20点）に関する記述統計量および授業タイプ間の平均の差の検定の結果は表2の通りであった。また，「学力テスト」「興味・関心・意欲」「学習態度」の3変数に対する「授業理解の阻害要因」と「個別学習の機会」それぞれの直接効果と間接効果を構造方程式モデルによって検討した結果は，図1の通りであった。

(2) 考察

①**学力テスト**：平均を比較した結果，授業タイプ1，7より4の方が有意に高かった。その他の授業タイプ間には有意差はなかった。また，構造方程式モデルを検討した結果，授業タイプ6において，「授業理解の阻害要因」

第III部 学力の研究と調査

表2 小学校第4学年算数調査の記述統計量（学力，興味・関心・意欲，学習態度）

授業タイプ＼変数	n	学力テスト M	学力テスト SD	興味・関心・意欲 M	興味・関心・意欲 SD	学習態度 M	学習態度 SD
タイプ1（40人学級一斉指導）	398	14.06	4.03	18.91	3.71	15.33	2.91
タイプ2（30人学級一斉指導）	528	14.64	3.56	19.33	3.96	15.44	2.64
タイプ3（20人学級一斉指導）	358	14.53	3.29	18.87	3.83	15.53	2.72
タイプ4（TTによる一斉指導）	835	14.87	3.22	19.03	3.74	15.61	2.71
タイプ5（均一割一斉指導）	1082	14.54	3.54	19.16	3.62	15.85	2.70
タイプ6（到達度別学習）	1557	14.69	3.60	19.26	3.89	15.72	2.76
タイプ7（完全習得学習）	1018	14.13	3.56	18.54	4.03	15.49	2.79
全体	5776	14.53	3.55	19.03	3.84	15.62	2.75

多重比較の結果（$p<.05$）　「学力テスト」：1・7＜4
　　　　　　　　　　　　　「興味・関心・意欲」：3＜4
　　　　　　　　　　　　　「学習態度」：有意差なし

図1　構造方程式モデリングの結果（小学校第4学年算数）

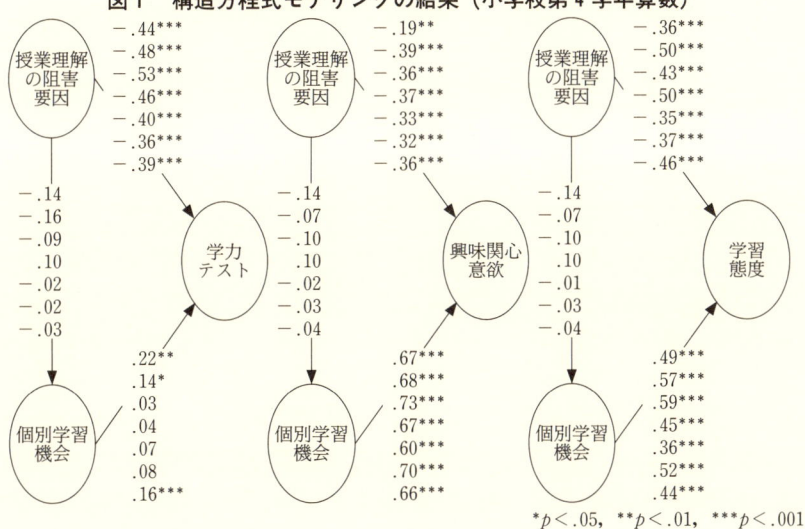

授業理解の阻害要因 → 学力テスト:
−.44***
−.48***
−.53***
−.46***
−.40***
−.36***
−.39***

授業理解の阻害要因 → 興味関心意欲:
−.19**
−.39***
−.36***
−.37***
−.33***
−.32***
−.36***

授業理解の阻害要因 → 学習態度:
−.36***
−.50***
−.43***
−.50***
−.35***
−.37***
−.46***

個別学習機会 → 学力テスト（上段パス）:
−.14
−.16
−.09
.10
−.02
−.02
−.03

個別学習機会 → 興味関心意欲（上段パス）:
−.14
−.07
−.10
.10
−.02
−.03
−.04

個別学習機会 → 学習態度（上段パス）:
−.14
−.07
−.10
.10
−.01
−.03
−.04

個別学習機会 → 学力テスト:
.22**
.14*
.03
.04
.07
.08
.16***

個別学習機会 → 興味関心意欲:
.67***
.68***
.73***
.67***
.60***
.70***
.66***

個別学習機会 → 学習態度:
.49***
.57***
.59***
.45***
.36***
.52***
.44***

$*p<.05$, $**p<.01$, $***p<.001$

の高低が学力の高低に及ぼす影響が最も少なく，より多くの児童の学力を高めているという，いわゆる学力の底上げ効果が認められた。以上の結果から，授業タイプ6の「到達度別学習」がより多くの児童の学力を高めるうえで効果的と考えられる。

②**興味・関心・意欲**：平均を比較した結果，授業タイプ3より4の方が有意に高く，その他の授業タイプ間には有意差はなかった。また，構造方程式モデルを検討した結果，授業タイプ1において興味・関心・意欲の底上げ効果が認められた。以上の結果から，授業タイプ1の「40人学級一斉指導」がより多くの児童の興味・関心・意欲を育てるうえで効果的であると考えられる。

③**学習態度**：平均を比較した結果，全ての授業タイプ間で有意差はなかった。また，構造方程式モデルを検討した結果，授業タイプ1，5，6において学習態度の底上げ効果が認められた。以上の結果から，授業タイプ1，5，6の「40人学級一斉指導」「均一割一斉指導」「到達度別学習」がより多くの児童の学習態度を育てるうえで効果的であると考えられる。

3 小学校第6学年算数調査の結果と考察

(1) 結果

各授業タイプ別の，「学力テスト」（最小0点〜最大20点），「学習への興味・関心・意欲」（最小7点〜最大28点），及び「学習態度の形成状況」（最小5点〜最大20点）に関する記述統計量および授業タイプ間の平均の差の検定の結果は表3の通りであった。また，「学力テスト」「興味・関心・意欲」「学習態度」の3変数に対する「授業理解の阻害要因」と「個別学習の機会」それぞれの直接効果と間接効果を構造方程式モデルによって検討した結果は，図2の通りであった。

第III部 学力の研究と調査

表3 小学校第6学年算数調査の記述統計量（学力，興味・関心・意欲，学習態度）

授業タイプ / 変数	n	学力テスト M	学力テスト SD	興味・関心・意欲 M	興味・関心・意欲 SD	学習態度 M	学習態度 SD
タイプ1（40人学級一斉指導）	437	14.65	3.42	17.77	3.65	15.02	2.54
タイプ2（30人学級一斉指導）	554	14.83	3.63	18.35	3.72	15.14	2.58
タイプ3（20人学級一斉指導）	394	14.53	3.46	18.15	3.77	15.40	2.60
タイプ4（TTによる一斉指導）	646	14.39	3.95	17.43	3.86	14.76	2.70
タイプ5（均一割一斉指導）	1260	14.83	3.47	18.09	3.79	15.23	2.69
タイプ6（到達度別学習）	1768	14.84	3.62	18.05	3.78	15.29	2.63
タイプ7（完全習得学習）	1194	14.81	3.42	17.54	3.69	14.96	2.55
全体	6253	14.75	3.57	17.91	3.77	15.14	2.63

多重比較の結果（$p<.05$）　「学力テスト」：4＜5・7
　　　　　　　　　　　　　　「興味・関心・意欲」：4＜2
　　　　　　　　　　　　　　「学習態度」：4＜3・6

図2　構造方程式モデリングの結果（小学校第6学年算数）

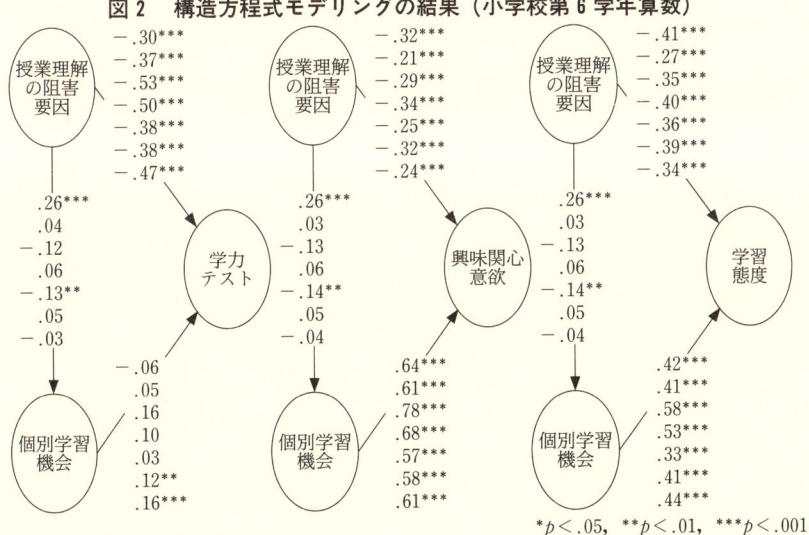

学力テストモデル：
授業理解の阻害要因 → 学力テスト：−.30***, −.37***, −.53***, −.50***, −.38***, −.38***, −.47***
個別学習機会 → 学力テスト：.26***, .04, −.12, .06, −.13**, .05, −.03
個別学習機会 → （係数）：−.06, .05, .16, .10, .03, .12**, .16***

興味関心意欲モデル：
授業理解の阻害要因 → 興味関心意欲：−.32***, −.21***, −.29***, −.34***, −.25***, −.32***, −.24***
個別学習機会 → 興味関心意欲：.26***, .03, −.13, .06, −.14**, .05, −.04
個別学習機会 → （係数）：.64***, .61***, .78***, .68***, .57***, .58***, .61***

学習態度モデル：
授業理解の阻害要因 → 学習態度：−.41***, −.27***, −.35***, −.40***, −.36***, −.39***, −.34***
個別学習機会 → 学習態度：.26***, −.13, .06, −.14**, .05, −.04
個別学習機会 → （係数）：.42***, .41***, .58***, .53***, .33***, .41***, .44***

$*p<.05,\ **p<.01,\ ***p<.001$

(2) 考察

①**学力テスト**：平均を比較した結果，授業タイプ4より5，7の方が有意に高かった。その他の授業タイプ間には有意差はなかった。また，構造方程式モデルを検討した結果，タイプ1，2，5，6において学力の底上げ効果が認められた。以上の結果から，授業タイプ5の「均一割一斉指導」がより多くの児童の学力を高めるうえで効果的と考えられる。

②**興味・関心・意欲**：平均を比較した結果，授業タイプ4より2の方が有意に高く，その他の授業タイプ間には有意差はなかった。また，構造方程式モデルを検討した結果，授業タイプ2，5，7において興味・関心・意欲の底上げ効果が認められた。以上の結果から，授業タイプ2の「30人学級一斉指導」がより多くの児童の興味・関心・意欲を育てるうえで効果的であると考えられる。

③**学習態度**：平均を比較した結果，授業タイプ4より3，6の方が有意に高く，その他の授業タイプ間には有意差はなかった。また構造方程式モデルを検討した結果，授業タイプ2において学習態度の底上げ効果が認められた。以上の結果から，授業タイプ2の「30人学級一斉指導」がより多くの児童の学習態度を育てるうえで効果的であると考えられる。

4　中学校第2学年数学調査の結果と考察

(1) 結果

各授業タイプ別の，「学力テスト」（最小0点～最大20点），「学習への興味・関心・意欲」（最小7点～最大42点），及び「学習態度の形成状況」（最小5点～最大30点）に関する記述統計量および授業タイプ間の平均の差の検定の結果は表4の通りであった。また，「学力テスト」「興味・関心・意欲」「学習態度」の3変数に対する「授業理解の阻害要因」と「個別学習の機会」それぞれの直接効果と間接効果を構造方程式モデルによって検討した結果は，

第III部　学力の研究と調査

表4　中学校第2学年数学調査の記述統計量（学力，興味・関心・意欲，学習態度）

授業タイプ＼変数	n	学力テスト M	SD	興味・関心・意欲 M	SD	学習態度 M	SD
タイプ1（40人学級一斉指導）	778	12.38	5.01	22.50	5.80	19.98	4.07
タイプ2（30人学級一斉指導）	721	13.01	4.87	22.28	5.89	19.95	3.99
タイプ3（20人学級一斉指導）	206	14.33	3.94	21.95	5.61	18.95	3.84
タイプ4（TTによる一斉指導）	807	13.17	4.62	22.84	5.76	20.03	4.20
タイプ5（均一割一斉指導）	1145	12.92	5.01	22.54	5.82	19.94	4.23
タイプ6（到達度別学習）	1838	13.09	4.60	22.49	5.92	20.21	4.22
タイプ7（完全習得学習）	701	13.43	4.98	23.23	5.22	20.24	3.85
全体	6187	13.05	4.80	22.59	5.78	20.04	4.13

多重比較の結果（$p<.05$）　「学力テスト」：1・6＜3・7
　　　　　　　　　　　　　「興味・関心・意欲」：2・3・4・6＜7，3・6＜5，6＜1
　　　　　　　　　　　　　「学習態度」：3＜1・2・4・5・6・7，6＜7

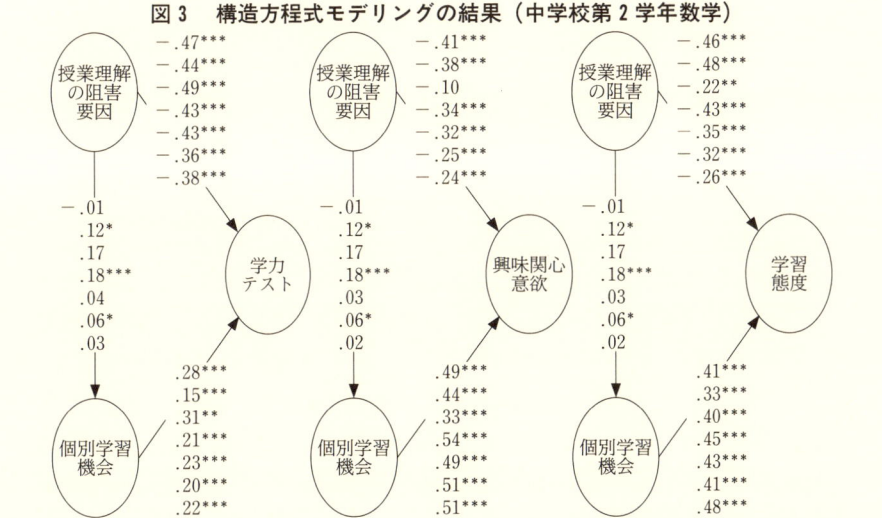

図3　構造方程式モデリングの結果（中学校第2学年数学）

授業理解の阻害要因 → 学力テスト
　−.47***
　−.44***
　−.49***
　−.43***
　−.43***
　−.36***
　−.38***

個別学習機会 → 学力テスト
　−.01
　.12*
　.17
　.18***
　.04
　.06
　.03

個別学習機会 → 学力テスト
　.28***
　.15***
　.31**
　.21***
　.23***
　.20***
　.22***

授業理解の阻害要因 → 興味関心意欲
　−.41***
　−.38***
　−.10
　−.34***
　−.32***
　−.25***
　−.24***

　−.01
　.12*
　.17
　.18***
　.03
　.06*
　.02

個別学習機会 → 興味関心意欲
　.49***
　.44***
　.33***
　.54***
　.49***
　.51***
　.51***

授業理解の阻害要因 → 学習態度
　−.46***
　−.48***
　−.22**
　−.43***
　−.35***
　−.32***
　−.26***

　−.01
　.12*
　.17
　.18***
　.03
　.06*
　.02

個別学習機会 → 学習態度
　.41***
　.33***
　.40***
　.45***
　.43***
　.41***
　.48***

$*p<.05$，$**p<.01$，$***p<.001$

図3の通りであった。

(2) **考察**

①**学力テスト**：平均を比較した結果，授業タイプ1，6より3，7の方が有意に高かった。その他の授業タイプ間には有意差はなかった。また，構造方程式モデルを検討した結果，授業タイプ6，7において学力の底上げ効果が認められた。以上の結果から，授業タイプ7の「完全習得学習」がより多くの生徒の学力を高めるうえで効果的と考えられる。

②**興味・関心・意欲**：平均を比較した結果，授業タイプ2，3，4，6より7の方が，3，6より5の方が，また，6より1の方が有意に高かった。その他の授業タイプ間には有意差はなかった。また，構造方程式モデルを検討した結果，授業タイプ6，7において興味・関心・意欲の底上げ効果が認められた。以上の結果から，授業タイプ7の「完全習得学習」がより多くの生徒の興味・関心・意欲を育てるうえで効果的であると考えられる。

③**学習態度**：平均を比較した結果，授業タイプ3よりその他六つの授業タイプの方が，また，6より7の方が有意に高かった。その他の授業タイプ間には有意差はなかった。また，構造方程式モデルを検討した結果，授業タイプ3，7において学習態度の底上げ効果が認められた。以上の結果から，授業タイプ7の「完全習得学習」がより多くの生徒の学習態度を育てるうえで効果的であると考えられる。

5　中学校第2学年英語調査の結果と考察

(1) **結果**

各授業タイプ別の，「学力テスト」（最小0点～最大20点），「学習への興味・関心・意欲」（最小7点～最大42点），及び「学習態度の形成状況」（最小5点～最大30点）に関する記述統計量および授業タイプ間の平均の差の検定の結果は表5の通りであった。また，「学力テスト」「興味・関心・意欲」

第III部　学力の研究と調査

表5　中学校第2学年英語調査の記述統計量（学力，興味・関心・意欲，学習態度）

授業タイプ / 変数	n	学力テスト M	SD	興味・関心・意欲 M	SD	学習態度 M	SD
タイプ1（40人学級一斉指導）	667	10.46	5.53	23.85	5.89	20.16	4.25
タイプ2（30人学級一斉指導）	559	10.52	5.29	23.28	5.74	20.03	3.86
タイプ3（20人学級一斉指導）	120	10.88	4.77	21.00	5.96	19.01	3.54
タイプ4（TTによる一斉指導）	764	10.79	5.12	22.77	5.93	19.56	4.30
タイプ5（均一割一斉指導）	555	10.52	5.13	23.35	6.06	19.80	4.38
タイプ6（到達度別学習）	732	12.14	4.95	23.26	6.07	20.16	4.14
タイプ7（完全習得学習）	583	12.53	4.80	22.33	6.00	19.62	4.24
全体	3980	11.17	5.19	23.08	5.98	19.86	4.19

多重比較の結果（$p<.05$）　「学力テスト」：1・2・4・5＜6・7，3・6＜7
　　　　　　　　　　　　　　「興味・関心・意欲」：2・3・4・5・6・7＜1
　　　　　　　　　　　　　　　　　　　　　　　　3＜2・4・5・6・7
　　　　　　　　　　　　　　「学習態度」：3・4・6＜1，3＜2

図4　構造方程式モデリングの結果（中学校第2学年英語）

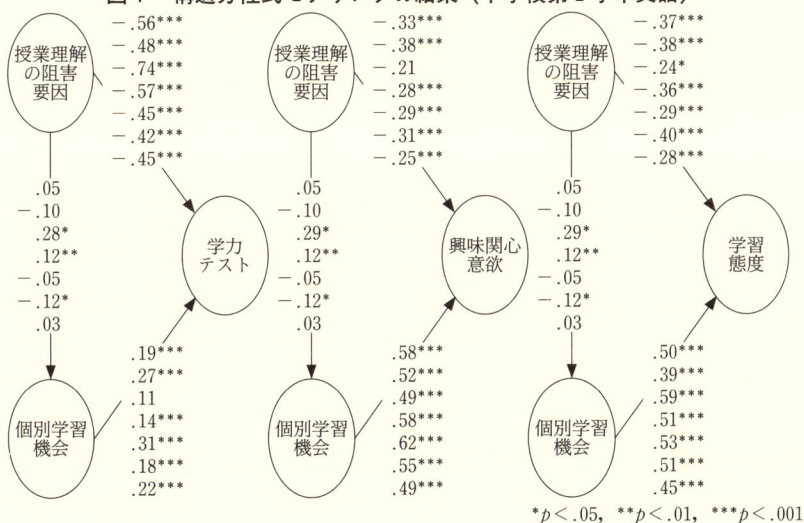

授業理解の阻害要因 → 学力テスト
$-.56^{***}$
$-.48^{***}$
$-.74^{***}$
$-.57^{***}$
$-.45^{***}$
$-.42^{***}$
$-.45^{***}$

授業理解の阻害要因 → 興味関心意欲
$-.33^{***}$
$-.38^{***}$
$.21$
$-.28^{***}$
$-.29^{***}$
$-.31^{***}$
$-.25^{***}$

授業理解の阻害要因 → 学習態度
$-.37^{***}$
$-.38^{***}$
$-.24^{*}$
$-.36^{***}$
$-.29^{***}$
$-.40^{***}$
$-.28^{***}$

（各授業タイプ係数）学力テスト：
.05
$-.10$
$.28^{*}$
$.12^{**}$
$-.05$
$-.12^{*}$
.03

興味関心意欲：
.05
$-.10$
$.29^{*}$
$.12^{**}$
$-.05$
$-.12^{*}$
.03

学習態度：
.05
$-.10$
$.29^{*}$
$.12^{**}$
$-.05$
$-.12^{*}$
.03

個別学習機会 → 学力テスト
$.19^{***}$
$.27^{***}$
$.11$
$.14^{***}$
$.31^{***}$
$.18^{***}$
$.22^{***}$

個別学習機会 → 興味関心意欲
$.58^{***}$
$.52^{***}$
$.49^{***}$
$.58^{***}$
$.62^{***}$
$.55^{***}$
$.49^{***}$

個別学習機会 → 学習態度
$.50^{***}$
$.39^{***}$
$.59^{***}$
$.51^{***}$
$.53^{***}$
$.51^{***}$
$.45^{***}$

$^{*}p<.05$, $^{**}p<.01$, $^{***}p<.001$

「学習態度」の3変数に対する「授業理解の阻害要因」と「個別学習の機会」それぞれの直接効果と間接効果を構造方程式モデルによって検討した結果は，図4の通りであった

(2) 考察

①**学力テスト**：平均を比較した結果，授業タイプ1，2，4，5より6，7の方が，また3，6より7の方が有意に高かった。その他の授業タイプ間には有意差はなかった。また，構造方程式モデルを検討した結果，タイプ5，6，7において学力の底上げ効果が認められた。以上の結果から，授業タイプ7の「完全習得学習」がより多くの生徒の学力を高めるうえで効果的と考えられる。

②**興味・関心・意欲**：平均を比較した結果，他の6つの授業タイプより1の方が，また，3より2，4，5，6，7の方が有意に高かった。その他の授業タイプ間には有意差はなかった。また，構造方程式モデルを検討した結果，授業タイプ7において興味・関心・意欲の底上げ効果が認められた。以上の結果から，授業タイプ7の「完全習得学習」がより多くの生徒の興味・関心・意欲を育てるうえで効果的であると考えられる。

③**学習態度**：平均を比較した結果，授業タイプ3，4，6より1の方が，また，3より2の方が有意に高かった。その他の授業タイプ間には有意差はなかった。また，構造方程式モデルを検討した結果，授業タイプ3，7において学習態度の底上げ効果が認められた。以上の結果から，授業タイプ7の「完全習得学習」がより多くの生徒の学習態度を育てるうえで効果的であると考えられる。

6　総合的考察

(1)　もっとも効果的であると判断される授業タイプ

以上の結果をまとめ，「学力テスト」「興味・関心・意欲」「学習態度」そ

第III部　学力の研究と調査

れぞれの指標に対して「もっとも効果的であると考えられると判断した授業タイプ」を一覧すると，表6の通りとなる。

表6　もっとも効果的であると考えられる授業タイプ

授業タイプ ＼ 効果の指標	小4算数 学力	小4算数 興味関心意欲	小4算数 学習態度	小6算数 学力	小6算数 興味関心意欲	小6算数 学習態度	中2数学 学力	中2数学 興味関心意欲	中2数学 学習態度	中2英語 学力	中2英語 興味関心意欲	中2英語 学習態度
40人学習一斉指導		○	○									
30人学級一斉指導					○	○						
20人学級一斉指導												
主副分担によるTT												
均一割一斉指導			○	○								
到達度別学習	○		○									
完全習得学習							○	○	○	○	○	○

(2)　ティーム・ティーチングと個に応じた少人数指導

　以上の結果から，「主・副分担によるティーム・ティーチング」が最も効果的であるという結論は，各学年，教科における各指標を通して得ることはできなかった。だが，このことはティーム・ティーチングそのものが効果的ではないということを意味しているのではない。

　元来，ティーム・ティーチングとは，2人以上の教員が協力して授業を行う指導形態を指している。そのため，ティーム・ティーチングといっても，主・副分担による一斉指導のみならず，様々な指導のあり方が考えられる[1]。

　本研究で扱った授業タイプの「均一割一斉指導」「到達度別学習」「完全習得学習」といった少人数指導は，いずれも2人以上の教員が協力して授業を行うものであり，すべてティーム・ティーチングのバリエーションであると考えられるのである。ティーム・ティーチングを広く捉え，実践を行う必要があることを本研究の結果は示している。

(3)　「少人数指導」と学年

　小学校4年生の場合，より多くの児童の興味・関心・意欲を高めるには

「40人学級一斉指導」が，学習態度を高めるには「40人学級一斉指導」「均一割一斉指導」「到達度別学習」が有効であった。また，小学校6年生の場合，より多くの児童の興味・関心・意欲ならびに学習態度を高めるには「30人学級一斉指導」が有効であった。一方，中学校2年生の場合，「学力テスト」においても，「興味・関心・意欲」や「学習態度」においても「完全習得学習」が効果的であった。

このような結果が，子どもの発達にともなう過渡的な現象を示しているのか，小・中学生それぞれに特有の現象であるのかといったことに関しては，さらに調査を行い検討を行う必要があると考えている。

(4) 今後の課題

今日，学級規模縮小の動きが全国的にみられる。しかも，小学校低学年から実施し，次第に対象学年を上げようとする事例が多い。また，多くの学校の各学年において，算数，数学，英語以外の各教科においても少人数指導が実施されている。そのため，本研究で検討された学年，教科，単元以外をも視野に入れた研究が各地で実施され，そのデータの共有に向けた取り組みが行われることが今後求められる。

なお，本研究の結果の詳細は，http://www.nier.go.jp/shochu/shido を参照されたい。

〈引用文献〉
(1) 高浦勝義「少人数指導と学力向上」『教育委員会月報』54巻3号，2002年，2-9頁。

第Ⅲ部　学力の研究と調査

第4章

国際比較から見た
わが国の算数・数学教育の課題

長崎榮三

1　算数・数学教育の国際比較に立って

　算数・数学教育の国際比較教育調査には，最近では，国際教育到達度評価学会（IEA）によって1995年，1999年に行われた「第3回国際数学・理科教育調査」（TIMSS）や，経済協力開発機構（OECD）によって2000年に行われた「生徒の学習到達度調査」（PISA）がある。これらのほかにも，算数・数学教育の国際比較は，アジア・太平洋経済協力（APEC）などでも行われている。

　国立教育政策研究所は，このような大規模な国際比較調査の多くに，わが国を代表する研究機関として参加している。筆者は，国立教育政策研究所に長年勤務しており，これらの国際比較調査に公務として関わってきた。そして，それらの国際比較の結果については，研究所より公刊されており[1]，また，それらの結果の解釈については，すでにいくつかまとめられている[2]。そこで，本稿においては，さらに一歩踏み込んで，これらの国際比較に携わる中で考えてきたわが国の算数・数学教育の課題とその背景に焦点を当てて考察することにする。

2　算数・数学教育の枠組み

　算数・数学教育は，数学という比較的普遍的な学問を媒体とする教育であり，算数・数学教育についての共通な尺度による国際比較についての長い伝統がある。しかし，一方で，国際比較は，算数・数学教育が，各国の社会や

文化に根差したものであることを明らかにしつつある。この立場からすると，わが国の算数・数学教育には，その枠組みを形成する「数学」と「教育」に大きな課題があると思われる。

(1) 二つの数学論－理論と応用－

　TIMSS によると，わが国の生徒は，数学が生活や社会と関連していると考える意識が国際的には低い。また，将来数学が必要となる職業に就きたいという意識も低い。この一因として，わが国の算数・数学の教科書には，社会や生活や職業との関連が低いことが挙げられる[3]。そして，さらに，このような生徒の意識は，算数・数学教育における「数学」とは何かを問いかけている。

　算数・数学教育においては，算数・数学の概念や技能を理解し身に付けさせることを強調する立場と，算数・数学を生活や社会で使う能力を身に付けさせることを強調する立場がある。前者は理論志向，後者は応用志向と特徴付けられている[4]。わが国の算数・数学教育の風土は，前者の理論志向にあると考えられている。理論志向は，端的には，現在のわが国の中学校数学での図形の論証の導入に表われている。このことによってわが国の算数・数学の水準は国際的に高いものとなっているが，一方で，算数・数学の持つ社会的な意義や，生活や社会で数学的な見方や考え方を活かすことに目が向かないのである。

　このような数学の理論志向は，わが国の学問の成立過程に求めることができると思われる。というのは，数学や科学のように明治維新期に新しく西洋から移入された学問は，その発生の基盤である社会や文化とは無縁に抽象的な理論体系として移入されたからである。例えば，微積分は，西洋においては，力学や幾何学の必要から生まれたが，わが国においては移入された抽象的な体系として始まった。そこで，わが国の数学においては現在でも，社会に最も結びついた統計は軽視されがちである。たとえ，数学が抽象的な理論体系だとしても，算数・数学教育においては，数学の理論と応用の均衡をとる必要があり，その均衡をどのように図るかが大きな課題である。

(2) 二つの教育論－内容理解と能力習得－

TIMSSやPISAによると，わが国や香港，韓国，台湾などの東アジアの中学生の数学の得点は高い。一方で，これらの得点の高い国の中学生が，必ずしも，望ましい数学的な能力や態度，例えば，問題を自ら見出し，取り組もうとする能力が高いわけではないということが話題にされることが多い。

このことの一つの解釈として，最近，APECでは，東洋と西洋の算数・数学教育の違いを，東洋は概念理解を重視し，西洋は能力習得を重視していると表している[5]。換言すると，教育目標として，東洋は教師が指導するべき内容を重視し，西洋は子どもが習得するべき能力を重視しているということである。これは，わが国においては，算数・数学に限らず，多くの教科で言えることであろう。

内容と能力の対比は，実質陶冶と形式陶冶の対比という古くて新しい主題でもあるといえよう。わが国の数学教育においても過去には大正時代末期に「形式陶冶論争」を経験し，推理力，記憶力などのあまりにも転移の範囲の広い能力論とは袂を分かち，算数・数学における内容と能力を止揚する形で「数学的な考え方」に焦点化してきた。しかしながら，改めて，現代において，計算力や問題解決能力のほかにどのような能力を育成できるのかを論じる必要があろう。

3 算数・数学の学力とそれに関連した要因

算数・数学の学力やそれに関わる事柄についても，国際比較を通して，我が国固有の課題が明らかになっていると思われる。ここでは，算数・数学の学力の捉え方，評価，学力に関わる主要因について論ずる。

(1) 学力の多面性

学力調査においては，国際調査でも国内調査でも，学力の枠組みを明確にして，調査項目の開発をしなければならない。TIMSSでは，算数・数学の

学力の枠組みは，数学の枠組みと文脈の枠組みからなっている。数学の枠組みは，数学内容次元と数学認知次元から構成されており，数学認知次元は，事実や手順を知ること，概念を使うこと，決まりきった問題を解くこと，推論すること，の4領域からなっている[6]。PISAでは，数学的リテラシーの枠組みは，数学的な内容，数学的プロセス，数学が用いられる状況，の三つの側面によって特徴づけられ，数学的プロセスは，再現，関連付け，熟考，の三つの能力クラスターからなるとし，さらに，数学的プロセスの三つのクラスターにおいて，思考と推論，論証，コミュニケーション，モデル化，問題設定と問題解決，表現，記号言語，公式言語，技術的言語，演算を使用すること，支援手段と道具の使用，の八つの数学的能力がそれぞれ働くと考えている[7]。このように国際調査の算数・数学の学力は，多面的に捉えられており，そこでは単なる計算能力や問題解決能力を超えた学力構造が示されている。

わが国においても指導要録の評価の観点は，例えば，算数では，「算数への関心・意欲・態度，数学的な考え方，数量・図形についての表現・処理，数量・図形についての知識・理解」の四つの観点からなっており，このように学力を多面的に捉える傾向は指導要録が作られ始めた昭和30年代から一貫している。しかしながら，一般に，算数・数学は計算であるとか，算数・数学では機械的な練習の繰り返しで目に見える力が身に付きやすいと考えられている。算数・数学のどのような学力構造でも計算は重要な土台であるのは確かであるが，これからの将来を生きていく子どもたちには，それを越えて自ら生きる力としての算数・数学の力が求められている。算数・数学では，学力は多面的に捉えられていることを一般に広めていくことが必要であろう。

(2) 学力の統合的な見方－項目反応理論の適用－

TIMSSやPISAにおいては，教科問題の分析における得点化において，項目反応理論[8]（IRT：項目応答理論とも言われる）が使われている。IRTは，異なる調査の結果を標準化して同一の尺度で比較するもので，調査の分析における「等化」に優れており，諸外国では，異なる二つの時期における同年齢集団間の学力の比較や，同時期の異年齢集団間の学力の比較に使われ

ることが多い。

　わが国においては，昭和30年代の文部省全国学力調査によって生じた混乱から，昭和40年代以降は学力論が忌避され，また，調査による学力測定がテスト主義と混同されている。これらのことによって，教科教育改善の立場から，学力を正面から論じたり，学力を測定したりするということは少なかった。このようなことによってわが国の教科教育においては，国際調査で盛んに利用され始めているIRTに関しての議論がほとんどない。

　IRTは，学力に関して二つの公理を置いている。第1に，テストにおける受験者の背後には，ただ一つの能力もしくは特性が存在するということであり，第2に，受験者の各項目に対する応答の正誤とテストで測定される能力との関係は単調増加関数で記述されるということである[9]。つまり，IRTにおいては，第1の公理から明らかなように，学力とは1次元のものであるという仮定に立っており，PISAでは，それを「習熟度」(Proficiency) としている。改めて，学力とは何なのかを考えるとともに，このような理論の有効なところは積極的に取り入れていく必要があると思われる。

(3) 関心・意欲・態度

　TIMSSやPISAでは，関心・意欲・態度については，評価のために作成される算数・数学のカリキュラムの枠組みに組み込まれたり，組み込まれなかったりしている。例えば，TIMSSでは，関心・意欲・態度に関わるものとして「将来への展望（Perspectives）」という領域が枠組みに組み込まれたことがある[10]。関心・意欲・態度の評価の枠組みへの位置付けは定まってはいないが，TIMSSとPISAの両者とも，「生徒背景質問紙」や「児童・生徒質問紙」の質問項目として，関心・意欲・態度について聞いている。つまり，TIMSSやPISAは，関心・意欲・態度は，教科の得点に代表される認知的な学力に関わるという立場に立っていると言えよう。

　関心・意欲・態度は，学習のみならず，人間がよりよく生きていくうえで必要不可欠であることには誰にも異存は無いであろう。しかしながら，それを教育目標とするのか，さらに，教育目標としたとしても測定対象とするの

かということで，大きく分かれる．本稿の立場としては，各国の社会・文化が関心・意欲・態度の質問項目への反応の仕方に影響を与えることは否定できないが，それでも，その反応率や反応率のパターンからはある程度の傾向を読み取ることができるものと考えている．

　国際比較教育調査によって，わが国の数学教育においては，生徒の数学における関心・意欲・態度は決して好ましいものではないということが明らかにされてきた．このことは1964年に行われた第１回国際数学教育調査（FIMS）で，わが国の数学ができる生徒ほど「数学を固定的な体系」と考える傾向があることが見出され（FIMS報告書149頁），その後，第２回国際数学教育調査以降も，数学を好きではない，数学と生活は関係がないと思う傾向が続いていることが見出されている．関心・意欲・態度の育成と評価方法の開発は，算数・数学だけではなく，わが国の教育全体にとっての緊要の課題であろう．

(4)　集団準拠評価と規準準拠評価

　TIMSSによると，わが国の中学生の数学成績の自己評価では，中学生の約半数は数学の成績が良いと思い，約半数は良くないと思っている．国内調査において，高等学校３年生全体や，さらに高等学校３年の理数系の生徒に聞いても同じような傾向にある．わが国では，どのような集団においても，半数の生徒は成績は良いと考え，半数の生徒は成績は良くないと考えている．一方，イギリスやアメリカでは８割以上の中学生が自分の成績は良いと答え，国際平均でも自分の数学の成績が良いと答える生徒の割合は７割を超えている．ところが，東アジアの韓国などはわが国と同じ状況である．わが国や韓国は得点は高いが数学に対して好意的ではなくまた数学と生活とのかかわりへの意識が低く，一方で，アメリカやイギリスは得点は高くはないが数学に対して好意的でまた数学と生活とのかかわりへの意識も高い．

　数学の得点と数学への意識の関係の背景に，評価が大きくかかわっているのではないであろうか．アメリカやイギリスは，規準準拠評価（絶対評価）の伝統が長く，一方で，わが国や韓国は集団準拠評価（相対評価）であった．

一生懸命学んでも，平均よりも上ではないと良いと評価されない制度では，多くの子どもたちに，数学を好きになり，数学が生活とかかわっているという意識を持って欲しいと言うのは無理な注文であろう。

わが国は，21世紀に入り，規準準拠評価を制度として取り入れることとなった。しかし，未だにマスコミなどでは，相対評価の考えから抜け出せずに絶対評価を非難したり，子どもは競争させなければ勉強しないのだという論調が見られる。相対評価や競争は必要ではあろうが，学校教育の原理としては二次的であろう。できるだけ多くの子どもに，規準に照らして「君はできているのだよ」ということを伝えるのが本質であろう。子どもたちが主体的に生きることが求められる時代だからこそ，どのように学ぶ意欲や動機を持たせるのか，どのように教科の成績と関心・意欲・態度の均衡をとるのかという先進国共通の大きな課題が突きつけられていると思われる。

(5) 家庭・社会・経済要因

TIMSSやPISAには，家庭や社会などの子どもの背景となる事柄についての質問が含まれている。わが国の国際比較においては，これらの項目に関しては，1960年代の第1回国際数学教育調査（FIMS）では実施されたが，1980年代の第2回国際数学教育調査（SIMS）では実施が困難となり，1990年代の第3回国際数学・理科教育調査（TIMSS）ではほとんど実施ができなかった。ところが，実は，昭和30年代の文部省全国学力調査では地域要因などを詳しく調べ，それらの結果を教育行政に生かそうとしていた。

教育調査とは何のために行うのであろうか。単に教科の教育課程の改善のためだけなのであろうか。TIMSSやPISAは，教育課程の改善だけではなく，教育環境の改善も視野に入れているのである。家庭や社会に関する質問項目を入れるということは，単に，それらの項目と得点等との関係を調べることが目的ではなく，もしそれらの項目と得点等に好ましくない関係が見出されたならば，「すべての子どものための教育」という大前提のもとで教育行政に対して改善を促すことを暗黙のうちに仮定していると言えよう。

教育においても調査の重要性が認識され始め，多くの自治体でも調査が行

なわれるようになってきている。しかしながら，それが単に，学校や地域の順位付けに終わってはならないであろう。結果の背後を探り，問題点を見出し，その改善を図るような工夫が必要であろう。そのためにも，地域的または全国的な教育調査においては，児童・生徒の家庭・社会要因も視野に入れて調査を行う必要があるだろう。

4　教師教育との関連

最近の算数・数学教育の国際的な話題は，教師教育のあり方に焦点が当てられている。このことはわが国の教師教育について大きな示唆を与えている。

(1)　教師教育への着目

TIMSSやPISAでは，教師にも質問項目によって調査が行われている。教育における比較調査を振り返ってみると，戦後直後には，ユネスコによって各国の算数・数学教育の目標が調査された。初期の国際比較調査では，児童・生徒の達成した学力の主たる関係要因は，各国の公的な教育課程であるとされた。しかしながら，教育課程の学問的質が単に高い国の学力が必ずしも高いわけではないことが明らかになってきた。そして，1980年代のIEA第2回国際数学教育調査では，現在では国際的に有名になった三つのカリキュラム，すなわち，意図したカリキュラム，実施したカリキュラム，達成したカリキュラムが提唱された。そして，国際比較調査において，また，それを通して，実施したカリキュラム，すなわち，教師や学級の重要性が認識され出した。

教師や教室の重要性を実証的に示したものとして国際的に有名なのは，TIMSSの付帯調査として日米独の3ヵ国で行われたビデオ研究である。これは，日米独の中学校2年の数学の授業をビデオで収録し，共通な尺度で分析したものである[11]。このことから見出されたのは，子どもの学習成果の差異は，教師の指導の差異にあったということである。教師教育の重要性を認識し，そして，教室の真の姿を捉える評価方法としてビデオを使うというこ

とは，今後の教育や教育研究にとって大きな課題と言えよう。

(2) 授業研究の再認識

TIMSSのビデオ研究に触発され，わが国の算数・数学教育に直目したアメリカの学者は，特にわが国の小学校算数の指導に注目した。そして，わが国の算数の優秀な授業の特徴を，子どもの多様な考えを上手に生かした概念理解にあるとした。わが国においては学力低下論に呼応する形で，小学校低学年では基礎技能は叩き込めという声がある一方で，外国からは子どもの多様な考えを大切にしたわが国の指導が評価されているとは皮肉なものである。

わが国の算数の優秀な授業を生み出す土壌として，アメリカが目を付けたのが授業研究（Lesson study，または，Lesson research）であった。わが国では，自主的な授業研究が減ったり，形骸化したりしているという声が聞かれるが，アメリカからすると，真の授業研究こそが，わが国の教師の指導力を高めていたというのである。最近では，ニュージーランドの算数の全国的な研究でも授業研究が取り入れられている[12]。教師という職業に魅力が感じられているうちに，自発的でしかも批判精神に満ちた授業研究を，小学校算数だけではなく，中学校，高等学校の数学においても，そして全学年の全教科においても，積極的に取り入れていく必要があるのではないであろうか。

5　算数・数学教育の基盤の再認識

算数・数学教育の課題には，算数・数学教育にとって内的な課題と外的な課題がある。内的な課題とは，その解決への道が算数・数学教育内にほとんどあるものであり，外的な課題とは，その解決が算数・数学教育の外の諸要因に多くを依存しているものである。ここでは，後者の外的な課題を算数・数学教育の基盤と考えて論じることにする。

(1) 証拠を基にした教育の議論

最近の諸外国の教育に関する議論では証拠に基づいた議論の必要性が説か

れ，そこでは，国際比較調査の結果が，いろいろな形で引用されている。教育を実証的に論じることの必要性は，最近では当たり前になってきており，例えば，TIMSSのデータは公開されており，さらに，アメリカのTIMSS担当研究機関である全米教育統計センター（NCES）のホームページを見るとこの分析結果を含め，多種多様な統計データが公開されている。このことは，教育または教育研究にとって二重の意味合いを持っていると思われる。

一つは，教育改善のための実証的な教育データの必要性である。教育を改善するには，改善理由を国民が納得する実証的なデータが必要であり，そのためには，教育調査を普及させ，統計的に適正な手続きでデータを収集する必要がある。もう一つは，分析方法の発展のための良いデータの公開の必要性である。先ほど国際調査における項目反応理論の応用を述べたが，そのような分析理論が欧米で発達したことの理由として，良いデータが公開され，研究者がそれを自由に扱えるということが考えられる。統計的に適切な方法によって収集された質の良いデータが公開され，それを基に研究者がいろいろな角度から分析を行う中で，実証的な知見が蓄積され，一方で，分析理論も発達していくのであろう。各種の教育データの公開は重要な課題であろう。

(2) 教育制度の束縛

国際比較調査から得られるわが国の結果については，指導の改善が必要な問題点が多い。一方で，そのような問題点を解決したいと意欲を燃やす教師も多い。しかしながら，このような教師の意欲は，受験という壁に阻まれる。とりわけ，高等学校の教師にとっては，大学受験の壁は高く，しかも，固い。教師になった新任時には，生徒に数学を好きにさせようと意欲を持っていても，いつしか，わが国の高等学校という社会に染まり，何人の生徒を有名大学に入れたかが唯一の関心事となっていく。

最近のデータによると，高等学校の1学年の生徒数は120万人余りである。高等学校の入り口では，全員が数学を履修する。ところが，平成16年度に大学入試センター試験で数学を受験したのは，数学Ⅰ等，数学Ⅱ等それぞれ40万人弱である。高く見積もっても，大学受験で数学を使う生徒は約5割であろ

うか。あとの5割以上の生徒は何のために数学を学んでいるのであろうか。

　高等学校の数学教育を本来の姿，つまり，数学自身を楽しみ，そして，数学が社会で使われる方法や考え方を学ぶために何とかできないものであろうか。さらに，高等学校や高等学校の教師の評価が，単に有名大学への入学者数ではなく，教育本来の目的に照らして行われるということは無理なのであろうか。高等学校で数学を一生懸命勉強しても，それは単に有名な大学へ入るための手段としかなりえず，数学は大学に入れば忘れさられる。国際比較の結果が照らし出すわが国の中高生の学校や教科学習に対する意識は深刻であり，それを改善するには，教育制度を再考するしかないと思われる。

(3) 子どもが創る算数・数学－構成者と受容者－

　国際比較は，それが望むと望まざると，各国の教育の成果を得点という一つの数値で表す。このことから，各国において学力低下論争が巻き起こされる。一般に学力の高低は，過去との比較という時間軸上で行われる場合と，他国との比較という空間軸上で行われる場合とがある。アメリカの数学学力低下論争は，両者の場合が入り組んで，数学戦争（Math Wars）と呼ばれるほど激しいものとなっている。わが国の最近の傾向も，これに類似している。

　学力低下論争は，学力とは何かという根源的な問題に行き着き，その上で，学力観と指導法が結びついてくる。数学のような学問として客観的な価値を持っているものでも，それが教育の材料となったときには，同じ数学内容でも人によりその学力観や指導法は全く違うものとなる。例えば，小学校2年での九九の指導を考えてみよう。一つの立場は，九九をその意味はあまり考えさせずに丸暗記させてしまおうとするものである。もう一つの立場は，九九を暗記させる練習はもちろんするが，九九が必要になる日常的な場面からかけ算の式をつくり出すことを重視し，かけ算の式と答の間にあるきまりに着目させようとするものである。一見すると前者の方が成果が見やすいであろう。しかし，この二つの立場から学んだ子どもは，算数・数学に対する考え方や態度は全く異なったものとなろう。前者では，意味を考えずに練習を

繰り返すことが算数・数学であると考えるようになり，後者では，算数・数学では自分で考えることが大切であると考えるようになる。

わが国の学校教育においては，戦後のある時期から，算数・数学を理解するということは，子どもがどんなに小さかろうと，子ども自らが自らのうちに自らの算数・数学を創ることであるという考えが大きな流れとなっている[13]。算数・数学においては，小学校の低学年から，問題を自らのものとして考え，重要なことは繰り返し練習で身につけ，そして，身につけたことを使っていくという学習過程を大切にしていく必要があろう。

(4) 算数・数学の未来像

算数・数学の国際比較において，各国の教育政策の比較を行うと，国によっては，数学の社会的意義や算数・数学教育の意味づけを国の総力を挙げて行っている場合があることに気が付く。有名なのは，イギリスで1982年に出された『数学は重要である』や，アメリカで1989年に出された『すべてのアメリカ人のための科学　プロジェクト2061』である。わが国においては，残念ながら，科学，数学，技術などが合同して叡智を集め総力をあげて，科学，数学，技術とそれらの教育の未来像を語ったのを見ることができない。

数学を広く科学技術の中で捉えたとき，21世紀の社会において，数学はどこに進もうとしているのであろうか。算数・数学は，将来の科学技術や社会において，どのような機能を持つべきなのか。そして，わが国の科学，数学，技術とそれらの教育はどうあるべきなのか。科学，技術，数学，科学教育学，数学教育学そして，哲学，言語学，社会科学などの関係者が叡智を集め総力を挙げて未来像を語ることが，今こそ求められているのではないであろうか。

〈注〉
(1) 最近の国際比較報告書としては，国立教育政策研究所編として，『数学教育・理科教育の国際比較　第3回国際数学・理科教育調査の第2段階調査報告書』ぎょうせい，2001年。『生きるための知識と技能 OECD 生徒の学習到達度調査 (PISA) 2000年調査国際報告書』ぎょうせい，2002年。などがある。

(2) 長崎榮三「数学教育の国際比較に基づいたカリキュラム研究」日本数学教育学会編『算数・数学カリキュラムの改革へ』産業図書，1999年，389～401頁。長崎榮三，瀬沼花子「IEA 調査にみる我が国の算数・数学の学力」『国立教育研究所紀要』第129集，2000年，43～77頁。
(3) 久保良宏他「数学と社会のつながりに関する中学校・高校の数学科教科書の分析」『日本数学教育学会数学教育論文発表会論文集』No.34，2001年，289～294頁。
(4) Shimada, S., Calculators in Schools in Japan. Mathematics Education Information Report, International Calculator Review, 1980.
(5) 渡辺良編『国際的な教育ネットワークの動向と課題－APEC を中心に－』国立教育政策研究所，2004年，66～84頁。
(6) Mullis, I., V., S. et al., TIMSS Assessment Frameworks and Specifications 2003 2nd edition, International Study Center, Lynch School of Education, Boston College. 2003.
(7) 国立教育政策研究所監訳『PISA2003年調査　評価の枠組み　OECD 生徒の学習到達度調査（PISA）』ぎょうせい，2004年。
(8) 池田央『現代テスト理論』朝倉書店，1994年。
(9) ロバート・L・リン編（池田央他編集）『教育測定学　原著第3版　上』学習評価研究所，1992年，214頁。
(10) 国立教育研究所編『小・中学生の算数・数学，理科の成績－第3回国際数学・理科教育調査国内中間報告書－』東洋館出版社，1996年，27～32頁。
(11) ジェームズ・W・スティグラー，ジェームズ・ヒーバート著（湊三郎訳）『日本の算数・数学教育に学べ　米国が注目する Jugyo Kenkyu』教育出版，2002年。(原著名：The Teaching Gap)
(12) Ministry of Education of New Zealand, An Evaluation of the Early Numeracy Project 2002, 2003, p. 49.
(13) 長崎榮三「算数・数学の学力とリテラシー」『教育学研究』第70巻第3号，2003年，12～22頁。

第5章

理科の国際学力調査と課題

猿田祐嗣

(1) 理科に関する国際学力調査の位置づけ

国立教育政策研究所が実施している全国的規模の標本抽出を伴う学力調査は次の三つである。
- 「教育課程実施状況調査」
- 「国際数学・理科教育動向調査」(IEA 実施，略称：TIMSS)
- 「生徒の学習到達度調査」(OECD 実施，略称：PISA)

このうち「教育課程実施状況調査」は，旧文部省が昭和31年に調査を開始した「全国学力調査」に流れを汲むものであり，学習指導要領の目標および内容がどの程度達成されているかを調べる国内調査である。

それに対して，「国際数学・理科教育動向調査」(以降 TIMSS 調査と呼ぶ) および「生徒の学習到達度調査」(以降 PISA 調査と呼ぶ) のいずれも国際比較を目的とした学力調査である。

図1に三つの調査の位置付けを示した。縦軸は調査の目的および内容の特徴を示しており，上に行くほど学校カリキュラ

図1 全国規模の学力調査の特徴

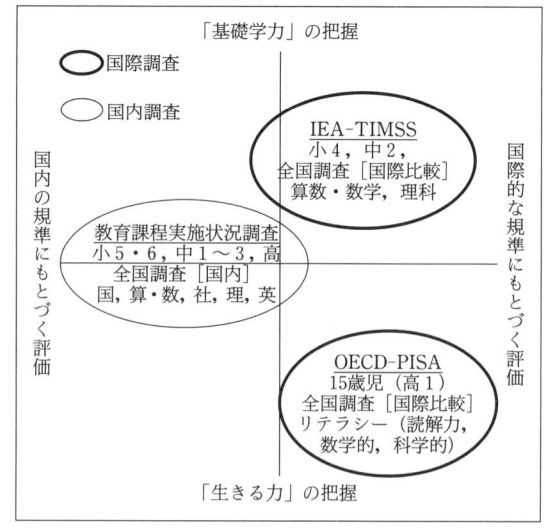

○国際調査
○国内調査

「基礎学力」の把握

IEA-TIMSS
小4，中2,
全国調査［国際比較］
算数・数学, 理科

教育課程実施状況調査
小5・6，中1〜3，高
全国調査［国内］
国, 算・数, 社, 理, 英

OECD-PISA
15歳児（高1）
全国調査［国際比較］
リテラシー（読解力,
数学的，科学的）

国内の規模にもとづく評価

国際的な規準にもとづく評価

「生きる力」の把握

ムにもとづいた「基礎学力」を測定しようとする調査であることを表し，逆に下に行くほど社会や生活の中で生きていくための応用力，言い換えれば「生きる力」を測定しようとする特徴を備えた調査であることを表している。横軸は評価の規準の拠り所を示しており，左に行くほど日本国内の規準にもとづく調査であることを表し，逆に右に行くほど国際的な規準にもとづく調査であることを表している。

「教育課程実施状況調査」は，もとより我が国の規準である学習指導要領の目標・内容にもとづいた国内調査であり，「基礎学力」だけでなく「生きる力」まで幅広い学力をとらえようとする調査である。これに対してTIMSS調査もPISA調査も国際的な規準にもとづいた児童・生徒の評価を試みているため，我が国の学習指導要領でカバーしていない内容や目標にもとづいた評価が含まれてくる。TIMSS調査は各国のカリキュラムに可能なかぎり配慮している一方で，PISA調査は各国のカリキュラムを基盤としてはいるが，実社会での「生きる力」を評価しようとしている点で注目に値する。

(2) 理科に関する国際学力調査の概要

上述のTIMSS調査およびPISA調査について，表1にそれぞれの調査の概要をまとめた。詳しい説明は次項以降で解説することにし，ここでは両調査の大まかな概要を述べることにする。

TIMSS調査は，IEA（国際教育到達度評価学会：The International Association for the Evaluation of Educational Achievement）が1960年代から実施してきた「国際数学教育調査」[1]と「国際理科教育調査」[2]に引き続くものであり，算数・数学教育および理科教育に関する大規模な国際比較調査である。1995年には「第3回国際数学・理科教育調査（TIMSS: Third International Mathematics and Science Study)」として算数・数学と理科を同時に実施し，その後は1999年の「第3回国際数学・理科教育調査の第2段階調査（TIMSS-R: Third International Mathematics and Science Study -Repeat)」を経て，学校で学習した算数・数学や理科の教科内容の児童・生徒の理解度や定着度の変化をきめ細かに調べるために「国際数学・

理科教育動向調査（TIMSS：Trends in the International Mathematics and Science Study）」として継続した調査を，2003年，2007年，……と4年おきのサイクルで引き続き実施することとなった[3]。

表1　国際学力調査の概要

	国際数学・理科教育動向調査（IEA-TIMSS）	生徒の学習到達度調査（OECD-PISA）
趣旨・目的	初等中等教育段階における児童・生徒の算数・数学及び理科の教育到達度を国際的な尺度によって測定するとともに，各国の教育制度，カリキュラム，指導法，教師の資質，児童・生徒の環境条件等の諸要因との関係を参加国間におけるそれらの違いを利用して組織的に研究し，各国のカリキュラムの改訂に資するデータを提供する。	各国の子どもたちが，将来生活していく上で必要とされる知識・技能等をどの程度修得しているかを調査し，自国の教育システムの成果について他国と比較してその状況を知ることにより，各国の教育政策の立案や教育実践に生かす。
内容及び対象	・算数・数学，理科の2領域のペーパーテスト。国際オプションとして，観察実験テストやビデオ授業分析調査が行われる。 ・児童・生徒質問紙……児童・生徒の学習環境等 ・学校質問紙……学校の状況 ・教師質問紙……教師の経験年数や指導法等	・読解力，数学的リテラシー，科学的リテラシーの3分野のペーパーテスト。 ・生徒質問紙……生徒の学習環境等 ・学校質問紙……学校の状況
	・9歳児及び13歳児を多く含む学年を調査対象とする。日本では，小学校第4学年と中学校第2学年が対象。 ・全国の小・中学校から層化比例抽出した各150校，約5,000人ずつの児童・生徒について調査。	・15歳児（国際的に多くの国で義務教育が終了する年齢）を調査対象とする。日本では，高等学校第1学年が対象。 ・全国の全日制高等学校から層化比例抽出した150校，約5,000人の生徒について調査。
調査計画	先進国及び発展途上国を含む46ヵ国が参加（TIMSS2003の場合） ・2000～2001年……調査概要の検討，調査問題・項目の開発 ・2002年……調査手法の検討，予備調査，本調査の準備 ・2003年……本調査の実施（日本は2月）データ処理と分析 ・2004年……国際比較結果の公表および報告書の刊行	OECD加盟先進国28及び非加盟国4を含む32ヵ国が参加（PISA2000の場合） ・1997年……調査概要の検討，調査機関の決定等 ・1998～2001年……第1サイクル（読解力中心）調査計画等の検討，予備・本調査，報告書の作成 ・2001～2004年……第2サイクル（数学的リテラシー中心）調査計画等の検討，予備・本調査，報告書の作成 ・2004～2007年……第3サイクル（科学的リテラシー中心）調査計画等の検討，予備・本調査，報告書の作成 ・2008年……追調査及び分析評価報告書の刊行
調査の特徴	・問題内容は，各国の教育課程となるべく合致するよう作成する。 ・算数・数学及び理科における関心・意欲・態度，思考力・表現力，知識・理解を総合的に調査。 ・問題は各国共通。	・問題内容は，各国の教育課程とは直接関連はなく，義務教育終了段階での学力をみる。 ・読解力，数学的リテラシー，科学的リテラシーの3分野を調査。 ・問題は各国共通。

一方，PISA調査は，OECD（経済協力開発機構：Organization for Economic Cooperation and Development）の教育インディケーター事業として1997年から進められている「生徒の学習到達度調査（PISA：Programme for International Student Assessment）」であり，子どもたちが将来社会に

参加したり，生活したりしていく力をどの程度身に付けているかをみるという点で，これまでになかった教育の国際比較調査である。さらに，OECD加盟国を中心に非加盟国の参加も得て，OECDの教育分野の中でも最優先課題として1997年から取り組まれている事業の一つである。

2000年実施のPISA調査においては，調査に参加した32ヵ国（OECD加盟国28ヵ国，非加盟国4ヵ国）の多くで義務教育の終了する15歳児を調査対象として学習到達度を測定したが，学習到達度の尺度として，読解力（Reading Literacy），数学的リテラシー（Mathematical Literacy）および科学的リテラシー（Scientific Literacy）を設定している。本来，"リテラシー（Literacy）"とは「識字（読み書き能力）」を意味する用語であるが，PISA調査では評価しようとする知識，技能，能力の幅の広さを表すために用いられている。調査問題は，それぞれの分野で調査対象の生徒が身に付けておくべき知識の内容や構造，行うべきプロセス，および知識や技能が応用される状況をもとに開発された。それぞれの分野について，個人あるいは対象集団のレベルが得点の形で連続尺度の中に位置づけられるが，"literate"と"illiterate"の間に一線を画すものではなく，生徒のパフォーマンスを複数の尺度によって示すものであった[1]。

(3) 国際学力調査における理科の学力の定義

上述のように，同じ学力の国際比較調査として位置付けられるTIMSS調査とPISA調査であるが，TIMSS調査は各国の学校カリキュラムで児童・生徒が身に付けた「基礎学力」の到達度とそれに影響を及ぼす教育諸条件を明らかにしようとするのに対して，PISA調査は義務教育を終えた段階の生徒たちが，これからの高度な知識とスキルが要求される国際社会の中で生きていく準備として，どの程度の学習成果を身に付けているかを明らかにしようとする点で調査の性格が異なる。以降では，両調査における理科の学力の定義を概観し，調べようとしている学力の違いを明らかにする。

① TIMSS調査における理科の学力の定義

表2に過去に実施されたIEAの国際学力調査における理科問題を作成す

る際の枠組み（フレームワーク）の変遷を示した。IEAの調査では，各国のカリキュラムに共通な枠組みにもとづいて作成した問題を実施し，児童・生徒の到達度を調査することで，カリキュラムの達成状況を明らかにしようとする。見方を変えれば，この枠組み自体が理科の学力の構造を規定するものと考えることができよう。

表2　IEA調査における理科問題を作成する際の枠組みの変遷
〈文献2)～5)をもとに作成〉

調査	理科問題を作成する際の枠組み			
	特徴	目標		内容
第1回国際理科教育調査（1970年実施）	目標と内容とを組み合わせた枠組みを用いる。	1. 科学的情報の取得 2. 科学的情報の解釈 3. 理論化－理論の組み立て 4. 理論化－理論の利用 5. 理解 6. 科学的知識の新しい場面への応用 7. 個人的，社会的目標 8. 哲学的側面		1. 物理領域 2. 化学領域 3. 生物領域 4. 地学領域
第2回国際理科教育調査（1983年実施）	第1回調査からの変化を明らかにするため，基本的に内容は共通としたが，目標を簡素化した。	1. 知識 2. 理解 3. 応用		1. 物理領域 2. 化学領域 3. 生物領域 4. 地学領域
国際数学・理科教育動向調査（1995年及び1999年実施）以降4年おき	学力の枠組みのうち，目標を二つに分け，行動的期待，将来への展望，そして内容という三つの側面によって学力を特徴付ける。	行動的期待 1. 理解 2. 理論化・分析・問題解決 3. 器具・科学的方法の使用 4. 自然界の探究 5. 情報の伝達	将来への展望 1. 科学，数学，技術に対する態度 2. 科学，数学，技術分野の職業 3. 全ての生徒の科学・数学への参加 4. 興味・関心を高めるための科学，数学，技術 5. 科学的な活動における安全性 6. 科学的な心的習慣	1. 地球科学 2. 生命科学 3. 物理科学 4. 科学・技術・数学 5. 科学技術史 6. 環境及び資源問題 7. 科学の本質 8. 科学と他の分野

概観すれば，1970年実施の第1回調査における自然科学の学問領域にもとづいた内容と科学の方法にもとづいた目標との組み合わせによる枠組みから，最近のTIMSS調査においては自然科学だけではなく，数学や技術との関連や環境及び資源問題など，扱う内容領域の拡大が図られている。また，目標についても情報伝達のスキル，科学的態度や科学への参加など，伝統的な科学の方法にとどまらない領域が付加され，市民としての科学的リテラシーを

意識した構成となっている。
② PISA調査における科学的リテラシーの定義
　PISA調査における科学的リテラシーの分野について，定義および主な特徴を表3に示し，若干の解説を加える。
　「科学的リテラシー」とは，科学に関する知識という意味での「科学的知識（scientific knowledge）」と，その知識を発展させるプロセスおよびそれら両者を結びつける力を指す。「科学的知識」とは，事実，名称，用語に関する知識だけでなく，科学的な基本概念，科学的知識の限界，人間活動としての科学の性質に対する理解が含まれる。明確にされるべき「課題」とは，科学的な考察によって解答できる疑問であって，特定のテーマの科学的な側面についての知識のほかに，科学自体についての知識をも指す。そして，情報やデータを選択して評価するプロセスを応用するとともに，明確な結論を導き出すための情報が不十分な場合に，利用できる情報について慎重かつ意識的に思索する必要があることを認識することをも意味している[8]。

表3　PISA2000調査における科学的リテラシーの定義と問題で扱う諸側面
〈文献1）p.12の表をもとに作成〉

		科学的リテラシー
	定　義	自然界および人間の活動によって起こる自然界の変化について理解し，意思決定するために，科学的知識を使用し，課題を明確にし，証拠にもとづく結論を導き出す能力。
問題で扱う三つの側面	〈内容〉または〈構成〉 content or structure	科学的概念：物理学，化学，生物学，地学などの主要な分野から選択され，力と運動，生命の多様性，生理的変化などの多くのテーマからなる。
	〈プロセス〉 process	科学的プロセス：五つのアプローチに分類される。 ⅰ）情報の伝達 ⅱ）知識の表現 ⅲ）結果の導出と評価 ⅳ）証拠やデータの明確化 ⅴ）問題の識別
	〈状況〉 contexts	科学の分野および場面：生活と健康，地域と環境，技術について，日常生活における異なる状況で科学を用いること。

(4) 国際学力調査の結果の概要

　ここでは，TIMSS1999調査とPISA2000調査のデータを中心として国際

比較結果の概要について述べる。なお、両調査とも2003年に最新の調査を行っているが、その国際比較結果の公表はともに2004年12月であるため、本稿ではその一つ前までの調査データを使用した。

① TIMSS調査の結果

ア．参加国

TIMSS1999調査に参加した国は表4に示した38ヵ国である。

表4　TIMSS1999調査参加国

オーストラリア、ベルギー（フラマン語圏）、ブルガリア、カナダ、チリ、台湾、キプロス、チェコ、イギリス、フィンランド、香港、ハンガリー、インドネシア、イラン、イスラエル、イタリア、日本、ヨルダン、韓国、ラトビア、リトアニア、マケドニア、マレーシア、モルドバ、モロッコ、オランダ、ニュージーランド、フィリピン、ルーマニア、ロシア、シンガポール、スロバキア、スロベニア、南アフリカ、タイ、チュニジア、トルコ、アメリカ合衆国

イ．調査対象・規模

13歳児を最も多く含む学年を対象に、国際的な規定にもとづいて、全国の学校から層化比例抽出した150校で調査を実施することを基本とした。我が国では、調査母集団を中学校の第2学年生徒約145万人と定義し、層化二段階抽出法により150学校を決定し、1学級を無作為抽出した。実際にTIMSS2003調査に参加したのは、140校の4,966人の中学校2年生であった（表5参照）。

表5　層別の学校数と生徒数

層	学校数	生徒数
公立／政令指定都市	19	674
公立／上記以外の市	82	2,945
公立／町村	34	1,137
国立・私立	5	210
合計	140	4,966

ウ．調査の方法と調査時期

TIMSS1999調査では、数学問題および理科問題からなる8種類のセットが用意され、調査対象生徒は指定された1種類のセットを90分間かけて解答した。なお、各セットは約5分間の休憩を挟んで46分間で解答する第1部と44分間で解答する第2部に分かれている。調査問題は、多肢選択式問題に加えて、短い解答を記入する問題や論述式問題があり、調査後は国際的な採点基準による採点作業を要した。上記の問題のほかに生徒質問紙、学校質問紙、教師質問紙を実施した。

第III部　学力の研究と調査

　我が国の調査は，1999年2月に行われた。調査校では，各調査校の教師および都道府県教育委員会の指導主事等が調査実施手引書に従って調査を実施した。

エ．学力の国際比較結果

　表6に1995年および1999年に実施した TIMSS 調査の結果だけではなく，第1回および第2回調査の結果も合わせて示した。

　第1回目は各国の平均得点，第2回目は平均正答率で国際比較を行ったが，第3回目の TIMSS 調査からは参加国の児童・生徒の平均得点が500点，標準偏差が100点になるように換算している。また，参加国数は調査によって調査学年や時期が若干異なるが，小学校は第4学年終了時，中学校は第2学年終了時で，いずれもほぼ同時期の調査とみなすことができる。過去4回（小学校は3回）の調査を通して，我が国の小・中学生の理科の学力は国際的にみて上位にあったと言える。

表6　過去の理科の成績

		小学校				中学校			
調査回 調査年		第1回 1970年	第2回 1983年	第3回 1995年	第4回 1999年	第1回 1970年	第2回 1983年	第3回 1995年	第4回 1999年
実施学年		小5	小5	小4		中3	中3	中2	中2
実施時期		5月	5月	2月	小学校の調査なし	5月	5月	2月	2月
参加国数		16	19	26		18	26	41	38
順位	日本	1位	1位	2位		1位	2位	3位	4位
	韓国	不参加	2位	1位		不参加	10位	4位	5位
	香港	不参加	17位	14位		不参加	20位	24位	15位
	シンガポール	不参加	16位	10位		不参加	18位	1位	2位
	アメリカ	4位	9位	3位		7位	19位	17位	18位
	イギリス	8位	15位	8位		9位	16位	10位	9位
	フランス	不参加	不参加	不参加		不参加	不参加	28位	不参加
	ドイツ（西ドイツ）	10位	不参加	不参加		5位	不参加	18位	不参加

表7　理科得点が一定水準に達した生徒の割合－中2－
（1999年）単位：％

国・地域名	上位10%	上位25%	上位50%	上位75%
日本	19	48	80	96
韓国	22	46	77	94
香港	10	35	75	95
シンガポール	32	56	80	94
アメリカ	15	34	62	85
イギリス	19	42	72	92

　また，表7には TIMSS1999調査における中学校2年生の理科得点が国際的にみて一定水準に達した生徒の割合が各国でどのくらいいるかを示している。たとえば，38ヵ国の全参加生徒の中で成績上位10%までに入る生徒が，我が国では19%に達することを示しており，シン

ガポールは約3分の1の生徒が国際的にみて成績上位10%に入っていることを示している。我が国の中学校2年生は国際的にみて下位の生徒が少ない国であると言えよう。

オ．明らかになった課題

過去4回の児童・生徒の成績が上位グループにある一方で，理科に対する興味や関心など態度面での課題が明らかとなっている。

表8　理科の好き嫌い－中2－

国・地域名	1995年	1999年
日本	56%	55%
韓国	59	52
香港	69	76
シンガポール	92	86
アメリカ	71	73
イギリス	78	83

共通の質問項目で1995年と1999年に中学校2年生に尋ねたところ，理科を好きと回答した生徒の割合は表8のようになった。我が国の生徒は，韓国とともに理科が好きな生徒が約半数であり，成績上位国の中でも特異な存在である。

表9　理科に対する態度－中2－

国・地域名	理科は生活で大切		理科に関する仕事	
	1995年	1999年	1995年	1999年
日本	48	40	20	19
韓国	74	74	26	21
香港	77	81	35	46
シンガポール	93	94	61	58
アメリカ	80	78	50	47
イギリス	81	82	47	48

また，理科に対する態度のうち，理科が生活に大切かどうかについては，我が国は各国の約半数の生徒しか大切だと思っておらず，理科に関する職業に就きたいと思っている生徒も韓国とともに各国の約3分の1から半数にすぎない。

② PISA調査の結果

ア．参加国

PISA2000調査に参加した国は，表10に示した32ヵ国である。なお，実施率において国際基準を満たさなかったオランダのデータは国際結果の算出から除外されている。

表10　PISA2000年調査参加国

OECD加盟国：28ヵ国
オーストラリア，オーストリア，ベルギー，カナダ，チェコ，デンマーク，フィンランド，フランス，ドイツ，ギリシャ，ハンガリー，アイスランド，アイルランド，イタリア，日本，韓国，ルクセンブルグ，メキシコ，オランダ，ニュージーランド，ノルウェー，ポーランド，ポルトガル，スペイン，スウェーデン，スイス，イギリス，アメリカ
OECD非加盟国：4ヵ国
ブラジル，ラトビア，リヒテンシュタイン，ロシア

イ．調査対象・規模

多くの国で義務教育の修了する15歳児を対象に，国際的な規定にもとづいて，全国の学校から層化比例抽出した150校で調査を実施することを基本とした。我が国では，調査母集団を高等学校本科全日制の全学科の第１学年生徒約140万人と定義し，層化二段階抽出法により150学科を決定し，学級を単位として学科内で１学級を無作為抽出した。実際にPISA2000調査に参加したのは，135学科5,256人の高等学校１年生であった（表11参照）。

表11　層別の学科数と生徒数

層	学科数	生徒数
公立／普通科等	69	2,664
公立／専門学科等	27	1,047
国・私立／普通科等	32	1,236
国・私立／専門学科等	7	309
合計	135	5,256

ウ．調査の方法と調査時期

PISA2000調査では，読解力，数学的リテラシー，科学的リテラシーの３領域の内容の問題からなる９種類のブックレットが用意され，調査対象生徒は指定された１種類のブックレットを２時間かけて解答した。なお，各ブックレットは５分間の休憩を挟んでそれぞれ１時間で解答するパート１とパート２に分かれている。調査問題は，多肢選択式問題に加えて，短い解答を記入する問題や論述式問題があり，調査後は国際的な採点基準による採点作業を要した。上記の問題のほかに生徒質問紙と学校質問紙を実施した。

我が国の調査は，2000年７月に行われた。調査校では，国立教育研究所（現国立教育政策研究所）の所員，各調査校の教師あるいは都道府県教育委員会の指導主事等が調査実施手引書に従って調査を実施した。

エ．学力の国際比較結果

PISA調査でもTIMSS調査同様，OECD加盟国の生徒の平均得点が500点，標準偏差が100点になるように換算してある。参加国の全生徒の約３分の２は400点から600点の間に入っている。表12に，科学的リテラシーの平均得点の上位10ヵ国を示した。

科学的リテラシーの平均得点は，韓国

表12　科学的リテラシー得点の国際比較（上位10ヵ国まで）

順位	国名	得点
1	韓国	552
2	日本	550
3	フィンランド	538
4	イギリス	532
5	カナダ	529
6	ニュージーランド	528
7	オーストラリア	528
8	オーストリア	519
9	アイルランド	513
10	スウェーデン	512

リテラシーの平均得点の上位10ヵ国を示した。

が最も高く，続いて我が国，フィンランド，イギリスの順になっている。ただし，韓国の得点と我が国の得点とには統計的な有意差がないため，我が国は韓国と並んでトップグループであると言える。

また，表13に示したように，我が国は国際的にみて上位5％および10％に位置する者の得点が最も高い。

表13　科学的リテラシー得点の国別分布（上位5％値の高い国順）（上位10ヵ国まで）

国名	上位5％値	上位10％値	上位25％値	下位25％値	下位10％値	下位5％値
日本	688	659	612	495	430	391
イギリス	687	656	602	466	401	366
ニュージーランド	683	653	600	459	392	357
オーストラリア	675	646	596	463	402	368
韓国	674	652	610	499	442	411
フィンランド	674	645	598	481	425	391
カナダ	670	641	592	469	412	380
アイルランド	661	630	578	450	394	361
スウェーデン	660	630	578	446	390	357
オーストリア	659	633	584	456	398	363

韓国の上位5％，10％，25％に位置する者の得点は，我が国よりいずれも低いが，逆に下位5％および10％に位置する者の得点は411点，442点で，我が国の391点，430点より高くなっている。韓国の生徒は，我が国の生徒よりも上位の者も下位の者も少ないことが分かる。

(5)　おわりに

TIMSS調査およびPISA調査の結果から，我が国の小学校4年生および中学校2年生の理科の成績や高等学校1年生の科学的リテラシーの得点は国際的にみてトップグループにあるということが明らかになった。さらに，TIMSS1999調査とPISA2000調査の両方ともに参加した国について，中学校2年生の理科得点と高等学校1年生の科学リテラシー得点をプロットしたところ，図2のようになった。

学校における基礎学力と社会や生活の中での応用力との間には相関関係が認められ，学校での理科で培った学力が社会や生活に必要とされる応用力にもつながっていくのではないかと考えられる。

特にPISA調査に参加した生徒たちの感想は概ね好意的であった。平成

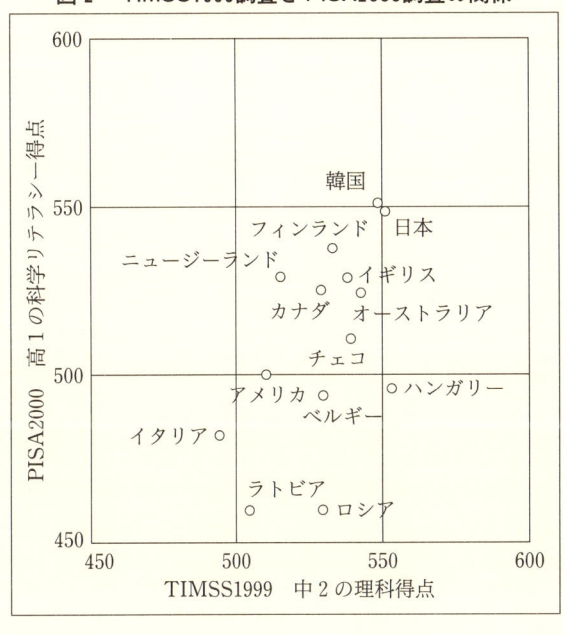

図2　TIMSS1999調査とPISA2000調査の関係

14年度から実施された新学習指導要領では「生きる力」が重視されており、PISA調査の出題問題は各学校等でのテスト問題作成に大いに参考になるであろう。

〈注〉
(1) 1964年に第1回国際数学教育調査、1981年に第2回国際数学教育調査を実施している。
(2) 1970年に第1回国際理科教育調査、1983年に第2回国際理科教育調査を実施している。
(3) このことに伴い、1995年に実施した「第3回国際数学・理科教育調査(TIMSS)」はTIMSS1995と名称を変更し、以降4年おきの調査はTIMSSの後に調査年を付けて呼ぶこととなった。

〈引用文献〉
1) 国立教育政策研究所編『生きるための知識と技能　OECD生徒の学習到達度調査(PISA)』、ぎょうせい、2002年、9頁。
2) 国立教育研究所編『国際理科教育調査－IEA日本国内委員会報告書－』第1部　国内結果の概要、1973、9頁。
3) 国立教育研究所編『第2回国際理科教育調査報告書－国内結果の概要－』国立教育研究所紀要、第111集、1985、8頁。

4) 国立教育研究所編『小・中学生の算数・数学，理科の成績－第3回国際数学・理科教育調査国内中間報告書－』国立教育研究所紀要，第126集，1996，111-117頁。
5) 国立教育政策研究所編『数学教育・理科教育の国際比較－第3回国際数学・理科教育調査の第2段階調査報告書－』国立教育政策研究所紀要，第130集，2001，75-76頁。
6) 文献1)，13-16頁。

第Ⅲ部　学力の研究と調査

第6章

学力テストの教育心理学的考察

山森光陽

1　教育心理学からみた学力テストと学力研究

　教育心理学とは「教育にまつわる諸問題の解決に資する心理学」であると仮に定義すれば，学力問題は教育心理学においても積極的に論じられるのが自然であろう。教育心理学研究者集団の代表ともいえる日本教育心理学会の学会誌である「教育心理学研究」においては，その第1号の巻頭論文が城戸幡太郎の「学力の問題」[1]であるが，以後，原著論文として「学力」という単語を表題に冠した論文は14本であり，その内訳は1950年代から1960年代にかけて12本，1990年代に2本である。一方，「教育心理学年報」などでは，学力問題も積極的に論じられるべきであるという主張がなされている程度である[2]。

　では，なぜ学力研究が教育心理学においてなされることが少なかったのだろうか。そこには，教育心理学の研究スタイルが影響しているのではないだろうか。

　知能検査に代表されるように，心理学の歴史は「潜在特性をいかに首尾良く測定するか」を求め続けてきたという一面を持っている。身長や体重のように定規や秤で直に測定できるものとは異なり，学力や知能も含めて心理量は潜在特性であるため，直接観察し測定することができない。そのため，潜在特性を捉えるにあたっては，観察できる現象をもとに理論的に概念を構成する必要があり，このようにして構成された概念を構成概念という。そして，構成概念の定義をする手続きを操作的定義といい，この手続き無しにはいかなる構成概念も科学的心理学の用語としての市民権をもち得ない[3]。

操作的定義とは，ある概念を定義する際に測定操作を伴いながら定義づけを行うことであり，一般的な手続きは図1の通りである。たとえば，知能検査を作る際にはまず，「知能像」を規定する。次に，その「知能像」を代表すると考えられる項目からなる検査を作成し，知能検査の受験者としての代表性が高い集団に対して検査を施行する。この実施結果を分析し，検査を作る前段階で規定した「知能像」の修正を行ったり，検査項目の修正，削除，追加などを行い，さらに代表性の高い集団に対して修正後の検査を施行する。このような「知能像」や検査項目の修正を繰り返し行い，「知能像」をより確固としたものにすると同時に，最終的に，「知能像」を代表するに相応しい項目からなる検査を作成する。このような手続きを経て初めて，構成概念が心理学研究で扱いうる概念となるのである。

図1　知能検査を例にした操作的定義の手順（並木，1997を参考に作図）

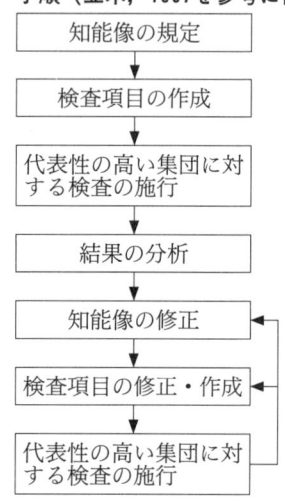

知能像の規定
↓
検査項目の作成
↓
代表性の高い集団に対する検査の施行
↓
結果の分析
↓
知能像の修正
↓
検査項目の修正・作成
↓
代表性の高い集団に対する検査の施行

　知能検査は，100年あまりの歴史を持つ心理学の中でもっとも成果をあげた研究のひとつといわれるが，この知能をめぐっても研究者によって定義は異なり，一様な「知能」観のコンセンサスは得られていない。それでも知能検査が心理学においてもっとも成果をあげている研究の一つであるとされるのは，この操作的定義が厳密に行われてきたことにほかならないのである。
　一方，学力については操作的定義の試みが知能検査と比べてそれほどなされてこなかったことが，教育心理学において学力研究が少ない原因のひとつと考えられる。しかし，これは学力を扱おうとした研究者が操作的定義の試みを怠ったというよりはむしろ，操作的定義の出発点である「学力像」の規定そのものが困難であるという事情によるものであろう。
　このように，「学力像」の規定が困難であるという事情があるにもかかわ

らず，現在我が国においては「学力テストブーム」ともいうべき状況が見られる。教育課程実施状況調査に代表される全国的な調査に加えて，各地方レベルでも学力テストと一般的に呼ばれる調査が実施され，その結果が公表されている。

たとえば，国立教育政策研究所が実施している教育課程実施状況調査の場合，そもそも「学力」テストであるとは謳っていない。仮に学力テストであるならば，「学力像の規定」から始まる操作的定義が行われているはずである。だが，この調査は学力を捉えることではなく，学習指導要領の定める内容を児童生徒がどの程度身につけているかを捉えることを本来の目的としている。そのため，仮にこの調査結果をもって「学力」とした場合，「学習指導要領の定める内容」こそが「学力」であるというおかしな関係が成立することになる。しかし，元来この教育課程実施状況調査が「学力」を捉えることを目的とはしていないため，この調査結果から「学力」について論じることは拙速であるといわざるを得ない。

地方レベルで実施される類似の調査の中には，東京都で実施された「学力定着状況調査」のように，「学力」調査であると明記されているものもある。だが，確固たる「学力像」の規定の試みがなされていない現状においては，いわゆる「学力テスト」の結果を読み取る場合，テストを受験した子どもが実施されたテストの各項目にまつわる学習内容をどれだけ身につけているか，ということしか知ることはできないといえよう。また，意識や態度の調査が同時に実施されている場合にも，用いられた項目に代表されるような意識や態度を子どもがどの程度持ち合わせているか，ということしか知ることはできないといえよう。

2　学力テストにまつわる問題

ある学校の教頭が，全国的，全県的に行われている「学力テスト」について「学力テストの実施に協力するのは徒労である。週5日制が導入されてただでさえ授業時数の確保が難しいのが実態であるのにもかかわらず，授業時

間内で依頼された学力テストを実施しなければならない。その結果が教師の指導の改善に生かされるようなかたちで還元されるのであれば，是非とも協力したいと思うが，実際はそのような資料も得られない。そのようなテストで貴重な授業時間を使うのは本末転倒である」と私信で指摘をした。

　この指摘は，現在全国的なブームとなっている，いわゆる「学力テスト」の問題を極めて端的に表しているといえよう。以下，本節では，このようなテストの課題について論じる。

　第1は，平均点にまつわる問題である。現在各地で行われている，いわゆる「学力テスト」は，地域別，学校別の平均点や平均通過率が公表される一方で，度数分布表や，ばらつきの指標である標準偏差については公表されていないケースもある。

　平均点というのはデータの中心を求めることによってその集団の全体的傾向を捉えようとする目的で用いられる。だが，平均点だけでその集団の傾向を論じることはできない。図2は平均点の性質を表したものである。この図から分かるように，度数分布表を竿秤のようなものであるとみなしたときに，釣り合いがとれる点が平均点である。したがって，平均点が仮に50点であったとしても，分布にばらつきがあるのか，全員が50点を取ったのか，それとも高得点群と低得点群に2極化しているのかといったことを判断することはできない。

　特に義務教育段階の諸学校における教

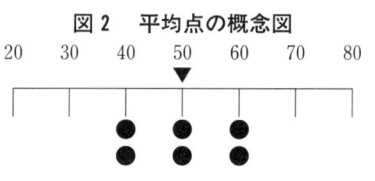

図2　平均点の概念図

(a) 40点，50点，60点が各2名ずつの場合

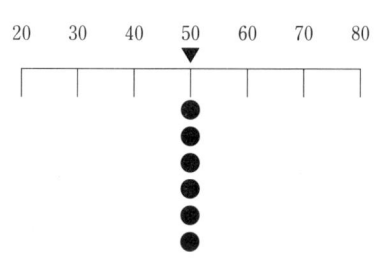

(b) 6名全員が50点の場合

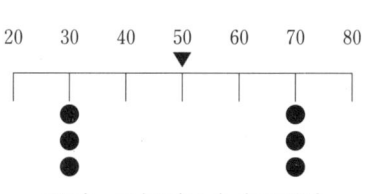

(c) 30点，70点が各3名ずつの場合

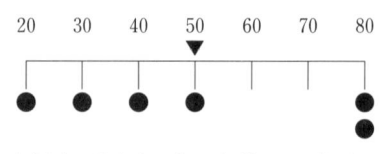

(d) 20点〜50点まで各1名ずつ，80点が2名の場合

育活動においては，本来ひとりひとりの子どもに等しい学習成果が保障されなければならないのであって，学校全体の平均点を上げることが目的ではないはずである。平均点を用いて学校もしくは地域の「学力」の指標とすることは，ひとりひとりの子どもがどのような学習活動を行い，どのような成果を身につけたのかといったことに対する視点が失われる。その結果，どのような子どもに，どのような手だてを講じればよいのかという具体的な情報を得ることもできない。

さらに，地域別の平均点ないしは平均通過率をもとに，マスコミによって地域が順位づけされて公表されているという実態や，学校別の平均点ないし平均通過率およびその順位が各学校に通知され，特に順位が低かった学校などに対しては，その結果だけをもとにして「学力テスト」の得点を高めるべく，休業期間中の補習授業を行うなど，教育課程や指導方法の改善が促されている事例もある。

第2は，テストの実施方法にまつわる問題である。このような学力テストは，教科別のテストと意識や態度の調査が1セットとなって実施されることが多い。だが，そのテストを受けた子どもがどのような授業を受けていたのかという情報は収集されていない。

そのため，テスト結果が公表されても，どのような単元や分野の結果がよかったのか，また期待通りの結果ではなかったのかといったことしか知ることはできない。特に，期待通りの結果ではなかった単元や分野についての情報は，このような大規模なテストを実施するまでもなく，日頃から実際に子どもの指導にあたっている教師にとっては，既知の情報であることが多い。

たとえば，東京都が平成15年度末に中学校2年生を対象に行った学力定着状況調査の報告書では，英語科の「書くこと」について，「今後さらに，基本的な文型や文法事項の定着を図る指導，及び他の言語活動との関連を図った『書くこと』の指導の充実が望まれる。」といった記述がある。また，他の言語活動との関連を図った「書くこと」の指導の留意点として，

・現在行っている指導を言語活動の関連の視点から見直し，整理してみる。
・どのような言語活動の組み合わせが有効なのかを検証する。

・発達段階に応じて，計画的・継続的に行う。
・基本的な文型・文法事項の定着を図るための繰り返しの指導を，言語活動を関連させた指導の中で確実に行う。

という4点をあげている。

しかし，この情報だけでは指導方法の改善にはつながらない。というのも，多くの中学校の英語教師にとって，「書くこと」すなわち英作文は，多くの生徒が困難を感じる分野であることはすでに理解していることである。しかも，他の言語活動との関連を図った「書くこと」の指導の留意点としてあげられている4点は，いずれも英語科教育における一般論である。むしろ，教師にとって必要な情報は，留意点の中にもあげられている「現在行っている指導を言語活動の関連の視点から見直す」ための方策であり，「どのような言語活動の組み合わせが有効なのか」といったことではないだろうか。

このように，全国的に行われているいわゆる「学力テスト」は，テストを受けた子どもがどのような授業を受けていたのかという情報は収集されていないため，どのような子どもにどのような指導を行えばよいのかという，指導方法の具体的な改善案を分析結果から提示することができないという問題がある。

全国的，全県的に行われる学力テストの実施にあたっては，作問や結果の処理に多くの労力を要する。さらに，実際にテストを実施する各学校の教師の負担も大きい。それにもかかわらず，結果から提示される情報は，地域や学校の平均点，そして一般論的な指導方法の改善案に過ぎないという現状がある。そして，どのような子どもに，どのような手だてを講じればよいのかといった指導方法の具体的な改善案こそが，教育現場の最前線に立つ教師に求められているにもかかわらず，そのような具体案が提示されない。

3 学力を捉え，指導に活かすストラテジー

(1) 何を，どのように捉えるか

「児童生徒の学習と教育課程の実施状況の評価のあり方について（答申）」[4]においては，これからの評価の基本的な考え方として，「学力については，知識の量のみでとらえるのではなく，学習指導要領に示す基礎的・基本的な内容を確実に身に付けることはもとより，それにとどまることなく，自ら学び自ら考える力などの『生きる力』がはぐくまれているかどうかによってとらえる必要がある。」と述べられている。さらにその評価にあたっては，「自ら学ぶ意欲や思考力，判断力，表現力などの資質や能力までを含めた学習の到達度を適切に評価していくことが大切である。」とし，「『関心・意欲・態度』『思考・判断』『技能・表現』『知識・理解』の4観点による評価を基本とすることが適当である。」と提言されている。

そこで，「学力」をこの答申に沿って「生きる力」であると仮定し，その

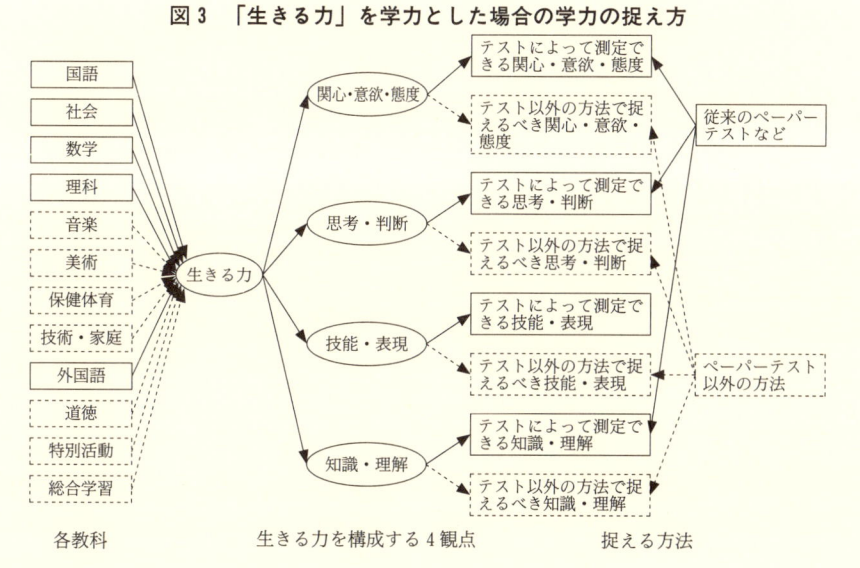

図3 「生きる力」を学力とした場合の学力の捉え方

各教科：国語／社会／数学／理科／音楽／美術／保健体育／技術・家庭／外国語／道徳／特別活動／総合学習 → 生きる力

生きる力を構成する4観点：関心・意欲・態度／思考・判断／技能・表現／知識・理解

捉える方法：
- テストによって測定できる関心・意欲・態度
- テスト以外の方法で捉えるべき関心・意欲・態度
- テストによって測定できる思考・判断
- テスト以外の方法で捉えるべき思考・判断
- テストによって測定できる技能・表現
- テスト以外の方法で捉えるべき技能・表現
- テストによって測定できる知識・理解
- テスト以外の方法で捉えるべき知識・理解

従来のペーパーテストなど／ペーパーテスト以外の方法

評価を「関心・意欲・態度」「思考・判断」「技能・表現」「知識・理解」の4観点で行うべきであるとした場合、中学校の教育課程における「学力」を捉えるための「学力テスト」の構造を示すと、図3のように表すことができると考えられる。この図は、各教科における学習内容が「生きる力」を育むことを目指しており、その生きる力の下位構造として、いわゆる評価の4観点があると仮定した場合、学力テストは何を捉えようとしているのかを図示したものである。また、破線で描かれているものは、各地で実施されている「学力テスト」と呼ばれる調査ではほとんど捉えられていないものであることを表している。

　この図から理解できるように、たとえば中学校の生徒を対象とした、既述のいわゆる「学力テスト」では、技能教科や特別活動、道徳、総合的な学習の時間で育まれた「学力」について捉えられていないばかりか、「知識の量のみで捉えるのではなく」と指摘されながらも結局はペーパーテストによって測定できる内容しか捉えられていないといえよう。

　したがって、仮に学力を教育課程審議会の答申のいうように「生きる力」であると仮定するならば、ペーパーテストでは捉えられないものについては第Ⅲ部第1章、第2章に紹介されているポートフォリオ評価などを用いることにより、図3で示したような学力の全体像を捉える営みが必要であろう。

　関連して、ここでは学力テストの妥当性（validity）と信頼性（reliability）についても触れておきたい。妥当性と信頼性は混同されがちな概念であるが、似て非なる概念である。たとえば、「かわいい犬」の写真を撮る場合を例にすると、本当にカメラのレンズが「かわいい犬」の方向に向いていなければ「かわいい犬」の写真は撮れない。また、「かわいい犬」をかわいく撮るには、レンズの精度が高くなければならない。このとき、カメラのレンズの向いている方向が「妥当性」であり、レンズの精度が「信頼性」であるといえる。つまり、「学力」という構成概念に即してテスト項目が作成されているかどうか、またポートフォリオを用いる場合であれば、その構成概念に即した資料が用いられているかどうかが「妥当性」である。また、そのテスト項目や資料がどの程度、対象となる構成概念を正確に捉えることがで

きるかどうかが「信頼性」である。

第1節において操作的定義の手順について述べたが，図3と操作的定義の手順と照らし合わせるならば，「各教科」「生きる力」「生きる力を構成する4観点」，そして「捉える方法」の，それぞれを相互に参照しながらよりよく「学力」を捉えようとする営みが操作的定義であるといえる。そして，操作的定義の手順と，学力を捉える方法の妥当性と信頼性を高める営みはほぼ同一であるといえよう。

(2) 指導に活かすためにはどうすればよいか

全国的，全県的に行われている学力テストについて，どのような子どもに，どのような手だてを講じればよいのかといった指導方法の具体的な改善案こそが，教育現場の最前線に立つ教師に求められているにもかかわらず，そのような具体案が提示されないことが問題であることを第2節において指摘した。そこで，ここでは指導方法の具体的な改善案が提示できるような学力テストのデザインについて論じる。

教育心理学における教授学習過程の研究における研究パラダイムのひとつに，適性処遇交互作用（Aptitude-Treatment Interaction: ATI）がある。このパラダイムによる研究は，どのような子どもに，どのような手だてを講じればよいのかといった指導方法の具体的な改善案の提示を可能とする。

適性処遇交互作用とは，学習者の特徴によって，どのような教育方法や訓練方法が効果的かということが異なってくる現象のことである[5]。例えば，倉八は，小学校6年生に対して行った英語教授法比較研究の結果，図4のような適性処遇交互作用を見いだした[6]。

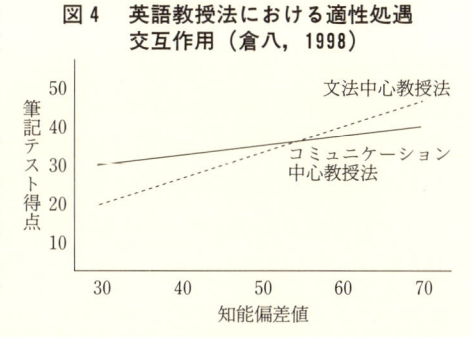

図4 英語教授法における適性処遇交互作用（倉八，1998）

この結果は，知能偏差値の高い子どもには文法中心教授法によって，知能偏差値の低い子どもにはコミュニケーション中心教授法によって授業を行うこ

213

とが効果的であることを示している。

　また，第Ⅲ部第3章において紹介した「授業法の違いが児童生徒の学力，興味・関心・意欲及び学習態度の形成に及ぼす教育効果に関する比較研究」では，「きめ細かな学習指導の充実」の一方策としての少人数指導の効果を，適性処遇交互作用のパラダイムを援用して検討を行った。具体的には，「進度が速い」「教師の説明がわからない」などの「授業理解の阻害要因」と「授業中，先生にノートやプリントを見てもらう」などの「個別学習の機会」との関連を検討し，できるだけ多くの子どもの「学力テスト」や「興味・関心・意欲」「学習態度」を高める授業法は何かという視点で，授業方法の比較研究を行った。

　このように，研究目的に応じて適切に選択された個人差要因と，教授方法や学習方法などの処遇の情報との組み合わせた学力テストを実施することにより，どのような子どもに，どのような手だてを講じればよいのかといった指導方法の具体的な改善案の提示が可能となる。

4　まとめ

　本章では，学力テストにまつわる問題と，どのような子どもに，どのような手だてを講じればよいのかといった指導方法の具体的な改善案の提示を可能とする学力テストのストラテジーについて論じた。現在，全国的な調査を始めとして，各地で学力テストの実施が取り組まれているが，学力テストを行うことそのものが問題なのではない。教育政策の立案とその評価を行い，日々の指導の改善を行うには，科学的なデータにもとづく裏付けが必要である。だが，現在実施されている「学力テスト」と呼ばれるものの多くは，平均値により地域や学校の全体的傾向を捉えるにとどまっており，結果として指導方法の具体的な改善案の提示がなされていないという問題があることを指摘した。そして，よりよく学力を捉えるためには，ペーパーテストによる知識の量の測定にとどまらず，ポートフォリオなどをも併用しながら学力の全体像を捉える試みが必要であり，学習者の個人差や教授方法などの情報と

の組み合わせにより，指導方法の具体的な改善案の提示が可能となることを論じた。

　本章で論じたような改善策が受け入れられ，学力を捉える営みの果実が子どもひとりひとりに還元され，すべての子どもに等しく学力を保障する契機となってはじめて，学力研究が意義のあるものになるといえよう。

〈注〉
(1)　城戸幡太郎「学力の問題」『教育心理学研究』1953年，1，1‐8頁。
(2)　藤沢伸介「『学力低下』問題への教育心理学の関わり：『モード論』的視点から」『教育心理学年報』2003年，42，158-167頁。
(3)　並木博『個性と教育環境の交互作用：教育心理学の課題』培風館，2003年，113-118頁。
(4)　教育課程審議会『児童生徒の学習と教育課程の実施状況の評価のあり方について（答申）』2000年。
(5)　市川伸一『学習と教育の心理学』岩波書店，1995年，103-106頁。
(6)　倉八順子『コミュニケーション中心の教授法と学習意欲』風間書房，1998年，183-206頁。

第7章

高校の「総合的な学習の時間」の輪郭
―― 「学力低下」論争のはざまで ――

菊地栄治

　1990年代は「失われた十年」と呼ばれることがある。バブル崩壊後，日本経済は低迷を続け，長らくデフレ不況の現実の前に立ちすくんできた。産業の空洞化，経済のマイナス成長，土地神話の解体，日本的雇用慣行の崩壊，出生率低下と社会保障制度の信用低下……。経済社会にまつわる不安要素が一挙に噴き出してきた。相互不信と社会不安が募り，出口のないトンネルに入り込んだ気分に苛まれているようにも見える。この時期，経済社会の苦境に突き動かされるように，さまざまな教育改革論議が展開されていった。教育現実を丁寧に踏まえることを忘れたまま，性急な批判と自己弁護のやりとりが交わされていくことになった。

1　「学力低下」論争の顚末

　「失われた十年」は，どちらかと言えば経済社会を語る言葉である。まるで経済が被害者であるかのような語りが充満する。しかし，いま少し教育の文脈に即して言えば，まさに経済成長の実現によって私たちが失ってしまったものこそを問わなければならない。たとえば，1980年代の終わりごろから，「子どもが変わった」という声を教育現場で耳にするようになった。「新しい荒れ」「小1プロブレム」「学級崩壊」といった現象は，微妙に重なり合いながら，子どもたちの生と生活の危うさを端的に表現してきた。「学びからの逃走」や「学習意欲の衰退」もずいぶん早くから指摘されていたように記憶している。私たちはむしろ，「学力低下」論争で新たに加えられたものは何かを見極める必要がある。

第Ⅲ部　学力の研究と調査

　不思議なことに，教育政策は，こうした教育社会の現実の深刻さとおよそ無関係なところで語られ決定される場合が少なくない。「問題」として取り上げられるデータは，マス・レベルの不登校発生率や中退率である。そこでは，のっぺりとした現実記述と社会の斉一的変化への対応が過度に強調される。子どもたちの現実とずいぶん距離のある語りが多い。現実対応の肌理をもち，意図されざる結果を想定していれば，学校週五日制の一斉実施やスリム化の断行が強引になされることなどなかったかもしれない。そもそも改革プラン自体が「臨床」という言葉の深い意味を取り違えている。個別病理に専門家がなす対応と緊密な連携……程度の意味にしか解されてなかったことが致命的である。

　新しい学習指導要領が試行される少し前，「学力低下」論争の口火が切られた。語りの担い手の中心は，理数系教科目の基礎学力低下を切実な問題として受け止めた数学者や経済学者たちであった。当初は，高大の教育課程の接続関係が問題視されていた。大学の大衆化という現実は括弧に入れるにしても，大学で補習教育をせざるを得ない状況そのものが批判的に捉えられたのである。やがて，国家の危機的な現象として再解釈され，さまざまな語り手がこの「学力低下」論争のアリーナに登場してくることになる。

　受験勉強賞賛型の論客だけでなく，学力の階層差という社会学然とした論を立てる研究者たちも現れた。しばらくの間，学力低下をめぐって，データにもとづく攻防がなされていく。教育政策の立案主体である文部科学省は，「低下していない」という事実を示すことに躍起となる。やがて，「確かな学力」という言葉で対立を融解させるという方向で事態の収拾が図られていく。

　「学力低下」論争は，私たちにいったい何をもたらしたのだろうか。何を変え，何を温存したのだろうか。

　最も大きな変化は，①国などの行政が生徒個人の学力データを組織的に収集することを推進し，「学力」を実体化することに貢献したこと，②新しい学習指導要領が必ずしも絶対的な正しさを持ち得ない可能性を認識させたこと，③教育の営みを「学力」という一点に焦点化し習熟度別指導や学力テストなどの実施を後押ししたこと……である。他方，変わらないことは，①学

習指導要領の是非論にすり替えられることで，中央集権的なまなざしを維持したこと，②教育現場の現実や子どもの姿から私たちが学ぶというスタンスを依然として軽視していること，③「学力」という一点にものごとを単純化することによって教育の深さや人間のわからなさを捨象し続けていること，④さまざまな専門家が知を産出し大衆が翻弄されるという構造を維持・強化したこと……などである。

　一連の流れの中で，日々子どもたちと向き合う教師たちから力が奪われ，当事者たちは単純なものの見方を受け入れるように馴らされていった（皮肉な見方をすれば，不安を煽られる保護者と無関心型の保護者に「階層化」させることに貢献したとも言えよう）。「学力低下」論争の最大の「貢献」は，この単純思考を普及・拡大させたことに尽きるのではないだろうか。その意味では，ほんとうに反省すべき点を見落としたまま，上滑りな制度論が熱心にたたかわされていくという危険性を帯びていく。

　いずれにしても，改革論者を中心に専門家になればなるほど当事者のほんとうの声を聴く力を失っていく。これは，「専門家社会」のひとつの病理でさえある。私たちが，次に行うべきは，振り子を大きく揺らしてそこから個人的な利益や満足感を得ることではない。近代の知は，知の主体がある種の慢心に陥ることによって，「聴く」ことから遠ざかる。そうではなく，せめて次善の一手に資するように，当事者の声を聴くことが重要である。

　本稿では，とくに「学校週五日制」完全実施下での「総合的な学習の時間」の実施状況について，最新のデータ[1]をもとに検討を加える。とくに，義務教育と大学教育・労働市場をつなぐ高校教育に焦点を合わせて，現実の動きの中から現代の問題状況を浮き彫りにしたい。

2　二重基準としての「学校週五日制」

　学校週五日制に関して言えば，少年事件への危機感を背景にして，高校でも改革の工程表を一年早めるところとなった。2002年4月，公立学校では一斉に完全実施が実現された。とはいえ，周知のように，この制度化は私立学

第III部　学力の研究と調査

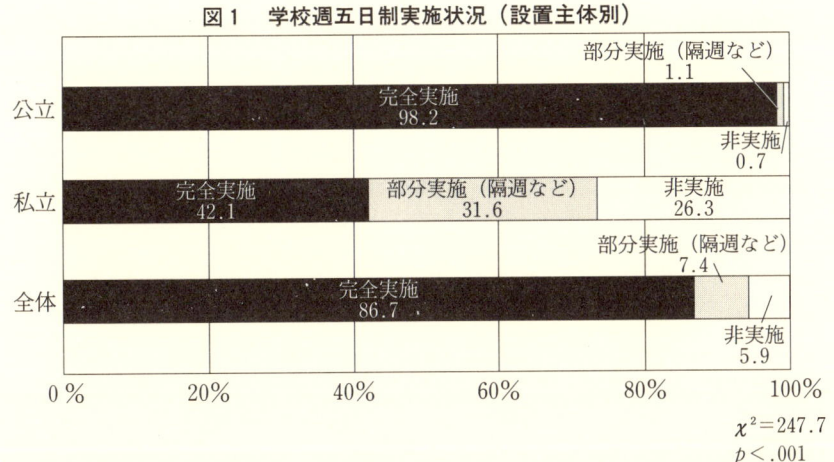

図1　学校週五日制実施状況（設置主体別）

公立　完全実施 98.2／部分実施（隔週など）1.1／非実施 0.7
私立　完全実施 42.1／部分実施（隔週など）31.6／非実施 26.3
全体　完全実施 86.7／部分実施（隔週など）7.4／非実施 5.9

$\chi^2=247.7$
$p<.001$

校にはさほどの拘束力をもたなかった。図1に示すように，私立高校の完全実施率は42.1%にとどまり，非実施が26.3%に達している。しかも，勉強の得意な生徒を受け入れている「学力」層ほど実施率が極端に低くなっている（データ省略）。一方で，私立高校には中高一貫校や附属大学への優先的進学が認められ，先取り学習などが展開される（図2）。

図2　高校の制度上の特徴と教育活動（設置主体別：%）

①全県学区　私立 98.2／公立 49.9
②「中高一貫校」　私立 47.8／公立 2.8
③附属大学等への優先的進学　私立 56.1／公立 0.0
④受験に熱心な保護者　私立 75.0／公立 46.6
⑤3年間HR混合編成　私立 34.2／公立 56.6
⑥先取り学習の実施　私立 31.6／公立 15.3
⑦受験学力の向上　私立 62.2／公立 45.7

制度改革に忠実に従わざるを得ない公立高校では，さまざまな矛盾が生じている。最も単純には，時間数の問題がある。土曜日の授業を平日に詰め込み，それでも部活動指導の役割を期待され，結局のところ，既存の格差を拡大させるとともにそれを個人や組織の努力不足に帰すという構造が強化されていった。概して，「学力低下」論争の論者たちは，公・私立間の関係に触れることが極端に少ない。空間と時間を比較的効率よく自己決定できる機関と制度的な拘束力の強い機関が存在する中で，「学力低下」論も二枚舌に陥る危険性をもっている。

　さて，今次の改革で最も注目を集めたのは，「総合的な学習の時間」であった。しかし，「学校週五日制」の完全実施がなされる一方で，公私間で二重基準が課され，公立高校からは不信の声が上がったりもした。学習指導要領の再改訂は時間の問題だとばかりに，「まともに受け止めない方がよい」あるいは「まじめにソウゴウをやると損だ……」という疑心暗鬼が広がっていった。この疑いのまなざしに拍車をかけたのが「学力低下」論であり，「行政サイドの一貫しない姿勢」であった。この点は，多くの現職校長・教員の語りによって裏付けられている。

3　「総合的な学習の時間」の実施状況

　それでは，「総合的な学習の時間」は制度としてどのように実現されているのか。ここでは中学校との対比を含めて，高校での実態を読み解いていく[2]。

　図3は，高校と中学校の「総合的な学習の時間」の実施率を示したものである。中学校は2001年度という試行実施段階での調査であるにもかかわらず，実施率は96.8％に達している。しかも全学年実施がほとんどであり，組織的に取り組まれたことがうかがえる。これに対して，高校では（学年進行ではあれ）「総合的な学習の時間」が制度化された2003年度段階であるにもかかわらず，実施率は88.0％にとどまる。全学年実施にいたっては，3割程度にすぎない。公立高校は，完全学校週五日制を実施している割合が高いことも

第Ⅲ部　学力の研究と調査

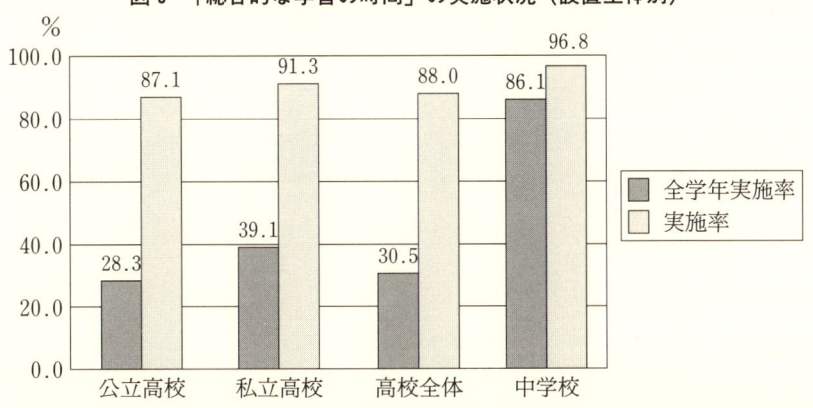

図3　「総合的な学習の時間」の実施状況（設置主体別）

[グラフ：公立高校 全学年実施率28.3％、実施率87.1％／私立高校 39.1％、91.3％／高校全体 30.5％、88.0％／中学校 86.1％、96.8％]

あって，私立高校よりもいくらか低い実施率となっている。「総合的な学習の時間」に対する中高の受け止め方の温度差は，明らかに実施率の違いとなって表れている。

「総合的な学習の時間」をめぐる中高の実施状況の違いは，質的な次元でも浮かび上がる（図4）。一部高校を想定した質問項目を加えているが，複数回答であるため相互の比較が可能である。顕著な違いは，以下の三つである。

第一に，高校では地域とのかかわりが極端に薄くなる点である。「地域で行う体験学習を実施している」（中学校70.1％，高校29.0％）「地域住民を講師として招いている」（中学校60.2％，高校34.2％）はいずれもきわめて大きな開きを示している。通学区域の広さの違いも関係していると考えられる。第二に，学習の主体である生徒の姿をとらえダイナミックな動きを促す仕掛けが乏しい点である。「学年もしくは学校全体の発表会を実施している」（中学校84.4％，高校32.9％）「生徒へのアンケートをふまえて課題を設定した」（中学校27.9％，高校12.9％）「生徒の相互評価を評定に反映させている」（中学校20.4％，高校8.0％）の3項目では2倍以上の開きが見られる。第三に，「総合的な学習の時間」の初発の趣旨とは異なる実施方法をとる高校がかなりの数に上っている点である。「小論文指導」と「教科の発展学習の時間」として活用している割合がそれぞれ20.3％，16.7％に上っている。時間

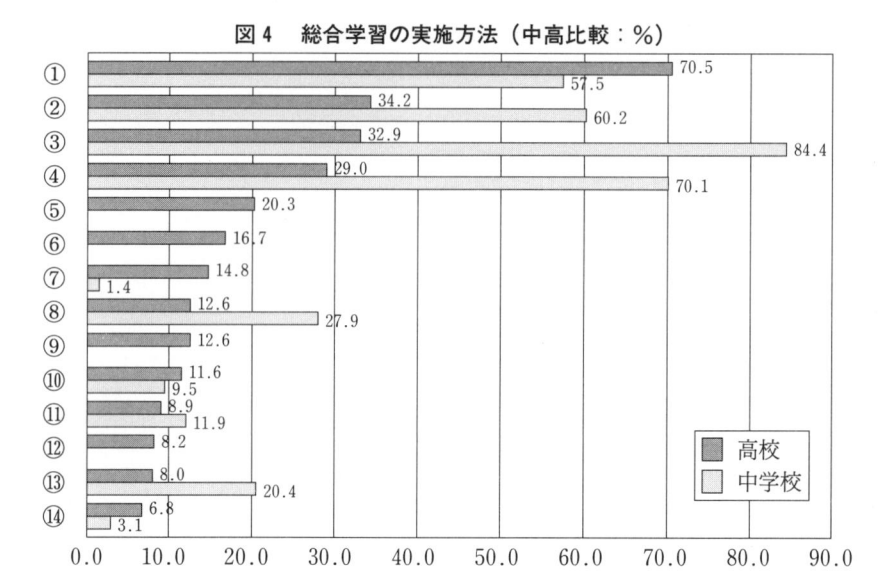

図4　総合学習の実施方法（中高比較：%）

番号	高校	中学校
①	70.5	57.5
②	34.2	60.2
③	32.9	84.4
④	29.0	70.1
⑤	20.3	
⑥	16.7	
⑦	14.8	1.4
⑧	12.6	27.9
⑨	12.6	
⑩	11.6	9.5
⑪	8.9	11.9
⑫	8.2	
⑬	8.0	20.4
⑭	6.8	3.1

注）①学年の統一テーマを設けている
　　②地域住民を講師として招いている
　　③学年もしくは学校全体の発表会を実施している
　　④地域で行う体験学習を実施している
　　⑤小論文指導をしている
　　⑥教科の発展学習の時間として活用している
　　⑦他校にはない特色がある
　　⑧生徒へのアンケートをふまえて課題を設定した
　　⑨ワークショップ方式の学習を重視している
　　⑩学習指導要領の改訂前に学校独自の総合学習に取り組んでいた
　　⑪小・中学校での「総合的な学習」を踏まえて指導計画を立てている
　　⑫学校行事を読み替えている
　　⑬生徒の相互評価を評定に反映させている
　　⑭NGO／NPOのスタッフを講師として招いている
　　※中学校校長調査では，⑪は「小学校での……」としている。

数捻出のための苦肉の策であろうか，学校行事を読み替える高校も8.2％を数えた。

「総合的な学習の時間」への評価も厳しいものがある（図5）。「何のために『総合的な学習の時間』が必要なのか疑問である」という教員が，中高ともに6割を超えている。高校入試を前にして，中学校教員の方が「基礎学力低下」を懸念する傾向があるが，それよりも，自己成長や新たな出会いの機会として「総合的な学習の時間」を捉えていない高校教員の姿が気になる。

第Ⅲ部　学力の研究と調査

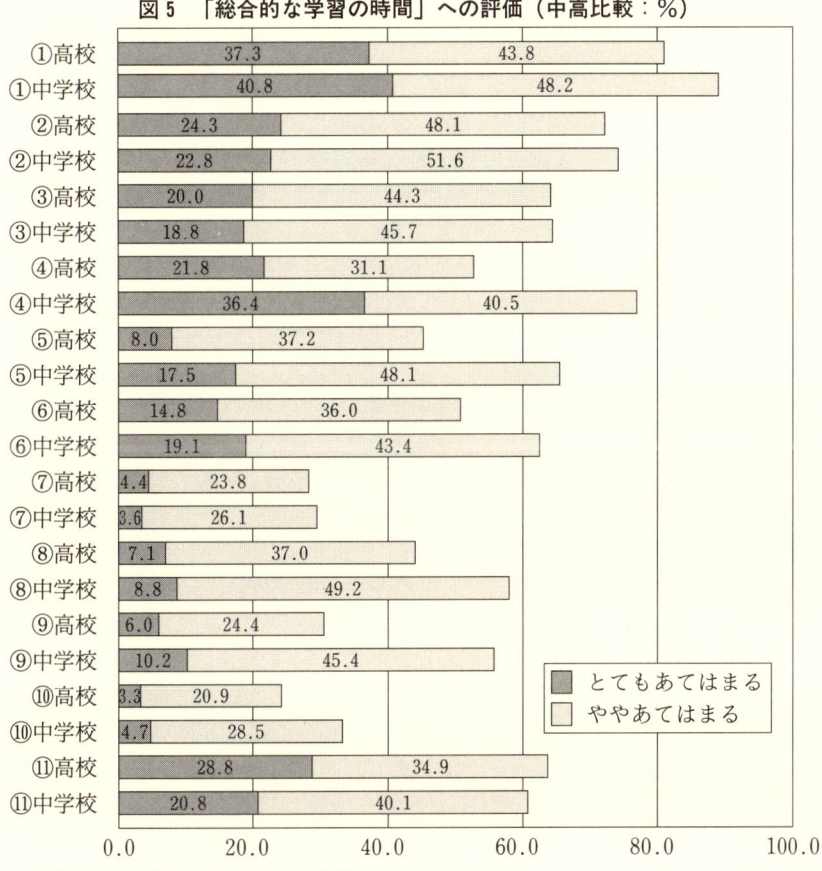

図5　「総合的な学習の時間」への評価（中高比較：%）

	とてもあてはまる	ややあてはまる
①高校	37.3	43.8
①中学校	40.8	48.2
②高校	24.3	48.1
②中学校	22.8	51.6
③高校	20.0	44.3
③中学校	18.8	45.7
④高校	21.8	31.1
④中学校	36.4	40.5
⑤高校	8.0	37.2
⑤中学校	17.5	48.1
⑥高校	14.8	36.0
⑥中学校	19.1	43.4
⑦高校	4.4	23.8
⑦中学校	3.6	26.1
⑧高校	7.1	37.0
⑧中学校	8.8	49.2
⑨高校	6.0	24.4
⑨中学校	10.2	45.4
⑩高校	3.3	20.9
⑩中学校	4.7	28.5
⑪高校	28.8	34.9
⑪中学校	20.8	40.1

注）①小・中学校の学習内容との関連づけが充分でない
　　②どのような進め方がよいかよくわからない
　　③体験学習の受け入れ先が足りない
　　④基礎学力が落ちるのではないかと心配になる
　　⑤「総合的な学習の時間」を実施する中で他の教員と話をする機会が増えた
　　⑥準備に時間をとられ他の教科の指導に悪影響が出ている
　　⑦担当教科の授業に生かせることが多い
　　⑧教師としての視野が広がった
　　⑨校外の人たちとの新たなつながりができた
　　⑩自分の生き方をふりかえるきっかけになった
　　⑪何のために「総合的な学習の時間」が必要なのか疑問である
　　※中学校教員調査では，①は「小学校の学習内容との……」としている。

「総合的な学習の時間」の手応えのなさと消極的な構えとは根っこでつながっている。

　それでは，「総合的な学習の時間」は当事者の生徒にどのように影響したのであろうか。図6は，教員の評価を手がかりにした場合の生徒への全体的な影響を示している。これによれば，「総合的な学習の時間」が生徒にプラスの影響を与えたかどうかについては相半ばする回答となっていることがわかる。中学校よりも，肯定率はいくらか低い。それ以上に注目すべきは，「学力」層による違いである。第Ⅴ層では，3分の2が「プラスの影響があった」と回答している。一般に，「学力低下」論争の影響を受けて，「総合的な学習の時間」の是非が一括りに論じられることが多い。この性急さは，現在行き渡りつつある〈知〉そのものの特質を見事に反映している。

図6　「総合的な学習の時間」による生徒へのプラスの影響（「学力」層別＋中高比較）

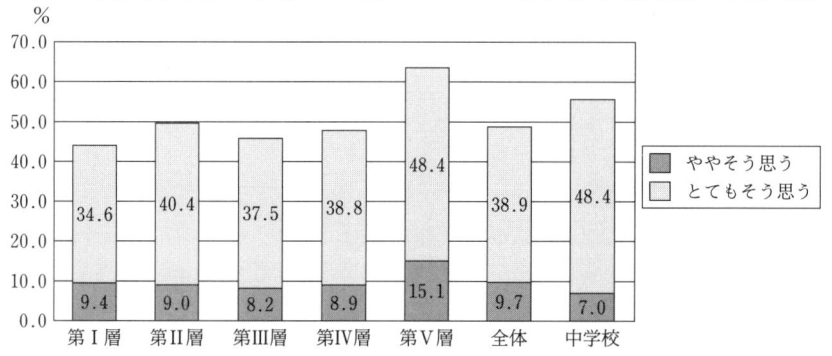

層	とてもそう思う	ややそう思う
第Ⅰ層	34.6	9.4
第Ⅱ層	40.4	9.0
第Ⅲ層	37.5	8.2
第Ⅳ層	38.8	8.9
第Ⅴ層	48.4	15.1
全体	38.9	9.7
中学校	48.4	7.0

　「課題集中校」などと表現されることもあるが，これらの高校の「総合的な学習の時間」はさまざまな成果を生み出している。紙幅の関係上，詳細なデータは割愛するが，「教科の勉強が苦手な生徒に活躍の場ができた」「生徒同士の信頼関係が強まった」「人とつながる楽しさが学べた」という点だけでなく，「教科の基礎学力が向上した」という点にまで課題集中校での成果が認められている点は，「学力」についての二分法的な捉え方の限界を教えてくれる。

4 むすびにかえて

　ごく一部であるが，ここで紹介したデータは，私たちが「学力低下論争」で見落としてきた側面に光をあてている。
　第一に，「総合的な学習の時間」をきわめて一律に捉え，「這い回る経験主義」と揶揄してすませることの弊害がある。大学の研究室や実験室で（あるいは頭の中で）行われていることだけを「上等な経験」として私たちは捉えてはいないか，もう一度ふりかえる必要がある。
　第二に，じつは，アカデミズムにあるいはもっと正確には近代の知に則った頑迷な議論が，意図の別はともかく，最もしんどい層の力づけとしてほんとうに有意義なものとなっているかという根本的な疑問が浮かんでくる。学校の役割をどのようにとらえるかという議論ともかかわってくるが，語る側が可能性を閉じる危険性に気づいておきたい。
　第三に，当事者の力づけを行うという意味では，「学力低下論争」が前提とするような学力至上主義や二分法的議論が果たして有効であるかどうかを真剣に問い直すべきであろう。だれの利益になっているのか，その利害関係の中でまず自分をくぐらせてみることの重要性を忘れてはならない。
　第四に，「学力」への着目が，本来私たちが読みとるべき実践の豊かさを矮小化して捉える危険性があるという点である。とくに，「できなさ」や「弱さ」が大切にされない社会をどんどん再生産しようとしている点が未来に禍根を残すことになるのではないかと懸念せざるを得ない。「学力低下」論争自体の病んだ特質，相も変わらぬ限界を意識化しておく必要がある。
　第五に，実際に問題にすべきは近代の知の限界であり，さまざまな臨床の知を回復させ，当事者の力を高めていくことであると確信する。批判している内容がそのまま自身への問いに返ってくる。「学力」を問う際に，最も問われるべきは，関係を問わないことの問題である。さまざまな専門家といわれる人々が，語りを充満させることによってかれら自身は便益を得る。しかし，それは人間と社会を深く知り向き合わない「教育論」の増殖に手を貸し

ていることに通じはしないだろうか。

　以上の雑ぱくな議論にとどまらず，現実世界の洞察を深めることが次なる課題となる。「学力低下」をめぐる議論は，他の教育研究と同様に義務教育段階に傾斜するきらいがある。社会との関係で捉えるとすれば，高校教育の全体像と切り結びながら，たとえば大学教育として他校種とどのように協働することができるかという点も含めて，臨床的かつ体系的な議論が待望される。紙幅の関係上，本稿をその序論的な検討として位置づけておきたい。

〈注〉
(1) 本報告で取り上げる高校調査データは，2004年3月に実施された郵送自記式質問紙調査によって収集された。調査は，以下の二種類である。(a)校長調査：全国の公立・私立高校（全日制課程・本校）の中から5分の1の抽出確率で等間隔無作為抽出した1,046校に送付。560校から回答が寄せられた（回収率＝53.5％）。(b)教員調査：(a)の公立高校のうち4分の1（200校）を等間隔無作為抽出し，当該校の一般教員（教頭を含む悉皆：回答を承諾した者のみという条件を設定し常勤教員の58.7％から回答を得た）を対象に実施。166校から回収され（回収率＝83.0％），最終的な有効調査票は4,441票となった（記入後の調査票は個々の回答者が内封筒に封入の上，学校単位で回収）。なお，本調査は，科学研究費補助金による研究プロジェクト「〈公共性〉を育む高校教育改革の実践と構造に関する臨床的研究」（平成15〜17年度萌芽研究：研究代表者　菊地栄治：課題番号15653071）の一環として実施された。年度末のお忙しい折に回答をお寄せいただいた方々，調査票作成時に専門的アドバイスをくださった方々，およびデータ整理にご協力いただいた方々に深甚の謝意を表する次第である。
(2) 中学校調査は，2002年3月に，全国の公立中学校校長・教員各320名・5,610名を対象に実施された。詳細については，科学研究費報告書『ホリスティックな教育改革の実践と構造に関する総合的研究（中間報告書・資料集）』2003年3月および同『ホリスティックな教育改革の実践と構造に関する総合的研究（最終報告書）』2004年3月参照。

〈参考文献〉
・市川伸一『学力低下論争』ちくま書房，2002年。
・大阪府人権教育研究協議会編『わたし　出会い　発見 Part 5 －「小1プロブレム」を超えるために－』2004年。

・岡部恒治他編『分数ができない大学生』東洋経済新報社，1999年。
・苅谷剛彦他『調査報告「学力低下」の実態』岩波ブックレット，2002年。
・菊地栄治編『ホリスティックな教育改革の実践と構造に関する総合的研究』（科学研究費成果報告書）国立教育政策研究所，2004年。
・菊地栄治「公共圏としての高校－全国調査データを読み解く－」（日本教育社会学会第56回学会大会報告原稿・資料），2004年9月12日。
・「中央公論」編集部・中井浩一編『論争・学力崩壊』中公新書ラクレ，2001年。
・佐藤学『「学び」から逃走する子どもたち』岩波ブックレット，2000年。

第8章

学校組織開発を促進する
学校評価のメンタリティとストラテジー

木岡一明

はじめに

　わたしの提案は、「共・創・考・開」の推進である。「関わってく（れ）る人々を巻き込みながら（共鳴と共同・インボルブメントとコラボレーション）、そうした人々と『新しい教育（教材であれ、授業であれ、カリキュラムであれ、学習の場であれ、そして教え学ぶ関係であれ）』を創って行こう。しかし、それは一気には創れない。これまでのありようを振り返りつつ、試行錯誤しながらでも知恵を集め考えをめぐらして進めよう（考究・省察・リフレクション）。そのためには、それぞれの世界に閉じこもらずに、周りの人々と批判的友人として本音で交流し、情報の交換を通じて交歓や交感を重ねよう」というのが、その内容である。わたしはそれを学校組織開発と呼んできた。その基本的なコンセプトは「あせらずじっくりと」であり、「しだいに確かなものに創りあげていこう」である。

　各地の取り組みを通じて、「やはりやってよかった」という確かな手応えが実感されるよう、それらの取り組みをサポートしていきたいと考えている。講演やセミナー、あるいは著作で説く以上に、自らの体験をもとに得られた実感こそ説得力を有すると思えるからである。その意味で、各地の試みに対して可能な限りの協力を惜しまないつもりでいる。

1　迫られる「学校評価システムの確立」

　平成14年2月の中央教育審議会が「教員免許更新制導入の可否」の検討を

通じて提起したように，今日の教育状況に照らすならば「信頼される学校づくり」が課題であり，学校と保護者・地域とのコミュニケーションの充実が必要である。この中央教育審議会答申においても，「以上述べてきたようなコミュニケーションの成立を確実にするため，学校の自己点検・自己評価の実施とその結果を保護者や地域住民等に公表する学校評価システムを早期に確立すること」が提言された。しかも，「外部評価の導入へと段階的に進めていくこと」が求められていた。つまり，学校の自己点検・自己評価の実施，その結果の公表，そして「外部評価」からなる「学校評価システム」観が示されたのである。さらに同答申では，こうした取り組みを通じて，「教員個々の力量や学校としての取組が日常的に外からの評価を受けることになり，良い意味での競争原理が働き，力量ある教員やしっかりした取組をしている学校は，その意欲と努力が外からも評価されることになる」として，学校評価システムと教員評価システムの関わりを示唆していた。

しかも，教育改革国民会議が「教育を変える17の提案」において，「公立学校は，努力しなくてもそのままになりがちで，内からの改革がしにくい」「現行体制のまま校長の権限を強くしても大きな効果は期待できない」と批判しつつ提起したこと，つまり「学校に組織マネジメントの発想を導入し，校長が独自性とリーダーシップを発揮できるようにする」ことを受けて，同答申でも，「教員個々の力量の発揮や学校の取組は，校長のマネジメント能力等の力量の表れ」として位置づけ，「これらを通じて，校長のマネジメント能力等も外から評価されることになろう」というように，学校評価と校長評価の関わりを示唆していた。さらに，その教員評価についても，同答申は，能力給制に移行する公務員制度改革を見越しながら，「教員一人一人の能力や実績等が適正に評価され，それが配置や処遇，研修等に適切に結び付けられる」よう，「新しい教員評価システムの導入」を求めていた。

ところで，この「学校の自己点検・自己評価」については，すでに教育課程審議会答申（平成12年12月）において，「各学校が，児童生徒の学習状況や教育課程の実施状況等の自己点検・自己評価を行い，それに基づき，学校の教育課程や指導計画，指導方法等について絶えず見直しを行い改善を図る

ことは，学校の責務である」と示され，「各学校が自己点検・自己評価を行うことは，学校の自主性・自律性の確立と学校の経営責任の明確化にも資するものである」とされていた。

つまり，こうした答申が求める「学校評価システム」は，学習指導や教育課程の編成・実施のあり方を学校の内と外から問うものであり，しかも，「教員評価システム」のみならず「教育評価システム」ともリンクしながら学校の改善を図り，「特色ある」「開かれた」，そして「信頼される」学校づくりを進める重要なツールなのである。

そのため，平成14年4月に施行されたそれぞれの学校設置基準においても，その第2条で，「学校の教育活動その他の学校運営の状況について自ら点検及び評価を行い，その結果を公表する」という努力義務が規定されたのである。しかも，この規定を受けて，各地で学校管理規則の改訂が進められ，地方によっては，努力義務よりも重い実施義務を課すところもでてきた[1]。

しかし，日本の学校評価にも，はや半世紀以上の歴史，それも幾度となくブームを繰り返し，それでも定着しないままに今日へといたる轍の刻印づけられた歴史が横たわっている[2]。その轍を踏まずに，いかに各学校が学校評価へと向かいうるのか。そこには，学校評価にとどまらない，まさに学校組織マネジメントの問題が立ちはだかっているのである。

2　ある教員の苦悩と格闘

(1) 出会い

わたしは，ここしばらくある中学校教員（仮にFさんとしておこう）とEメールのやりとりをしている。もちろん匿名のメールではなく，勤務先も氏名も明記してある。わたしには，そこに綴られている様子がフィクションなのかノンフィクションなのかを確かめるすべもつもりもないが，文脈を通じて浮かび上がってくるのは，Fさんだけではない，学校改革を進めようとする多くの教職員に共通する悩みであるように思う[3]。

始まりは,「コピーさせてください」と題されたメールからであった。しかし,何をコピーされたいのかが判然としなかった。そこで,次のような書き出しで返事を送った。

「どの拙稿をさしておられるのかはわかりませんが,お目に止まり光栄です。ただ,最近のものを読んで頂いたほうが問題が明確になるかと思います(わたしは,学部の卒論以来,学校評価を研究テーマにしてきました)。」

そして,いくつか最近になってまとめた著書などを紹介した。それに対してFさんから返信があり,以後,途切れがちながら往復が続いてきている。

(2) F教諭のプロフィール

文面から,Fさん(女性)のプロフィールがしだいに判ってきた。Fさんが大学を卒業した当時,学生運動が激しかった。そうした渦中でFさんは,「社会を変えることは必要。でも暴力的に革命を起こしても,人間一人一人の意識が急に変わるはずがない。だから,遠回りに見えても,教育で人々の意識を変えていくこと。主体性を持った人間を育てていくことだ。そういう目標をもった教師になろう」と思い,その時,進路の迷いが晴れたという。

Fさんが現在勤務する中学校は12学級で,比較的小規模である。Fさん自身は,停年まで5年足らずの障害児学級の担任で,3年前に初めてこの任に就いた。ただし,養護免許を有しているわけではなく,それまで普通学級の担任としての経験が長く,直前の10年間ほどは学年主任をしていた。そのため,最初はカルチャーショックを受けたという。

「1年目は一人の生徒を受け持ち,2年目は3人の生徒を受け持ちましたが,自分が毎日進めていることは,育児休暇に入った教師が,我が子の育児に追われている生活のように思われました。学校教育としての計画性や系統性をもったカリキュラムが作れなかったのです。そこで,免許を有する教員に担当してもらえるように要請して,昨年はそのようにしてもらいました。」

こうして,養護免許取得に必要な学習を重ね,今年度再び,本意ではなか

ったものの特学担任に復帰したのである。そして，この間の学習や経験を通じて，「今次の教育改革で求められている教育課程，指導法，生徒理解のあり方などは，通常学級や特別支援学級の区別なく実践すべきモノなのではないだろうか」との思いに至ったとのことであった[4]。

「取り組んでみれば学ばなければならないことは多く，教育課程を作るということがどういうことなのかを別の角度から実感したのです。この体験も含めて後進に伝えることが私の役目と気持ちを切り替え，選択教科の計画・組織・運営システムを作り上げ，昨年度，学校評価に取り組んだのです。」

ここで「別の角度」と言っているのは，学年主任時代と対比してのことである。そのことについて，Fさんは当時を次のように回顧している。

「そこで，学年の実態に合わせて，同学年の職員と協力し合いながら教育課程を作っていくという醍醐味を味わってしまいました。この楽しさと充実感は，現場で子ども達と真剣に向き合ってこそ味わえるものと思い，そこで学んだことがらを，不遜にも後輩達に伝えたいと思ったのです。……（中略）……私がこのころ経験したのは，影響し合い，協力し合う学年組織でした。ですから中教審から『総合的な学習（仮称）』などと示された頃でしたが，『総合ってどのようなものなのだろう？ 生活科のねらいが……だから，ああかしら，こうかしら』と，ささやかながら学年団で試みたこともありました。『主体的な学習』とか『自ら学ぶ』などと言われれば，『理科では，こんなことを……』『学活や道徳で，こんな授業を……』と試みてくれる教師がいたこともありました。『職場体験学習』を年間計画に位置づけて，系統的に進路指導に取り組んだのもこの時期でした。この間，学年通信を，学年職員と生徒と保護者の共通理解とコミュニケーションの場と位置づけて発行してきたものです。こうした自分のやり方に疑問をもつことは，ほとんどありませんでした。」

こうした「醍醐味」を味わったFさんには，「100人，200人の生徒を相手に，6～8人の教師とともに取り組んできたのに，突然，たった一人の生徒に，たった一人で指導に当たらなければならなくなった」ことが大きなショ

ックだったのである。

　同僚や生徒，保護者とともに実践してきたという経験が，Fさんの所属欲求や自尊欲求を充足させながら自己実現へと導いてきたことがよく理解できる。そうした成熟・熟達期にあったFさんが，突然の配置転換に当惑したのもよくわかる。文面を通じて，孤立感とともに，未経験の特別支援教育に対する自信の無さや不安感に苦しんだ様子が窺える。そうした担任に傷つく子どもたちの様子も，わが末っ子を通じて痛いほどわかる。こうした精神状態から一時的にFさんを解放したのが，学校評価担当という分掌であった。

(3)　F教諭の奮闘

　平成15年度，当時の校長がFさんを学校評価担当に指名した。この校長は，かなり古くから学校経営論や学校評価論に関心を持ってきたようで，「13年度に赴任してきて以来，私たちにも，さりげなく学校評価についても方向を示し」，また「数ページに及ぶ資料」も提示していた。だからFさんも，「学校経営というものを少しは理解するようになってきたし，興味も湧いた」ので，しかも，上述のように前年度の配置転換によって「仕事の目標を見失っていたこともあって」，この指名を受けることにした。この仕事に邁進することで，かつての醍醐味や存在感を味わえることを願っていたと推測される。Fさん自身，「それまでに学校改善に関する考えを話したこともあったので，その時，自分の考えが認められたと思い，『勉強させてもらえる』という思いを強くしました」とのことであった。

　Fさんは，県教育委員会が示した手引書を読み込み，校長の示した学校教育目標や方針，努力点をもとに案をまとめた。そして，その案を4月下旬の職員会に提案したのである。

　「しかし，最初から猛反発を受けました，発言者は二人だけです。二人とも40歳前後ですが，一人は生徒指導主事を担当し，もう一人は前生徒指導主事であり，飲み会などを通して若手を牛耳っている二人です。教頭も教務も，ならば面倒な仕事は少ない方がよいと思っているような人達です。彼ら二人が主張する内容は，『この忙しい時に他校の先陣を切ってやる必

要はない』『こんな文書づくりに翻弄されていては生徒指導がおろそかになる』『本格実施になったら他校の真似をして行えばよい』『何を言っているか難しくて分からない』『県のシステムをそのまま使えばよい』というものでした。メチャクチャな言い分です。他の人は沈黙し，その後も彼ら二人の意向をうかがいつつ行動し，最後まで消極的なかかわり方しかしてもらえませんでした。」

そこで，Ｆさんは5月に新資料を添えて再提示し，あらためて「詳細な説明」をしたが，結果は同じであった。「結局，会議では，私と彼らとの応酬で終始」してしまったようである。そのため，Ｆさんは，「彼ら（反対派の教諭たち）が主張する県の方式を形だけ利用して，強引に内部評価を2回と総括評価を12月に1回行って，『まとめと考察』という形でまとめ上げ，公表は，PTA通信に保護者アンケート結果のみをさりげなく掲載」することで，この年度，学校評価担当としての仕事を終えた。

そして，校長が転任していった本年度，教頭から「続けて学校評価担当を」と言われたＦさんは，それを断った。「大人げないとは思いましたが」，前年度の仕打ちが許せなかったのである。そのため，Ｆさんは，この1学期間，「絶対に協力なんかするものか」と沈黙を決め，「昨年度の学校評価の資料は全て破棄した」と言って協力を拒んできた。

(4) Ｆ教諭のいらだち

Ｆさんの文面からは，憤りや嘆きよりも「いらだち」が浮かび上がってくる。この教育界に30年以上も身を置きながら，あるいはそれゆえに，孤独であり，晩節が近く，周囲に理解されない自分であることにいらだっているように思われる。

「自分の教職生活も残り少なくなってきていることから，『自分が学んできたこと，経験してきたことを後輩に少しでも伝えておきたい』という焦りのようなものがありました」「抵抗ばかり多くて，結局，当初の思いの1割も実践できなかったことが，『こんな年になっても……』とふがいなく，情けなく思えて仕方ありませんでした」「『現場にこだわって30数年教

職を続けてきたのは何のためだったのか……何も残さずに終わるのか……』という思いがありました。」

わたしは，各地の学校や研修会を回っていて，こういう「いらだち」を抱えた年配の教員から，相談とも独白ともいいがたい話を聴くことが多い。キャリアの終末期を間近に控え，これまでと現在を振り返りながら，自らの足跡に愛着を抱きつつ，現在とこれからの空虚さに打ちひしがれている様子が窺える。また，その空虚さを埋めるために孤軍奮闘して，かえって周囲の反発を買い，中傷されて傷ついている人々も少なくない。しかし，「他に相談できる人もなく」，日々を悶々として送っているのである[5]。

その一人であるFさんは，拙著への感想として「W教諭の話や暗黙知や形式知の段は，身につまされる思いで読ませていただきました。私は，W教諭のように若くもなく，実績も能力もタフさもありませんので，原因は私自身にもあるのだろうと思いますが，昨年度の学校評価担当としての経験が脳裏をよぎり，不覚にも涙が出てしまいました」との一文を寄せている。この文中にあるW教諭というのは，拙稿において紹介した，体罰まがいの行為が横行する学校の改革に動き始めた中学校教員を指す。わたしが，このW教諭とともに，学校変革の戦略を練りながら支援的に関わっていった経緯と，その過程にみられた教員のメンタリティをまとめた章[6]が，Fさんには特に印象深かったというのである。

(5) F教諭の覚醒

そうしたFさんが，なぜ沈黙を破って再び学校評価問題に向き合う気になったのであろうか。Fさんは，夏休みになって「やっとなんとか問題を整理し，学校の組織改善の方策を見いだしたい」という前向きな気持ちになったと言う。それはなぜか。時間とともに気持ちが落ち着いたからだろうか。

「近隣の学校でも，『学校評価は進んでいる』とは言えないようで，旧態と大差ありません。それでも日々が過ぎていきます。だから，『そんなに焦らなくてもよい』という気持ちにもなってきています。しかし，『まだ，こんな状況で……。いつまでもこのままで済まされるものではないぞ』と

いう思いは消えません。それにも増して，現状を見たとき，目の前の子ども達が，時代から取り残されていくようで堪えられないという気持ちもあります。(未だに，総合的な学習は適当，学級経営もなってない，生徒指導は旧態然としている，教科指導で勝負しようという姿勢も……)」

　Fさんは，W教諭と同様に，「こういう状況を打開したい」，「だから，学校評価を充実させれば変わるだろう（変わらざるをえないだろう）と思った」からだと説明する。

　ここには，事態を憂う気持ちとともに，自己のミッションに対して忠実であろうとする姿が浮かんでいる。拙著を読み終えたFさんは，これまでの自分の姿に「焦りや押しつけがましい点があった」ことを認め，「歳を重ねた自分にしか解らないことを，かつての同僚に話すような気持ちで話していた，あるいは，そういう話術しか持ち合わせていなかったこと」を反省している。そして，「少し勇気を得ました」と記し，「今一番の関心事は，プラス思考の学校組織をつくっていくことにあります。管理職でもない私にどれほどのことができるか分かりませんが『いい教師・いい人間』を心がけて，教職を全うしたいと考えております」と述べ，「特学の生徒と充実した時間を過ごせるように努力するとともに，おぼつかない学級経営や生徒指導をしている若い職員などに，極めて遠慮がちにではありますがアドバイスなどしていくことで，教職のすばらしさに気づいてもらえるようにしていきたいと考え始めました」とのことであった。Fさんには，残りの教職生活を生き抜く勇気と見通しが生まれたようである。

3　元気のでる学校づくり

　上で掲げたFさんの訴えにもあるように，今日の多くの学校には倦怠感が漂っているように見受けられる。その問題を突き詰めると，教職員の間に横たわっている元気のなさに行き当たる。やらなければいけないことに追い立てられ，焦燥感が広がっている。しかも，ようやく打ち出したものに手応えが感じられない。コミュニケーションがうまく図られない。こうして「やっ

たってどうせしようがないんだ」という無力感が学習されてしまっているように思える。この問題の克服こそが問われるところである。

　わたしは，こうした観点からこの1年半あまり鳥取県の淀江町立淀江小学校の「日本一元気な学校づくり」に関わってきた。昨年，この学校に赴任して学校改革に着手した校長・教頭には，その前年から彼らが所属する伯耆学校運営研究会での関わりを通じて，わたしの考えや改革の手法を話す機会がたびたびあった。その上で，この学校に関わり始めたのである。この学校は，県から学校評価研究の指定を受け，取り組みを始めたものの職員間の共通理解がなかなかうまくいかなかった。そこで，昨年度，それまでのあり方を見直し，次のような取り組みに転換していったのである[7]。それは，事態の過程と成果をまるごと評価し形成的に実践を組み立てていこうとする点で，高浦勝義氏が説くポートフォリオ評価法に通ずる試みであるといえる[8]。

(1) 学校評価推進の留意点

① 教育ビジョンを示す

　抽象的な目標や手だてを掲げるのではなく，取り組みの方向性を具体的に示し，教職員がどう動けばいいのかを知らせるようにした。ただし，その方向性を絶対視するのではなく，状況の変化や実際の教育を担う教職員の判断に応じて変えていけるよう，計画には柔軟性を持たせるようにした。また，評価が目的化しないようにとの指示を出した。

② できるところから取り組む

　教職員全員の意見の一致を見てから取り組もうとすると，時間ばかり費やしてしまい結局何もできなかったという経験が何度かあったという反省を踏まえ，まずは，やり易いところから簡単な方法で取り組むようにした。取り組みを通じて学校の雰囲気が変わり，教職員が自分の意見が言えるようになることを重視したのである。そして，管理職は，今の段階で学校評価が直接に学校改善に結びつかなくても，学校を変えていこうという意識を職員が持つようになればいいとの姿勢を堅持した。

③　保護者や地域住民との協働を推進する

　保護者の意見や要望をアンケートで知るだけでなく，それを実現するためには保護者や地域住民を巻き込んで改善策を考えていくことが大切であるとの観点から，教師と保護者の関係は，学校教育の内部者と外部者という関係ではなくて，共に学校教育をよりよくしていくための当事者として捉え，学校教育の改善に参加する協働者という位置づけをもって，種々の取り組みを展開した。学校の雰囲気をどう変えていくのか，どうやって保護者や地域住民との関係を築いていくのか，ということをめざして，それぞれに最適な形態の評価活動を考えていきたいという思いがそこにある。②と同様，保護者や地域住民の間でも，学校評価に取り組むことによって学校改善をするための過程（雰囲気や関係性）を作り出すことが大切だとの考えが，そうした取り組みを支えてきたのである。

(2)　実際の展開

①　評価項目の重点化と集計法の見直し

　1学期末の教育反省のやり方を，今までのように教育活動全体を評価しようとするものから，重点化したものへと改めた。従来型だと細項目主義に陥り，各項目を評価することにとらわれてしまい項目間の関係を見失ってしまうとの反省があったからである。これまで，淀江小学校では，アンケート結果を平均値で集計し，集計した結果を「成果」と「課題」としてまとめてきた。しかし，それでは，評価の分かれた事項については平均化されているため「問題」として捉えられずに議論の対象から除外する傾向にあったことに気づいたことから，重点化した項目についての協議を重視することにしたのである。

②　自己評価と振り返りに重点化

　そのため，教職員個々の自己評価と振り返りに重点をおくことにした。これは，集計して結果を公表するためになすのではなく，教職員自身が自己の教育評価を具体的にシートに書き込み，学年部会等で意見交換をしながら今後に向けての改善点等を考えることに学校評価のねらいを定めた結果である。

こうした意見交換を通じて、2学期には「読む・聞く・話す・書く・計算する力」などの基本的な力を伸ばす取り組みの必要があるという共通認識が生まれ、学年ごとに基礎学力向上に向けての具体策を話し合うことになった。
③ 2学期末の教育反省項目の見直し
　さらに、2学期末には1学期以降の取り組みの重点に応じて項目を改めた。そうすると、評価シートには1学期よりも多くの成果と課題が引き出され、改善策や向上策が具体的に記入されてあった。結果についての話し合いでも活発な意見交換がみられたのである。こうした経験を通じて、自由に意見が言える雰囲気ができつつあるとの実感や、協議で結論が出なくても校内の動きが協議内容に応じて活発になってきているとの実感が教職員間で共有されるようになっていったのである。
　こうした実感を拠り所に、推進役である教務主任は学校評価の進め方に自信を得て、平成16年度にはさらに項目をしぼり、また分掌担当者の自己反省だけでなく、担当者以外からのアドバイスの記入も求め、記述された内容を集約してそれをもとに全体で話し合ったのである。

(3) アクションへ；プロジェクトチームによる組織改革

　昨年度の学校評価から浮かび上がってきた組織問題は、担当者任せにしていたことへの反省だった。その点を、上述の教務主任は「今まで職員会で提案される学校行事や各教科の取り組みなどは、その分掌に当たった担当者が提案していた。そして、前年度の内容をあまり深く検討することもなく日付を変える程度で提案されることが多かった。提案を聞くほうも、あまり問題意識を持たず、ほとんど意見交換されることもなく採択されることが多かった。しかし、実際に取り組んでみると、各人の捉え方や取り組み方に微妙なずれが生じてきて、スムーズに行かないこともあった」とまとめている。
　そこで、担当者が一人で問題を抱え込まないで、いろいろな資料を参考にしたり何人かで意見をまとめたりして方向性を示すようにできたらいいと考え、分掌組織をプロジェクトチームへと編成したのである。同時に、職員会での話し合いは、その場で無理に結論を出すのではなく、いろいろな考えを

出し合う場として捉えるよう求めた。

　プロジェクトチーム編成において留意したのは，①プロジェクトメンバーは分掌担当主任と各学年1名の担当者で構成し，必要に応じて関係者を加えること，②基礎学力向上のプロジェクトは各学年の学級担任で話し合うこと，③プロジェクトが出した案は反対があってもまずやってみることとし，その後，実施した内容をアンケート等で評価し改善点を考えること，④その際，できるだけ次年度の取り組み計画も立てるようにすること，⑤プロジェクトで決定した内容やその時の児童の活動の様子などは，学校通信やホームページ等を使って保護者や地域住民などに知らせるようにすること，であった。

＊

　以上のような淀江小学校の学校づくりには，それぞれが抱えてきた問題を共有する仕組みと，手応えや実感を拠り所とした試行錯誤による最適案の選択過程が組み込まれている。しかも，その取り組みを貫いているのはコミュニケーション関係の再構築という営みである。この学校のある教員は，「今では何でも話しますね，一人で抱え込んでいると辛いですし」と実に清々しい笑顔で語っていた。このような取り組みを可能にしているのは，管理職2人の息のあったパートナーシップであり，柔軟な経営姿勢であり，そして，その管理職を支える教務主任の存在である。淀江小学校の取り組みや経営姿勢は，学校のウエッブページで丁寧に公開されている。まさに「よさ」がアピールされているのである。

　それは，Fさんの勤務する学校のウエッブページが，校長挨拶を含めほとんど「工事中」となっていることと好対照である。かろうじて掲載されている「学校経営方針」に示されたカウンセリング・マインドの醸成や教職員の協働体制の確立が，文字通り実践されていくことを願わずにはおれない。

〈注〉
(1)　こうした評価政策の特質については，拙稿「教育における評価政策の現状と理論的課題」『日本教育行政学会年報（特集　教育行政と評価)』第28号，2002年，を参照されたい。

(2) 学校評価の歴史については，拙稿「東京都学校評価基準の変遷にみる戦後学校評価史」『日本教育経営学会紀要』第26号（1984年）をはじめ，高野桂一氏，中留武昭氏などによるものがある。詳細は，拙著『学校評価の「問題」を読み解く』教育出版（2004年），を参照されたい。
(3) その一端を『キャリアガイダンス』2004年第7号（リクルート社）は，「いかに学校をマネジメントするか」という観点から取り上げ，今年7月に編集部が実施したアンケート調査から浮かび上がらせている。
(4) わたしもその観点から，障害児教育を取り上げたことがある（「障害児教育における意図性と計画性－公立A精神遅滞教育養護学校を事例として」京都教育大学教育経営研究会編『現代学校研究論集』第9巻，1991年）。
(5) 同じく『キャリアガイダンス』2004年第6号は，「教師として今いかに生きるか」という観点から，教師像の揺らぎを取り上げている。
(6) 拙著『新しい学校評価と組織マネジメント』（第一法規；2003年）における第9章第2節「学校組織開発を担う教員のメンタリティ」を指す。
(7) 淀江小学校の学校評価の取り組みについては，拙編著『新学校評価　考え方と実践の手引き』（小学館；2004年）において柏木智子氏が取り上げているほか，『VIEW21　小学版（進研ニュース）』2004年10月号（ベネッセ教育総研）や拙編著『「学校組織マネジメント」研修』（教育開発研究所；2004）において吉野徹教務主任が寄稿している。
(8) 高浦勝義『ポートフォリオ評価法入門』明治図書，2000年。

第IV部

学力の育成と学習指導

第1章

子どもの学力が育つ授業像

秋田喜代美

はじめに

　学力を育てる学習指導の中心となる場は，授業である。教師がどのような授業を行うことが学力を高めていくことになるのだろうか。授業をデザインし，実際にその場を組織し，子どもたちの学習の過程をみとり評価しまた次のデザインを考えていく教師の仕事，授業のあり方に本章では焦点をあてて考えてみたい。本稿執筆にあたって編者から「学力が育つ教師像」という題をいただいた。この教師「像」，授業「像」という「像」のあり方をまず考えていく。学力が現実にいかに高まっているか，高まったかどうかという「事実」の問題ではなく，どのような授業だと学力が高まるにちがいないと認識されているのか，学力が育つ授業をどのようにあるべきだと一般に表象している人が多いかという問いが，「像」である。教師の視点，親の視点からの像を，まず調査研究から1節で述べる。そしてそこから出てきた問いとこれまでみせてもらってきた授業や学校から筆者が考える学力が育つ授業「像」を2節では提示することにしたい。

1　教師と保護者が考える「学力が育つ授業」をめぐって

(1)　「学力をつける授業」への調査

　学力や学習指導に関する調査研究は近年数多く手がけられている。筆者ら（秋田・恒吉・村瀬・杉澤，2004）は，「基礎学力育成システムの再構築」

第IV部　学力の育成と学習指導

(21世紀 COE プログラム東京大学基礎学力研究開発センター) のプロジェクトの一部として，2003年に東京近郊の K 市，関西の T 市の各市教育センターと教育委員会にご協力をいただき学習環境調査を実施した。先生方は K 市小学校405名（平均教職経験年数18.5年 SD（標準偏差）10.5年）中学校165名（平均教職経験年数16.2年 SD　9.5年）T 市小学校116名（平均教職経験年数23.1年 SD　8.0年）中学校79名（平均教職経験年数20.4年 SD 8.6年）の計765名，保護者は小5の保護者（K 市1681名，T 市512名）と中2の保護者（K 市1018名，T 市478名）計3689名にご協力をいただいた。

その調査項目の中に，「学力をつけるために以下の授業がどの程度重要だとお考えですか（教師向け），学力をつけるために以下のような授業をどの程度期待されますか（保護者向け）」という質問が含まれている。すなわち，学力が育つ授業についての認識を調査した項目である。具体的には，表1に示したような14項目について「4　とても重要である」から「1　重要でない」までの4段階評定で回答を求め，同じ質問紙による他の指標との関連性をみた。この調査の特徴の一つは小中学校の様々な教職経験年数の先生方と保護者の方たちに同じ質問を行うことで，「学力が育つ授業像」についての認識の共通性と相違を検討しようとしたところにある。

(2)　小中教師間での「像」の違い

調査項目数が多いので因子分析を使って3因子を抽出し「活動型授業」「個別・習熟度型授業」「体系・練習型授業」と授業タイプを命名した。

図1はその3タイプの授業についての先生方の平均評定値を比べた結果である。「体系・練習型」授業は，「活動型」「個別・習熟度型」授業よりも評定値が低い。また項目別にも評定結果をみると，小中学校共に「学力をつけるのに特に重要」と先生が評定する人数が多い項目は「子どもの習熟の程度にあわせた指導を取り入れた授業」であった。これは時代を反映していると言えるだろう。反対に「学力をつけるのにあまり重要ではない」と評定された項目は「教科書に沿って順に教える授業」「知識を覚える事を中心に進める授業」「理解を確認するテストの回数が多い授業」という小中学校での共

表1　学力をつけるのに重要と考えられる授業タイプ

	因子1	因子2	因子3
〈活動型授業〉			
グループで共同学習をする機会の多い授業	0.77	0.03	0.08
問題や課題を子どもが自分で見つけ解決していく授業	0.72	0.13	−0.04
クラス全体で話しあって考えていく授業	0.70	0.08	0.09
学習したことを発表や発言する機会が多くある授業	0.68	0.08	0.09
体験的な活動を多く取り入れた授業	0.58	0.25	−0.03
子どもが自分自身で考える時間を多くとった授業	0.57	0.13	−0.07
現実の生活と密着した内容を多く取り上げる授業	0.54	0.25	0.03
〈個別・習熟度型授業〉			
個別指導の機会を多く作った授業	0.15	0.61	0.15
子どもの習熟の程度に合わせた指導を取り入れた授業	0.19	0.60	0.01
勉強の仕方・やり方を教える授業	0.15	0.57	0.25
〈体系・練習型授業〉			
知識を覚えることを中心に進める授業	0.05	0.00	0.52
教科書に沿って順に教える授業	0.00	−0.00	0.51
理解を確認するテストの回数が多い授業	−0.02	0.15	0.49
計算や漢字学習などのドリル学習を徹底する授業	0.02	0.18	0.38

図1　学力を育てる授業への評価

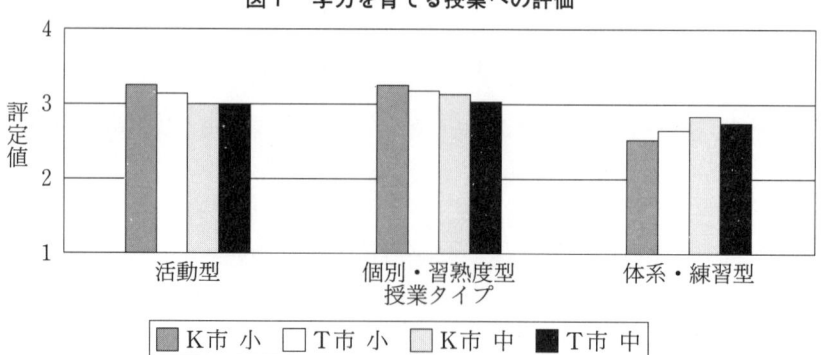

4：学力をつけるのに特に重要　3：重要　2：あまり重要でない　1：重要でない

通性が全体としてみられた。

けれども一方で，教師間でも2点の違いがみられた。第1点は，小学校と中学校の違いという学校種間の相違である。「活動型」「個別・習熟度型」授業ではどちらの市でも小学校の平均評定値の方が中学校の評定値よりも有意に高く，「体系・練習型」では中学校の方が高い結果となった。項目で見ると小学校の方が「子どもが自分自身で考える時間を多くとった授業」「クラス全体で話しあって考えていく授業」「問題や課題を子どもが自分で見つけ解決していく授業」が中学に比べ「4　とても重要」とする教師の比率が高い。反対に，中学の方が小学校よりも重要とする比率が高い項目が「ドリル学習を徹底する授業」「理解を確認するテストの回数が多い授業」である。小中高校での教育課程の一貫性や連携が現在言われているが，小中学校で学力を育てる授業法として教師が考えている具体的な授業イメージには違いがあることがわかる。この回答からは，先生方が各々現在行っておられる授業実態を肯定している，つまり現状でとっている授業方法で学力はつくと比較的肯定的に考えていると推察される。これらの結果から再度考えるべき問いの一つとして出てくるのが，確かに調査結果では小中で相違があるが，子どもの学力を育てる授業は小中で本当に異なるのだろうか，加齢や学年によって学ぶ内容は違ってくるが学力を育てる授業方法も異なるのかという問いである。

第2の違いは，先生の教職経験による違いである。ここでは，これまでの教師の熟達化等の研究知見等をふまえ，10年未満を若手群，10年から25年を中堅群，25年以上をベテラン群として分け，3群での小中で平均評定値を算出してみた。表2左6列はK市での経験群別の値である。

表2　K市教師（経験年数群別）および・保護者による平均評定値の違い

	K小	K小	K小	K中	K中	K中	K小	K中
	若手	中堅	ベテラン	若手	中堅	ベテラン	保護者	保護者
活動型	3.28	3.18	3.2	3.14	2.95	3.03	3.07	2.94
個別・習熟度型	3.21	3.18	3.21	3.05	3.16	3.14	3.06	3.13
体系・練習型	2.64	2.56	2.54	2.77	2.76	2.71	2.61	2.57

この結果からは，「活動型」授業は小中学校共に若手群の先生に高く評価されていることがわかる。若手群の先生方は平成元年の「新しい学力観」が唱えられた頃に，大学で教員養成の準備教育をうけ，教師になった人たちが多いと考えられる。「学力をつける授業」の認識は，その教師が養成教育を受け，また生きている時代の要請や価値判断の影響を大きく受けることがわかる。けれども経験群による評定値の高低に違いはあるが評定する大きさの順位は変わらないことから全体の傾向としては一つの望ましいと考えられる授業像としての活動型の授業像が生まれていることをこの結果は示唆しているとも言えるだろう。

(3) 教師と保護者の「像」の違い

　子どもの学習経験は学校だけではなく，家庭でも塾や通信教育をはじめとした学校外教育機関でも行われている。また家庭と学校との連携が言われる時代である。では保護者はどのような授業を，学力をつける授業として考え期待しているのだろうか。そこに教師と保護者で一致はみられるのだろうか。表1と同じ質問項目で，親に学力をつける授業として期待される授業像を調査した結果が表2の右側2列である。ここからは保護者は教師ほどには活動型授業が学力をつけるとは認識していないこと，また小学校では保護者は個別・習熟度型授業を学力をつけるものとして教師ほどには期待していないこと，中学では保護者も期待していることを読み取ることができる。質問項目別にみても教師と保護者で特に重要という考え方に違いがみられたのは，「知識を覚えることを中心に進める授業」（K小教師1.5％，保護者5.2％）「理解を確認するテストの回数が多い授業」（K小教師1.7％，保護者9.9％）と，知識やその理解確認を求めることを大事と思う親が教師よりも多い点である。また反対に中学では「知識を覚えることを中心に進める授業」が重要ではないと考える教師は27.3％だが，親は48.6％と違いがみられた。つまり知識だけを教えてもだめだと考える親も中学になると多いことがわかる。

　また小学校では「子どもが自分自身で考える時間を多くとった授業」を重要でないと考える比率が（教師1.7％，保護者14.3％），「問題や課題を子ど

もが自分で見つけ解決していく授業」(教師6.2%, 保護者14.7%),「現実の生活と密着した内容を多く取り上げる授業」(教師5.7%, 保護者15.7%)と, 親の方が高い点がみられた。

　活動型の授業, 自分で考えたり課題をみつける授業は学習過程に立ち会っていない親からみるとみえにくい部分であるため, 保護者からは学力とのつながりがみえていないこと, 知識を教えテストをすることを中心にした授業を小学校では必要ととらえ, 中学ではそれだけでは今の子どもはついていけないと考えているという保護者のニーズが推察される。このような保護者のもつ授業像に対して, どのように学校が授業を行うことで信頼の絆を築いていくことができるのかを考えていくことが必要である。つまり, 活動型授業がなぜ学力をつけると教師は考えており, 保護者にその考えをどのように説明することができるのかという点が問われなければならないことになるだろう。

(4) 像の違いから対話を生み出す学校へ

　以上, 小学校と中学校での違い, 若手教師と経験教師での違い, 教師と保護者の違いという学力をつける授業像の三つの違いを指摘してきた。

　学力を育てる像に違いがあるという実態を指摘するにとどまるのではなく, その像の違い, 活動型といわれる授業においても多様性があることの持つ意味を考え, そこから対話を生み出すことが重要であるだろう。

　中学校でも活動型授業を大切にしていたり小中連携を試みようとしている学校, 若手とベテランが校内研修を軸にして相互に授業を学び合って授業観を共有している学校, 保護者に積極的に授業公開をしたり学習参加に誘うことや三者協議などをふまえ生徒の学習について保護者と教師が語り合う機会を設けようとしている学校では, この三つの像のずれを超えて新たな授業を作り出す出来事が生まれてきている。

　例えば, 活動型授業の一つに総合的な学習の時間があげられることが多い。この総合的学習の像にも授業研究を積極的に行っている学校とそうでない学校では違いがある (秋田・恒吉・村瀬・杉澤, 2004。研修等の詳細は文献参

照のこと)。筆者らは2年間ほど継続的に授業研究にアクションリサーチとして関わる実施校と非実施校の研修の認識やあり方を検討した。図2は,同じ市の小学校で授業研究の改革を行っているモデル校と非モデル校での総合的学習への教師の認識を示した図である。

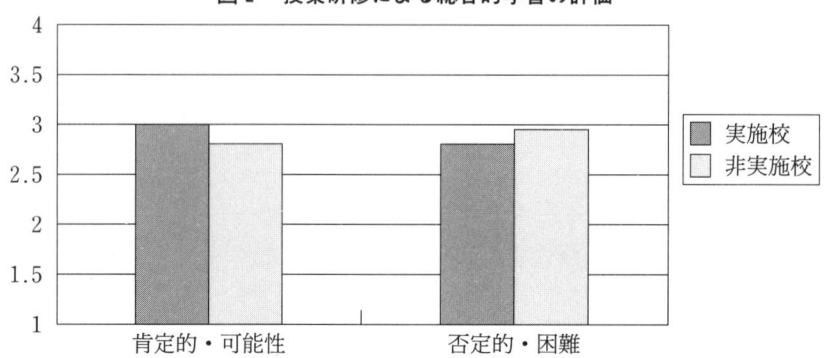

図2　授業研修による総合的学習の評価

総合的学習への評価として,肯定的評価(「子どもに考える力を持たせる上で大切な時間である」,「授業に工夫すれば考える力を付けられる」,「子どもがイキイキする時間である」などの項目)と否定的評価(「課題を子どもに持たせるのが難しい」,「学習効果の割に時間がかかる」,「評価が難しい」,「学力とは直接結びつかない」,「保護者になかなか理解してもらえない」)の2因子への評価には学校による有意な違いがみられた。授業研究を行って生徒の学習過程に関わる会話をしていくことで,活動型授業における学びの過程がみえてきて,考える力を育てる時間であるという認識が教師の間で高まっていくことが推察される。

2　活動型授業の質を問う

(1)　21世紀の学力にむけた授業の質

といっても,活動型の授業が学力を本当に高めるかという時に,たちどまって考えてみることが必要である。表1の項目にあるように活動型の授業で

は，共同や全体での話し合いなど，個を中心とした学習だけではなく協働学習の過程が入っていること，生徒の体験や生活経験に密着した内容を取り入れること，生徒が自分で考える時間や問題を見出したり解決する過程が含まれることが授業の特徴となる。それはカリキュラムをこなしていく轍をつけるだけの授業とは対比的な授業である。けれどもこの3要素が入っていれば良いわけではない。グループや一斉での話し合いはしているが特定の子だけが発言していて他の子の頭は十分に活性化していない授業，体験としてやってはみるがやったでおしまい，ああ楽しかったで終わり，そこから次の課題はでてこないやりっぱなし授業，生徒による課題の設定と解決が紋切り型の流れになっているために一通りはこなすがそれでおしまいの授業もある。それらをもう一度見直していくことがなければ，活動型授業が学力をつける授業には結びついていかないと考えられる。

　知識社会である21世紀型の学力として求められるのは，学んだ知識の多さではなく，その知識を柔軟に使用しながら新たな対象と関わり学べる力，想像し創造する力，他者と協働して何かを創発していく力である。文化を学び受け継ぐだけではなく，その文化に抵抗しつつ新たなものをそこから作り出していける力である。そのためには理性だけではなく感じ取り受け止める感性が必要であり，物事を楽しめる力も必要になる。そのためには，活動型の授業が個々の生徒にとって真に学ぶ時と場を生みだしていることが必要である。学力をつける授業はこれだと一例を挙げて説明することは困難である。なぜならそれは多くの他の授業の可能性に言及せず捨象することになるからである。しかし21世紀型学力を育てる授業に必要な共通項は指摘できるだろう。以下の3構造を持つ授業は，小中の相違，ベテラン若手教師の相違を越え，これからの学力をつける授業の共通項ではないかと筆者は考える（秋田，2004）ので紹介してみたい。

(2) 学問世界への探究に導く課題構造

　第1には，学習課題の構造である。生徒がもっている知識構造を活用しその知識と密接につながることができるような課題内容の構造であること，そ

して教材が接面となってその教材が示す学問世界への広がりを知ることができるような課題であることが必要である。つまりその学習対象を学ぶことで，今まで知っていた事象の見え方が変わっていくような課題は生徒にとって考えることができる課題といえるだろう。身近でおもしろいというだけではなく，面白さが探究への入口になっている価値をもつことが，生徒が出会う学習課題や教材として必要であるだろう。中2理科で「携帯カイロをつくろう」という授業実践をみせていただいたことがある（福井大学地域教育学部附属中学校，2004）。日常使用している身の回りのものとしてのホッカイロを作ってみよう，では何からできているのだろうかということから授業の課題は始まる。日常何気なくみていた携帯カイロをあけてみて，生徒たちは化学の目でその材質を見始める。化学変化について中一までに学んだ知識を総動員して使いながら中身を推測し，材料や熱が出る仕組みを確かめる実験方法を考えていく。そして実際にミニカイロを作るのである。このような課題は理科だけではない。ある学問，教科固有の推理やものの考え方をしながら生徒たちが考えを深めていける課題構造をもつ授業は，易しい基礎から難しい応用へという順にではなく，大きな課題一つに挑んで頭を使って生徒が考えていくものとなる。

(3) 多声的交響による公共空間としての参加構造

　第2には，学ぶ者同士がどのように相互作用するのか，いかなる参加をしているのかという参加構造である。参加にはひとまず授業の場に居るという参加，学習している課題に注意を向けて情報を共有する参加，行き交う情報のやりとりから能動的に推理をめぐらして考えるという意味での参加へとそこには質の深まりがある。まずは安心していられる居場所感が学級内に作られること，授業に向かう学習態度，そして興味ある課題をめぐって友達とやりとりする楽しさの実感が参加を支える。

　教師の提示した本時の課題が生徒自身にとっての課題として受け止められること，あるいは生徒自らが考えたいと思う課題が見つけられることから生徒は本当の意味で授業に参加して考えるようになる。授業に参加するとは発

言しているか黒板をノートに写しているという行動ではない。どれだけ他者の話を聴いて応答的に考えているか，書くことを通して自分の言葉や表現を作り出しているかという内なる働きが問われなければならない（秋田・市川・鈴木，2003）。学びは静かに起こるのである。発言はしても人の話が聴けない生徒は学びが深まらないことが多い。

またどれだけの人が参加しているか，一部の生徒だけが考えているのか，皆が考えているのかを考えてみることが必要である。割り込みなどで人の発言権をとることの多いグループや学級では参加して考えられる生徒に偏りが生まれる。いかに対等で多声的空間，公共空間を作るかである。一つのクラスが同質に同じ知識や考えを分ける学級文化ではなく，同じことをめぐる多様な考えを分かち合って考えを深め育てていける学級文化は日常の会話の生成過程における参加構造のあり方から生まれる。

そのためには生徒に課題がうまれるよう待つことと，多様な発言をつなぐことで共有できる課題を作り様々な考えをつないで考えていく教師の発言がもとめられる。教師は，生徒の発言を目立たせる（Marking：特に大事と思われるところに注意を向けたり強調する），発言をもどって考える（Murning back：考えたり説明してもらいたいところに，もどしていく），復唱する（Revoicing：表現しようとしていることを解釈していったりもう一度考えを繰り返して言う），表現する（Modeling：考えを声に出して言ったり困ったときにそれを表現したりする），付け加える（Annotating：テキストにはない考えたり思った情報を付け加える），まとめる（Recapping：要約して話す）などのなかだちを行って参加構造のあり方を作り出している（Palinscar, 2003）。

授業の学習組織は個人の学習，小集団での学習，学級全体での学習の組み合わせで組織される。これは会話のやりとりの方向を決めるという点で生徒が学習にどのように参加していくかを決める重要な要因である。学級全体で課題への興味を喚起する場合もあれば，個人で教材と関わる活動をすることもあれば，体験しながら課題をみつけ出していくこともある。協働や全体での学習機会をいつ，どのような形で設けるかが鍵である。個々の考えを持つ

時間を準備せず最初からグループで行う授業ではおしゃべりに終わる場合もある。また丁寧に考える生徒につきあうことなく，教師の計画や思いだけで進む授業では生徒は考えなくなる。発表をこなすだけの授業も同様に聴き手側は惰性に陥って聞き流すだけの時間になりがちである。教師が授業展開のどこに生徒の思考が入りこむ参加の余地，「間」を作り出すかが，考える授業を作り出す決め手になる。したがって多くの生徒が黙っていてもよく考えている授業は，ゆったりと入りこんで考える余地があるように授業が組み立てられている。活動型授業は活動と停止，静寂の緩急の中に学びが生まれている。この学習のうねりの波を感じ取れる授業では，子どもの活動が活性化していく。

(4) 3層が織り込まれたコミュニケーション構造

生徒同士がよく学び合っている授業では相互の身体は近しく開かれている。机の向きや位置，教室での教師と生徒，生徒同士の位置取りが変わるだけで，教材へ，他者への向き方は変化する。また単なる説明や話し合いではなく，考えが他者にも伝わりやすいように時には言葉で，絵でいろいろな記号で，多様なメディアに媒介されて表現され可視化される機会のある授業では記憶にとどまりやすく考えやすくなる。コミュニケーションが話し言葉だけによってやり取りされている授業では記憶にとどまりにくい。身体，話し言葉，書き言葉の3チャンネルを使って他者との出会い，学習材との出会い，自己との出会いができている授業では，子どもたちは崩れにくい。生徒の話をきちんと聴こうと向き合う教師の身体や相互の顔がみえる配置の教室空間，教材として具体物がもちこまれ諸感覚を通して教材にふれることができる経験，沈黙して自分のノートに何かを書いている時間がたっぷりとれる授業，さまざまなものづくり等の表現活動を通してその人の思考が現われた作品との出会いがある授業では，生徒にさまざまな形で表現する参加の機会があたえられる。即興的に表現するのが得意な生徒もいれば時間をかけることでその子らしさを形にできる生徒もいる。

学力を育てる過程はつねに生成途上であり，可能性を相互に伸ばしあって

いく多様な道筋を持った過程である。一つの効率の良い決まった過程があるわけではない。そしてそれは教師が思い描く「像」と子どもたちの実態との間に，同僚との間に，保護者や他の大人たちとの間に交わされる対話によって常に作りだされていくと言えるのではないだろうか。

〈参考文献〉
・秋田喜代美（編）『コミュニケーションを育てる』教育開発研究所，2004年。
・秋田喜代美・恒吉僚子・村瀬公胤・杉澤武俊「学力を支える学習環境」『基礎学力システムの再構築　中間レビュー』東京大学大学院教育学研究科基礎学力研究センター，2004年，67-77頁。
・秋田喜代美・市川洋子・鈴木宏昭「授業における話し合い場面の記憶：参加スタイルと記憶」東京大学大学院教育学研究科紀要42，2003年，257-274頁。
・福井大学附属中学校『中学校を創る』東洋館出版社，2004年。
・Palincsar, A. S., Collaborative approaches to comprehension instruction, In Sweet, A. P. & Snow, C. E. (Eds.), Rethinking reading comprehension, New York: Guildford Press, 2003, pp. 99-114.

第2章

生活科・総合的な学習のめざす学力と指導・支援のあり方

藤井千春

1 生活科・総合的な学習で育成する学力を論じる視点

　生活科は，「自立の基礎を養う」ことを教科「目標」とする。総合的な学習は，要約すれば，自ら課題を見つけ，主体的，創造的に追究し，解決する能力や態度を育て，自己の生き方を考えさせることを「ねらい」とする。
　両者は，「教科」と「時間」という学習指導要領上の位置付けは違う。しかし，学習活動を通じて，子どもたちに，自ら価値を見出し，自ら設定した課題（自己課題）の追究に，全力で主体的に取り組む能力と態度，そのような課題の追究に立ち向かう意欲と自信を育成するという共通性を持つ。両者は共に，学ぶことや生きることにおける「自立」，そのような意味における「生きる力」を育むことを，「目標」や「ねらい」としており，教育課程において連続的に位置づけることができる。学ぶことや生きることの「自立」を図るための，教育課程の中心的な柱として連続する教科・時間である。
　しかし，次のような誤解がある。
　第一は，学習指導要領の「総則」における「自ら課題を見つけ，自ら学び，自ら考え……」という「ねらい」が，学習活動の方法と見なされるという誤解である。このため，学習活動では，子どもたちの表面的な興味関心のまま課題が設定され，教師による必要な指導・支援がなされないままとなる。したがって，放任状態の「這い回る」だけの活動が展開されてしまう。「ねらい」と学習活動の方法とが混同されてはならない。「ねらい」とは，学習活動を通じて，子どもたちに育成する目標なのである。このような「ねらい」は，放任されたままでは達成されない。教師による適切な指導・支援が必要である。

したがって，生活科・総合的な学習の学習活動では，課題の設定やその価値の吟味，課題の効果的な追究の方法，追究の過程や成果からの意義の抽出などに関して，教師による適切な指導・支援が必要である。教師には，①価値ある活動を自分たちでやり遂げようという意欲を引き出し，②努力・工夫して困難な問題の解決に励まして立ち向かわせ，③達成を価値付けて共感し，成長への自信を持たせるというように，子どもたちの活動に即して，自己課題を設定して，全力で主体的にやり遂げていく能力と態度，意欲と自信が育成されるように，指導・支援することが求められるのである。

第二は，生活科・総合的な学習では，クロスカリキュラム的な学習内容を設定し，子どもたちにそのような学習技能や知識を習得させることをめざすという誤解である。

学習指導要領における「横断的・総合的な課題」という部分は，「課題」の例示であり，学習内容の例示ではない。もちろん，学習活動を通じて，資料収集や活用の技能，調査や観察・実験の技能，成果のまとめや発表の技能，あるいは複数教科にまたがる知識が習得されることは望ましい。しかし，重要なことは，そのような学習技能や知識が，前述のような能力と態度，意欲と自信が育成される学習活動を通じ，必然性をもって，結果として習得されることである。したがって，生活科・総合的な学習の学習活動が，クロスカリキュラム的な学習技能や知識の習得に矮小化されてはならない。

生活科・総合的な学習の学習活動は，どのような教材を使用し，どのように学習活動を展開すれば，子どもたちに前述のような能力と態度，意欲と自信を育成できるかという観点から構想されなければならない。その後に，その学習活動の展開の過程で，どのようなクロスカリキュラム的な学習技能や知識の習得が可能であるかを明確にすればよいのである。

このように，生活科・総合的な学習の学習活動は，子どもたちに放任される活動ではない。また，クロスカリキュラム的な学習技能や知識の習得を第一にめざす活動ではない。生活科・総合的な学習では，教師による適切な指導・支援に基づいて，価値ある自己課題を設定して，全力で主体的に取り組む能力と態度，意欲と自信を育成することをめざす。そのような学力の育成

を「目標」，あるいは「ねらい」とする。生活科・総合的な学習において展開された学習活動は，子どもたちにそのような能力と態度，意欲と自信が育成されたかにおいて，評価されなければならない。

本章では，以下，次のように論述を進める。

第一に，デューイ（John Dewey, 1859～1952）のいう実験的知性について検討し，自己課題に全力で主体的に取り組む能力と態度は，どのような知的活動として示される能力と態度であるのか考察・明確化する。

第二に，キルパトリック（William Kilpatrick, 1871～1965）のプロジェクト法を，このような実験的知性を育成するための学習法という観点から検討し，どのような教育的意義を有するのか考察・明確化する。

第三に，これらの検討・考察に基づいて，生活科・総合的な学習でめざす学力，すなわち，価値ある自己課題を設定し，全力で主体的に取り組む能力と態度，意欲と自信は，どのような指導・支援によって育成され得るのか，学習活動の具体的な場面に即して検討・考察し，明確化する。

2　デューイの実験的知性に示される能力と態度

デューイによれば，人間の知性は，問題解決における行動の方法に示される。つまり，直面している状況から，問題を発見し，その問題状況の特質を十分に観察・明確化し，それに最も適切で効果的な解決のための行動の方法（指導観念）を考案し，それに基づいて実行し，現実に問題を解決できる点に知性は示される。デューイにとって知的能力とは，普遍的な知識を発見・所有する能力ではない。意図した結果を生み出し得る行動の方法（指導観念）を考案し，具体的な状況を実際に取り扱う能力である。デューイの実験主義とは，直面する状況を十分かつ慎重に見極めて，適切な行動の方法を考案して実行し，確実性をもって現実の問題解決を試みる態度なのである。

このように，デューイは，人間は自らの知的能力を駆使して行動を自己統制することにより，現実世界の問題を自ら解決できると主張した。この点で，デューイの教育学における主張は，行動の方法を知性的に考案し，現実世界

における問題の解決に，主体的に全力で取り組む能力と態度の育成にあった。
　では，現実世界での問題解決には，どのような能力と態度が必要なのか。
　現実世界の問題は，具体的な行動の効果的な実行によって解決される。そして，問題が現実的に解決されるためには，行動の方法（指導観念）を考案する過程において，次の点に十分な考慮がなされる必要がある。
　① 目的に関する可能性や価値を，十分に検討・明確化すること。
　② 直面する状況を構成する諸要素の特質を，十分に調査・解明すること。
　③ 行動が実行された場合の経過や結果を，十分に予想・検討すること。
　このような熟慮を通じて，行動の方法（指導観念）を考察することが必要である。また，熟慮においては，状況への有効な働き掛けの方法，直面する状況の特質を確認するための方法，それによって得られたデータの解釈の方法など，多様な知識や技能の活用が必要となる。
　デューイのいう知識とは，働き掛けと反応，ものごとや出来事の関連・連続である。そのような関連・連続が意味である。知識とは，反省的に把握された意味であり，技能とは，意味を状況において認知・使用できる能力である。デューイにとって，経験とは，第一に，意味が反省的に把握されている過去の活動であり，第二に，意味を意図的・自覚的に使用して行われる活動である。したがって，意図した結果を適切に生み出し得る行動の方法（指導観念）の考案には，必要な意味が適切に認知され，意図的・自覚的に・使用される必要がある。問題の発見，生み出したい結果の明確化，課題の設定，状況の特質の明確化，指導観念の考案など，実験的知性が示される一連の知的活動は，意味の認知・使用の能力が駆使されて展開される。
　そして，デューイは，意味の認知・使用という知的能力は，現実に具体的な問題解決の活動で，意志と一体になって示されると指摘している。デューイにとって，知的能力や意志は，それぞれに独立して存在する実体ではない。意図した結果を生み出すという目的を意識して，直面する状況と交渉しつつ，指導観念を慎重に考案する知的活動（探究）において，一体となって示される。そのような知的活動において，意味を適切に認知・使用できることが知的能力であり，目的に向けて思考の機能を効果的に統制できることが意志で

ある。知的活動に対する態度に，知的能力と意志とが一体となって示される。

したがって，デューイのいう実験的知性とは，目的を意識して，適切に意味を認知・使用して状況を取り扱い，指導観念を考案し得る能力であり，また，そのように自己の知的能力と意志を統制し得る態度である。デューイは，知的能力と意志とが一体になって，探究における思考と行動を適切に自己統制し得る能力と態度に，知性が示されると主張した。デューイにとって，そのような知性の主体の育成が教育の役割である。デューイのいう「しごと」(occupation) は，そのような知性の育成のための学習活動の原理である。

生活科・総合的な学習で育成する能力と態度は，このような実験的知性である。さらに，デューイにとって，教育の要点は，このような実験的知性を，人々との協同活動において発揮できるようにすること，つまり，公共的な活動に参加する能力と態度として育成することである。それゆえ，生活科・総合的な学習における学習活動では，相互に学び合って技能や知識を習得すること，力を合わせて作業を完成させることなど，活動を協同的にするよう配慮されなければならない。また，例示の国際理解，情報，環境，福祉・健康は，「横断的・総合的な課題」という内容からではなく，人々が協同して解決に取り組むことが必要な課題という特質から捉える必要がある。

3 キルパトリックのプロジェクト法における付随学習

キルパトリックのプロジェクト法は，デューイの実験的知性を育成するための教育方法として提唱された。もちろん，デューイがシカゴ大学付属小学校で取り組んだ「しごと」は，社会生活での協同活動への参加能力の育成を意図したものであり，また，知的能力と意志とが統一的に育成される教育方法であった。しかし，デューイの実験的知性観は，デューイの前半生における教育実践を通じて着想され，その後の哲学において明確化・確立される。この点で，キルパトリックのプロジェクト法には，デューイのいう実験的知性の育成が，デューイの哲学に基づいて，明確に意図されている。

プロジェクト法は，①目的の設定（何を行うか，それは可能か，その価値

や意義はあるかの検討），②計画（どのような方法で行うか，その方法は確実で効果的かの検討），③遂行（必要に応じて計画を修正しつつ行う），④判断（目的は達成されたか，方法は適切だったかの反省）と，進められる。

　しかし，プロジェクト法とは，このような形式的な段階に従って展開される学習活動ではない。学習活動が，子どもたちにとって，「全精神を打ち込んだ目的ある活動」（wholehearted purposeful activity）として展開される点に意義がある。プロジェクト法とは，子どもたちに，自己課題の達成に向けて，自分の行動や態度などを知的に，集中的，持続的に，強い意志によって，必然性をもって自己統制させる学習活動である。自分で価値を見出した課題の達成に向けて，知的能力と意志を総合的に全力で粘り強く機能させるという，内面的に自己統制する経験を遂げさせる学習法なのである。

　デューイは，「しごと」を通じて，教材を実際に取り扱うことから，科学的知識や社会生活の協同による成立を学ぶとともに，事物を取り扱う技法の習得と協同活動に参加できる能力と態度の育成をめざした。そして，キルパトリックは，「全精神を打ち込んだ目的ある活動」を通じて，内面的な自己統制の能力が，子どもたちに付随的に育成されることを強調した。「全精神を打ち込んだ目的ある活動」とは，子どもが事物と相互行為を行い，意味を新たに発見したり，既知の意味を使用して働き掛けるという，知的活動を集中して，持続的に，粘り強く取り組む学習活動である。知的能力と意志を，統一的に育成することがめざされる。キルパトリックは，プロジェクト法において，この点について，改めて着目して強調した。そのような内的に必然性のある集中した持続的な，知的能力と意志とが一体となった知的活動を通じて，自分で発見した価値の実現に向けて，自分の活動を自分自身で統制できる能力と態度を，子どもたちに育成することをめざしたのである。

　プロジェクト法は，自分で自分のための価値を見出し，自分の人生で，それを自分の努力によって実現する能力と態度の育成をめざす学習法である。キルパトリックは，そのように自分を自己統制できる生き方により，「生きる価値ある生活」（life good to live）が実現されると考えた。生活科・総合的な学習で育む「生きる力」を，内面的な自己統制の能力と態度の育成に基

づく,「生きる価値ある生活」を実現する力と捉えることができる。

4　学習活動に対する指導・支援の要点

　生活科・総合的な学習において,自分たちで設定した,価値を実感している課題の達成に向けて,知的能力と意志とを一体にして,粘り強く自分自身をコントロールしつつ取り組む学習活動を子どもたちに生み出させるには,学習活動に対する教師によるどのような指導・支援が必要となるのか。

(1)　課題の設定をめぐって

　生活科・総合的な学習の課題は,子どもたちに放任的に設定させてはいけない。もちろん,子どもたちの興味関心のある題材や活動には十分に配慮される必要がある。また,教師が課題を一方的に押しつけてもいけない。

　課題の設定をめぐって,重要なことは,課題の価値を子どもたちが自覚できるように,教師が適切に指導・支援する点にある。

　小学二年の生活科で,学校の近辺を散歩して畑を観察し,農家のおじさんから話を聞いたことから,子どもたちは「自分たちも畑を作り,野菜を育てたい」と言い出した。しかし,教師は,「野菜にも命がある。あきたから途中で止めて,枯らしてしまうようならだめだ」と言い,子どもたちに「最後まで自分たちの責任で育てる」と約束させた。そして,子どもたち自身で,校長に野菜づくりと畑の場所についてお願いに行かせ,あたかも自分たちが動いて畑の場所を得て野菜の栽培を開始したように構成した。その後,畑に遊戯中のボールが入る,知らずに立ち入る人がいる,野良犬が横断するなど,問題が生じた。子どもたちは,全校朝会で注意を促す,立て札を立てる,柵を作るなどの解決策を考えて実行した。

　やらされている場合,また,課題の価値を十分に自覚していない場合,子どもたちの意識に問題は成立しない。したがって解決に向けて,知的能力と意志とが一体になった粘り強く自己統制された取り組みは生まれない。子どもたちには,農家のおじさんと同じように野菜を実らせて,自分たちの環境

に対する支配力を実感したいという意識が明確であるため，それに対して妨げとなるような出来事が，問題として意識された。そして，その解決のための知的能力と意志とを一体にしての取り組みがなされたのである。

この点で，課題の設定段階で，子どもたちにその課題を達成するための活動の価値を吟味・検討・自覚させる指導・支援が必要である。その課題に取り組むことにより，どのような自分の成長を期待するのか，また，どのような価値の実現をめざすのかを明確にさせる。生活科・総合的な学習は，学校の教育活動として展開される。だから，教育的価値のある課題への取り組みであること，すなわち，その課題への取り組みを通じて，子どもたちが自分の成長を実感できること，また，現実の社会と自分とのつながりや参加を実感できることが不可欠である。この点で，個人的・趣味的なことがらは，生活科・総合的な学習における課題とはなり得ない。

教師には，子どもたちが取り組もうとしている課題の価値を，自分の成長に対する意義，および地域など現実の社会に対する意義という観点から，吟味・検討・自覚させなければならない。子どもたちから「やりたい」として提案された課題であっても，そのまま取り組ませるのではなく，その価値について十分に吟味・検討・自覚させることが，教師の役割である。

(2) 課題の追究において

課題の追究において，「調べてまとめる」という形式ではなく，「やり遂げて評価をもらう」という形式で課題に取り組ませることが要点となる。

「調べてまとめる」という形式で展開される場合，書籍やパンフレットなどを丸写して棒読みする発表，あるいはインターネットで検索し，プリントアウトされたものを切り貼りする発表となる。当然，子どもたちは得た情報の内容を理解していない。調べて情報を得るだけで終わり，情報の内容の吟味・検討・判断は行われない。表面的な情報を集める活動にとどまる。

しかし，「やりとげて評価をもらう」という形式の課題で，しかも，課題の価値を子どもたちが自覚して活動が展開された場合，第一に，子どもたちは得られた情報の真偽や意味，自分たちの活動に対する適切性などについて，

十分に吟味・検討・判断する。つまり，子どもたちに，自分たちの取り組んでいる課題を完璧にやり遂げ，地域の大人などから評価されたいという意識が強ければ，適切で有効な情報を得る必要が生じる。また，間違った情報を選んでしまっての失敗を避けたいという意識から，情報についての適切な判断・選択も必要となる。このようにして，情報活用能力が育成される。

　小学五年の総合的な学習で，子どもたちは，半年かけて稲を育てた。そして収穫したお米を調理して，保護者やお世話になった地域の人たちを招待して，パーティーを開催することになった。あるグループはチャーハンを作ることになった。料理の本やインターネットで調べると，何通りもチャーハンの作り方を見出すことができた。子どもたちは，自分たちでも確実に作ることのできる方法，しかも，自分たちも来てくれる人も，望んでいるような味での作り方という観点から，作り方についての情報を吟味した。子どもたちは，自分たちの育てたお米だからこそ，料理において失敗したくない，しかも，来てくれる人からも評価されるチャーハンを作りたいという意識から，作り方の情報について吟味・検討・判断したのである。

　また，「やりとげて評価をもらう」という形式で活動に取り組ませることにより，第二に，子どもたちに，「教えてくれる先生」を自分たちで探し，お願いして教えてもらうという活動が生まれる。子どもたちは，課題を完璧に，納得のいくまでやり遂げたいという意識をもつと，しばしば専門家による実地指導を願う。先の子どもたちは，「プロのコックさんに教えてもらいたい」と言い出し，近くのホテルの中華料理店に自分たちで依頼して，訪問の約束を取り付けた。そして，実地に見学・観察し，プロの手際の巧みさに驚くとともに，中華料理の世界や料理の工夫などの話を聞いてきた。

　このようにして，子どもたちは自らの必要感に基づいて，自ら動いて実社会の大人の活動を見学し，自分たちの学習活動において再現する活動を展開した。このことは，観点を変えると，専門家である大人を協同しての活動のメンバーとして要請し，参加を得ることの成功である。また，活動の成果について発表して「評価をもらう」とは，報告の受け手をも協同しての活動の参加者として位置付けることである。「やりとげて評価をもらう」という形

式での課題への取り組みにより，子どもたちは，自分たちの課題を完成させるために，その援助者や評価者などとして，周囲の多くの大人や友だちを協同者として巻き込む。そのためには，自ら動いて依頼し，自分たちの活動の目的や価値について明確に説明することが必要となる。そのようにして，子どもたちは，自分たちの活動の目的や価値をますます自覚するとともに，他者との間でのコミュニケーション能力を高めることになる。

以上のように，「やりとげて評価をもらう」という形式で課題を設定するように示唆し，情報を吟味・検討・判断させる活動，他者に働き掛けて協同への参加を得させる活動などが，子どもたちの必要感に基づいて，必然性をもって展開されるように指導・支援することが，教師の役割となる。

(3) 課題追究の反省において

生活科・総合的な学習では，一つの単元での学習活動が，次の学習活動への取り組みで生きる能力と態度，意欲と自信を育成する経験として構成されなければならない。つまり，学習活動が，そのような経験として連続的に発展するように指導・支援されなければならない。

そのためには，教師は，それぞれの子どもに，自分の取り組みについて，途中で適時，「自分はどのような目的で，どのような方法で取り組んでいるか，取り組んでいきたいか」，完遂後に，「自分はどのような目的で，どのような方法で取り組んできたか，その結果はどうであるか」について，振り返って，あるいは展望して語らせる必要がある。教師は，子どもたちに，自分が何をしてきたのか，何をしようとしているのか，自分の取り組みについて反省させるのである。つまり，子どもたちに自分の活動に対して，意図的・自覚的になるように向き合わせる指導・支援が必要である。

子どもたちは，自分の活動を振り返ることで，たとえ失敗であっても，働き掛けと反応の結びつき，ものごとや出来事の連続や関連などの意味を学ぶことができる。それだけ，次の活動における意味の認知・使用の能力が高まる。つまり，状況を意図したように統制できる能力が形成される。また，自分の意図する結果を生み出すまでくり返し活動を展開することにより，意味

の認知・使用について自覚的になる。つまり，直面している状況に適した指導観念を入念に考察して活動に臨むことになる。それだけ，活動への取り組みが実験的になり，状況を意図したように統制できる能力が形成される。

したがって，追究の途中で，また，追究の終了時に，自分の取り組みについて，子どもたちに反省的に語り合わせる活動を設定する必要がある。子どもたちは，それぞれに自分の活動を反省して語り，また，語り合って相互の取り組み方を点検し合い，それぞれ自分の取り組みで実現可能な価値，あるいは実現した価値を明確化する。このような語り合いにより，相互の取り組みを参考にし合い，意味の認知・使用の能力を高め合わせることができる。

また，自己の取り組みに反省的，自覚的になることで，子どもは自分の取り組みに，一連の時間的経過の中で発展的なストーリー性を付与することができる。さまざまな困難（問題）を，知恵を働かせて努力・工夫して頑張って乗り越えて，自分が価値を見出している課題を達成するというストーリーを自分の進路に見定め，その主人公としての自覚のもと活動に取り組むようになる。このような学習経験の連続的発展によって，子どもに，自分の人生における活動に，価値の実現に向けて自分自身を主人公として取り組んでいく生き方，そのために必要な能力と態度，意欲と自信が育成される。

自分の活動における取り組みを反省的に振り返り，あるいは展望して語らせるとは，このようにストーリー性を明確にさせ，そのストーリーの展開を，自ら統制する主人公としての自覚を持たせることである。教師が，そのように反省的に語り合う場を設定し，子どもたちの語り合いを指導・支援することにより，子どもたちは，相互のストーリーを参照し合い，それぞれのストーリーを，意味の豊かなものに修正して展開できる。それぞれのストーリーに相互に登場し合い，それぞれのストーリーを助け合って完成させていくことができる。このようにして，学び合い高まり合うという集団の教育力が機能し，協同しての学習活動が子どもたちに経験される。

5　まとめ

デューイのいう実験的知性，およびキルパトリックのいう「生きる価値ある生活」についての検討・考察に基づき，生活科・総合的な学習，およびその学習活動を通じて育てる学力について，次のようにまとめることができる。

生活科・総合的な学習は，子どもたちに放任される学習活動ではない。また，たんにクロスカリキュラム的な学習技能や知識の習得がめざされる学習活動でもない。子どもたちが自ら価値を見出した課題の実現に向けて，知恵を働かせ努力・工夫して困難を乗り越えて，相互に，また地域の大人たちにも協力を仰ぎ，ストーリー性をもって展開される学習活動である。教師は，学習活動がそのように展開され，子どもたちに，自分の人生における活動に，価値の実現に向けて自分自身を主人公として取り組んでいくという生き方，そのために必要な能力と態度，意欲と自信が育成されるように，子どもたちの活動を指導・支援することが必要である。このような能力と態度，意欲と自信が，生活科・総合的学習で，子どもたちに育つ学力である。また，そのような学習活動の経験が連続的に発展するように，各単元の学習活動を構想・実践することが，教師には求められる。

「生きる力」とは，人生において自ら価値を見出した課題の実現に向けて，知恵を働かせ努力・工夫して困難を乗り越えて，他者との温かい関連を保ちつつ，自ら構想したストーリーの主人公として生きようとする能力と態度，意欲と自信である。生活科・総合的な学習の意義は，そのような能力と態度，意欲と自信を，子どもたちによる自己課題の追究としての学習活動を通じて育成し得る点にある。そのように学習活動を構想・実践できる点に，学習活動の指導・支援者としての教師の専門的力量が示される。

〈参考文献〉
・ジョン・デューイ，市村尚久訳『学校と社会』講談社文庫。
　同上，　　　松野安男訳『民主主義と教育』岩波文庫。
　同上，　　　植田清次訳『確実性の探究』春秋社。
・ウイリアム・キルパトリック，村山・柘植・市村訳『教育哲学』明治図書。
・藤井千春『子どもの求めに立つ総合学習の構想』明治図書。
　同上　『総合学習で育てる学力ストラテジー』明治図書。

第3章

確かな学力を育てる問題解決学習

奈須正裕

1　問題解決学習という方法

(1)　切実な問題場面の解決

　教育という何とも複雑な営みをうまく進めるにあたり，ぼくが一貫して考えてきた，そして性懲りもなく今回もまた書こうとしているのは，実に単純なことだ。
　それは，「本気でけんかをする時に声の小さい子どもはいない」という観察に基づくもので，要するに当人にとって切実な問題や意味のある活動でありさえすれば，子どもは全力で取り組む。したがって，後はそこに投入されたとてつもないエネルギーとすっかり覚醒した知性の向かう先に，大人の目から見ても価値ある内容を転がすなり埋め込むなりしておけば，子どもは進んで，というか多くはそれが学習であるなどという自覚もないまま，実によく学んでくれる。しかもその学びの質たるや，ぼくらが躍起になって教え込もうとしても絶対に到達し得ないほど深く，高く，広く，確実だというのだから，本当におどろいてしまう。
　これほど効率的にして上等な授業のやり方が他にあるだろうか。というわけで，ぼくはこの教育の方法に全幅の信頼を寄せ，一切疑わないことにしている。
　「それは問題解決学習というのでしょう」というそこのあなた。正解である。「なーんだ。問題解決学習ならかつて盛んに取り組まれたけど，這い回るばかりで，学力なんか身に付かないって聞いたことがありますけど」って。
　このような言説はしばしば聞かれるが，では，実際に問題解決学習におい

て，子どもはどのような質の学びを展開するのだろうか。具体的な一つの事例をもとに考えてみることにしよう。

(2) えさ代の計算

　3年生の子どもたちが，学級で牛を飼おうとしていた。牛についてあれこれと調べたり，牧場にお願いの手紙を書いたりする活動が半年ほど続き，ようやくある牧場が子牛を貸してくれることになった。ところが，その条件の中に「えさ代はいっさい学級の方で負担して下さい」というのがあった。子どもたちはここで立ち止まる。彼らには学級園で育てた野菜を売って得た43000円あまりのお金があったが，これでどのくらいの間牛を飼えるのか見当もつかないのである。これが解決できなければ，自分たちの願いである牛を飼うことが実現するかどうかがわからない。この切実な問題の解決を目指して，学習はさらに進められた。

　さっそく，子どもたちはいつもお世話になっている近くの牧場に行き，牛のえさについて教えてもらう。「1 kg 50円の乾草を1日に3 kg。あと，ふすまが1ヵ月に690円の袋を一つ」ということを教わり，その日からえさ代の計算が始まった。

　子どもたちは，まず1日の乾草代150円を求める。次に1ヵ月分。ここでT君は，150円を30回足し続けて4500円とした。これに対し「そんなことしなくても150円が10日で1500円でしょ。それを3回足せば4500円になるよ」「1500×3と筆算でやると早くできる」と，よりよいやり方を求めて追究が進む。翌日，子どもたちは1ヵ月の乾草代4500円にふすま代690円を足して，合計5190円を算出した。

　次は1年分である。2ヵ月から順々に計算していくが，まだ2桁のかけ算を習っていない子どもたちは，10ヵ月を求めるのにそれぞれの方法で工夫する。すでに求めてある9ヵ月に1ヵ月を足す子，5ヵ月を2倍する子，その子なりの個性的な追究がそこには展開されていく。T君は，またまた5190円を10回足して51900円とした。ようやく10ヵ月までたどりついたが，11ヵ月以上となると再び考え込んでしまう。

数日後，再びえさ代の計算の学習となるが，子どもたちは2桁のかけ算のやり方がわからず，試行錯誤を繰り返す。T君も，最初は図1の①のように，10の桁をずらさないで計算し，首をひねっていた。ここで初めて教科書を開き，2桁，3桁の筆算のやり方を学ぶ。

図1　T君の追究過程（えさ代の計算）

| ①　5190
　×　　11
　　5190
　　5190
　10380 | ②　5190
　×　　11
　　5190
　5190□
　57090 | ③ 5190× 　1＝ 5190
　 5190×10＝51900
　　　5190
　　＋51900
　　 57090 | ④　5190
　×　　11
　　5190
　51900
　57090 |

　「へええ。2桁や3桁の場合は，10の位なら10の位のところから答えを書くんだね。」「だからうまくいかなかったんだね。」子どもたちはいったんは納得するが，再び疑問がわいてくる。

　「筆算でやってみたら，ここの□のところが空いちゃうんだけど，どうして空いちゃうのかわかりません。（図1の②）」これに対し「上の方は1の位を計算した答えだから1の位から書き始めて，下の方は10の位を計算した答えだから10の位から書くんだと思います。」しかし，これではどうして10の位だとずらすのか，もう一つ釈然としない。

　T君はこの段階までに，11倍は10倍したものと1倍したものを足せばいいことに気づき，図1の③のように分けて計算し，さらに図1の④のような計算に到達していた。そこで，「これは，1倍した数と，10倍した数が集まったってことだから，それを足してみたんだよ。そうしたら，さっきの筆算と同じ答えになったんだよね。だから，あの□はゼロが入ってるってことじゃないかなあ」と発言し，隠れていたゼロを発見したのである。

　このように，切実な問題場面の解決に取り組む時，子どもは物事の本質に迫る鋭い追究を示す。特に注目すべきは，単に1年分のえさ代がわかりさえすれば道筋はどうでもいいというのではない点であろう。よりよいやり方を求めて追究の手を弛めない姿がそこにはある。また，筆算の原理にせまり，筆算を用いることのよさにも気づこうとしている。ここに示された子どもた

ちの姿は，這い回るどころか，合理的で一般性の高い数理を求める志向，すなわち算数科の本質に肉迫する志向を持っていると言っていいだろう。

(3) なぜ問題解決学習は敬遠されるのか

「なるほど。問題解決学習って，いいことずくめじゃないですか。でも，だったらどうしてイマイチ普及しないんですかね。」そう，そこが問題なのである。いい方法ではあるのだが，いざやろうとするとなかなかに難しい。結果，敬遠されがちであることは，認めざるを得ないだろう。

問題解決学習のどこが難しいのか，そしてどう対処すればいいのか。このことを考えるためには，授業づくりの原理，すなわち単元構成原理にまでさかのぼって整理しておく必要がある。よく知られているように，単元構成には二つの原理がある。教材単元と経験単元である。

(4) 教材単元

教材単元とは，「系統的に配列された教材の一区分であって，たとえば教科書の第1課，第2課というようなまとまり」（昭和26年版「学習指導要領一般編（試案）」86頁）である。いわば内容のまとまりを基盤に単元を構成する考え方であり，「三つのかずのけいさん」「水溶液の性質」といった具合に，単元名も内容名で表現されるのが一般的である。教科書も含め，教科指導（生活科を除く）の多くは教材単元を足場に構想・実施されてきた。

教材単元では，教師が価値的と認め，子どもに身につけさせたいと考える内容から単元構成を開始する。そして次に，その内容を子どもの内に実現するのに適した活動（教材）を論理的，経験的に導き出し，最後に導入の工夫などによって，それを子どもにとっても意味のあるものにしようとする。

いわゆる「はじめに内容ありき」であり，必要な時期に必要な内容を自在に指導できることから，指導内容の系統性が決定的な意味をもつ場合などには有利な方法といえる。実際，だからこそ多くの教科で教材単元方式が主流なのである。

一方，子どもの都合は後回しとなり，最後に調整されるものと見なさざる

を得ない。しかし，現場教師なら誰しも経験があるように，教師の都合で導き出した活動を子どものものとするのは至難の業であり，ややもすれば教え込みになりかねないという弱点も浮かび上がってくる。たしかに教師は教えたはずだが，当の子どもは学んでいない，あるいは時間の経過とともに「剝落」していくといった現象が起こりやすく，十分な注意を要する。

(5) 経験単元

経験単元とは，「児童・生徒の当面している問題を中心にして，その解決に必要な価値ある学習活動のまとまり」（同上）とされる。いわば子どもにとって意味のある問題解決活動のまとまりを基盤に単元を構成する考え方であり，「あきをみつけよう」「生きものランドをつくろう」など，単元名も子どもの活動名で表現されるので，すぐにそれとわかる。生活科は，教科書も含め経験単元が多いし，特別活動も指導案を書けば，自ずと経験単元になっていよう。

経験単元では，教材単元とは逆の筋道で単元を構成する。まず最初に子どもの求め（夢，願い，気がかり）があり，次にそれに応じる形で活動を組織し，最後にその展開の途上において出会う切実な問題の子どもによる自力解決を通して，結果的に教師から見ても教育的に価値ある内容が学ばれるよう，構成するのである。

いわゆる「はじめに子どもありき」であり，当然のことながら子どもの活動への意欲は高い。したがって，そこでの学びも切実なものとなりやすく，学ばれた内容は定着がいいばかりか，「生きてはたらく力」として，その子の血肉となっていることが多い。

一方，教師が意図した内容を教師が意図した順序やタイミングで学ばせるにはかなりの技術を要し，指導内容がもつ内在的で論理的な系統に即した指導を求める場合には相対的に不向き，ないしは相当の技巧を要する。

また，活動から価値ある内容へと迫る点に特有な勘どころがあり，これをつかんでいないと「活動あって学びなし」や単なる放縦にもなりかねない。俗にいう「這いまわる経験主義」批判もこの点を突いたもので，経験単元自体の弱点ではないが，それが原理通り運用されない場合にはしばしば起こる

現象であり，注意を要する。

(6) 問題解決学習実現のための二つの要件

以上からわかるように，問題解決学習は経験単元方式を構成原理としている。したがって，授業づくりの万事が，目の前の子どもの都合，事実，動きに依存する。具体的には，次の二つの要件が少なくとも不可欠である。

第1に，目の前の子どもたちが何に関心を寄せ，どんな活動であれば喜々として取り組むか，ということが把握できていなければならない。

第2に，子どもたちが求めて取り組む活動の先で，彼らがどのような問題場面に出会い，そこでどのような価値ある内容が学び取られる可能性があるのか，またそれを首尾よく実現するために，教師はどこでどのような「出」を行うべきか，が正確に予測できていなければならない。

この二つの要件のいずれもが決してたやすいものでないことは，容易に想像がつくであろう。万事が教師の都合，内容の論理で突き進める教材単元とは明らかに異なる，そして桁違いに高度な力量が要求されるのである。

もっとも，苦労の甲斐あって問題解決学習が成立した時，そこで子どもたちに実現される学力は，意欲の高さ，追究の深さ，定着の確かさ，さらに「生きて働く」程度において，教材単元が達成しうるものをはるかに凌駕することは，先の事例でも，また経験単元の特質の議論からも明らかであろう。したがって，子どもたちに豊かで確かな学力を育成することを考えるならば，困難を克服して問題解決学習に取り組む価値は十分にあると言えよう。

そこで以下では，問題解決学習実現の二つの要件について，たとえばどのような手だてなり方策が考えられるか，具体的に考えていきたい。

2　豊かな表現から子どもの関心事を把握する

(1) 日記と朝の会

まずは具体的な授業構想以前の問題として，子どもたちの着眼のありよう，

関心のありかを知ることから始めなければならない。いわば授業という建物を支えるインフラの整備であるが、具体的には日記と朝の会という二つの道具立てが有効であり、現に用いられてもきた。

日記を書くということは、自身の今日を心静かに見つめなおし、感じたところを自分に向かって自分の言葉で誠実に淡々と綴る営みであり、一日に一回、自己と丁寧に向かい合う時間、豊かな自己内対話の空間である。

日記をこのような営みとすることで、私の現実が明晰に自覚される。そうすると、子どもといえども、いや子どもだからこそ、もうボーッとしてはいられないものだ。とたんに、「もっとこんな自分になりたい」とか「この身近な問題について、ぼくはどうしていけばいいのだろう」といった、切実な願いや気がかりが自ずから生じてくるであろう。

一方、朝の会でのお話とそれをめぐってのお尋ねは、私が心静かに自己内対話したことを仲間と相互に交流することで、自分たちを取り巻く多様な現実への自覚を共有化し、問題意識をさらに明晰なものにしていく営みといえる。ある事実をめぐって、私はこう感じたけれど、仲間はどう感じたのか。対話を通してそのことを率直に聞き合い、分かち合うことで、現実への自覚を波紋のように広げ、協働で豊かなものにしていく場なのである。最近は朝の時間をドリルや読書に費やす学校も多いようだが、朝の会が持つ深い意味合いを再認識する必要があるようにも思うし、またそのような質のものとして朝の会を実践することが肝要である。

さらに、両者を連携させる、すなわち日記を朝の会での発言の主要な源泉として位置づけるとともに、朝の会の議論を日記の主要な題材としても位置づけたい。そうすることで、両者は相互促進的にどんどん豊かさを増していくだろうし、子どもたちの現実への自覚と、そこから発した願いや気がかりも、いっそう力強いものとなっていくであろう。

(2) 子どもの世界をおもしろがろう

日記や朝の会を一つの契機として、子どもたちが自分を取り巻く現実や、それとの関わりの中で抱いた願いなり気がかりに敏感となり、さらに言葉に

託して伝えてくれるようになったなら，しめたものだ。そうやってとらえた子どもの着眼や関心事の中に，授業づくりのアイデアなどいくらでも見出すことができるだろう。

　もっともそのためには，教師に子どもたちの声を的確に聴ける力のあることが前提となる。そして，これが実に難しい。再び，事例で考えてみよう。

　2年生が交通の学習をしていた。平成元年度の学習指導要領における2年生生活科の(2)「乗り物や駅などの公共物の働きやそこで働いている人々の様子が分かり，安全に気を付けてみんなで正しく利用することができるようにする」が対応する内容項目である。バスや電車のことをさんざん調べていたある日の休み時間，一人の女の子が教卓のところへ来てこんなことを言った。「先生，あのね。きのう，私○○ちゃんから定期を借りたの。」

　教師としてはがっくりくる。「せっかく何時間もかけて学習しているのに」というわけだ。あなただったらどう応えるだろう。「○○さん，定期は借りちゃいけないんだよ。この間，キップのところで勉強したでしょう。何を聴いてたの。」お察しの通り，こんな応じ方は最悪である。

　当の先生は，なんとか笑顔を保ち「それで」と対話を続けた。子どもは平然とさらに続ける。「だからね。今日，○○ちゃんに80円返しといた。」

　もちろん誤りである。運賃を返すなら，それは○○ちゃんにではなく，○○鉄道株式会社にであろう。しかし，いい線はいっている。電車に乗ったのだから，お金を払わなきゃいけない。そこまでは理解しているのである。実際，回数券だったなら，おともだちにお金を返してもいい。キップと定期券の微妙な違いでつまずいているのであろう。

　いずれにせよ，この子はこの子なりに，今一所懸命に交通の学習に取り組み，電車や運賃，キップなどについて，一貫した理解の世界を構築しようとしている。そして現在の理解も，不完全ではあるが，その子なりに筋の通ったものなのである。決していい加減にやってなどいない。

　したがって，まずはその子の言い分がきちんと聴ける，必要なことをすべて話せるよう応じることが大切である。いきなり「定期券は借りちゃいけないんだよ」とやってしまうと対話はそこで停止し，その後に続くはずの「80

円返しといた」が聴けない。

　さらには，せっかくの「80円返しといた」も，教師側のねらいの視点，この場合は正しい定期券の概念を獲得したかどうかの視点からばかり見ていると，マイナスの意味しか浮かび上がってこない。「あれだけ勉強したんだから，定期券のことは理解しているべきだ」という視点である。

　このような過ちに陥らない最大のコツは，子どもの世界をおもしろがることだ。子どもは「80円返しといた」のように，おもしろいことを言ったり，しでかしたりする。これをおもしろがること，ある意味では無責任に，手放しにおもしろがるといい。不真面目だと叱られそうだが，それ程の余裕やユーモアもないところに，創造的な教育など生まれるはずもない。

　おもしろがっている時には，教師ではなく一人の大人，ただのおじさんやおばさんの心持ちになっている。そのような応じ方の下でこそ，子どもは本来の姿を示す。そして不思議なことに，おもしろいと笑いころげるうちに，子どもの真の訴え，特にその子が抱えるさみしさや悲しみ，健気な生きざまにふと気づくことも少なくない。教師が教師でいる時，子どもはその真の姿，特に苦しい姿は見せないものである。

　何も教師の指導性を放棄せよと言っているのではない。まずは対等な人間同士としてかけがえのない時間を共有し，丁寧に対話を重ねることが必要だと言っているだけである。教師になるのは，それからでも決して遅くない。

3　子どもの着眼から価値ある内容を紡ぎ出す

(1)　子どもの着眼の中に隠れている芽

　子どもの声が聴け，着眼や関心事がつかめたとしても，それだけでは授業は構想できない。把握した子どもの着眼を，価値ある内容の学習へとつなげていくというステップが，さらに必要である。そして，これが一番難しい。

　ここでも，事例で考えることにしよう。

　子どもたちが登下校の際に通る商店街，そこに少なからぬ関心事のあるこ

とをみとった教師は、商店街を探検するという活動を通して、3，4年社会科の内容項目の(2)「地域の人々の生産や販売について、次のことを見学したり調査したりして調べ、それらの仕事に携わっている人々の工夫を考えるようにする」を実現できると考えた。

商店街も栄枯盛衰が激しく、百年以上続いている店もあれば、新手のフランチャイズ店の参入もみられる。教師は、子どもたちの着眼が古いお店に向かうと予測し、「長生きの秘密」を探ることを共通問題として追究する中で、商店街の現況や問題点、人々の工夫や苦労について学べると考えた。

ところが、実際に探検に出かけた後の話し合いの中から、「古いお店」や「長生きの秘密」といった言葉は出てこない。子どもたちはもっと表面的なこと、お店の中の様子やお客さんとのやりとり、おもしろい看板などにばかり目を向けていた。

教師はこれでは「古いお店」「長生きの秘密」に向かえないと困惑した。しかたがない。強引にでも「古いお店」「長生きの秘密」に持っていこうか。このような誘惑にかられる場面ではあるが、もう一度子どもたちが拾ってきた事柄を丁寧に吟味してみた。

すると、看板への着眼の中に「右から字が書いてある不思議な看板」があることに気づく。また、お店の中の様子として「レジの横に椅子が三つ置いてあるがどうしてだろう」「何も買わない時もあるのに、毎日のように立ち寄るおばあさんがいる」ことに着眼している子どもの存在が見えてきた。

たしかに、「古いお店」「長生きの秘密」そのものではない。しかし、これら子どもの着眼を学習問題へと高め、追究していけば、その先に結果的に「古いお店」「長生きの秘密」に行き着く芽を持っている。ただただ合理的に利潤を追求するだけではない販売のあり様や、そこに携わる人々の工夫、気概といったものが見えてくる筋道がそこには開かれていた。

子どもの着眼や関心事それ自体が、教師の期待する内容と直結することは、むしろまれである。しかし丁寧に検討するならば、意外なところでつながってくる芽の隠れていることは少なくない。そのような可能性を丹念に拾い、先入観にとらわれることなく多面的に検討するという愚直な作業こそが、突

破口を見出す最大の秘訣なのである。

(2) 作業確認の対話，学びへとつらなる対話

　同じ授業づくりでも単元構成のような大きな桁の場合には，この事例のようにじっくりと時間をかけて子どもの着眼の中に潜む可能性を吟味することができる。その一方でもっと小さな桁，すなわち授業が進行する中で一人ひとりの子どもの着眼や関心事にどう対処していくか，ということもまた重要な，そしてなかなかに難しい問題である。

　生活科の「秋みつけ」で近くの公園に出かけたとしよう。たしかに，教師は子どもの様子を見てはいる。しかし，「熱心に活動しているなあ」程度の関心で全体を茫漠と眺めているか，せいぜい誰がどこでどんな活動をしているかの確認をしていることが少なくない。子どもたちを「虫取り」「木の実集め」といったあらかじめのカテゴリーに当てはめているだけであって，各人の取り組みの具体や背後にある意識の動向には，およそ無頓着なのである。

　こういった眼差しのありようは，対話の質にも当然，影を落とす。

　「虫取りをしているんだねえ。どう。虫はたくさんいましたか。」あちこちを見て回っているうち，たまたま出くわした子どもたちに，漠然とした意識で声をかける。

　すると運がいいことに，子どもたちの方から進んで自身の着眼を話してくれたりもする。「先生。トンボがね。たくさんいるんだよ。しっぽが赤いのが多いかなあ。」

　ところが，子どもの着眼を学びに結びつけようとしていないと，あっさりと流してしまう。

　「ああ，トンボねえ。本当にたくさんいるねえ。いいところに気がついたねえ。そうそう，後5分くらいで集まって学校に帰るから，そろそろ片づけを始めましょうね。」

　なんとも形式的な対話である。どのカテゴリーの活動かを確認し，時間が来たらスムーズに集合して学校に帰ろうというのだから。いわば，作業確認の対話に留まっているのであって，子どもの着眼をとらえ，盛り立て，価値

ある内容にいざなおうといった着想が、対話の構えとしてない。

　同じ場面でも、たとえば次のように対話を進めることもできよう。

　「トンボねえ。そういえば夏に来たときもトンボがたくさんいたって、けんたろう君だっけ。言ってたと思うんだけど。今日のは、夏に見たのと同じトンボですか。」

　すると子どもたちは「たしかねえ」といいながら、夏の記憶をたどる。そして、「しっぽの色も大きさも違ってる」ことに気づく。

　ここでさらに「そうか。違うんだねえ。春にもここに来たけど、その時はどんなトンボがいたかなあ。」

　「春はねえ、トンボはいなかったよ。春にはチョウチョがたくさんいたよ。そうか、春と夏と秋では飛んでる虫が違うんだ。」

　「先生。ぼくらは草むらでバッタを取ってたんだけど、飛んでるのだけじゃなくて、草の中にいる虫も違うよ。」

　「先生。虫だけじゃなくて、他にも違ってるものはあるのかなあ。帰りにお店のようすも見てみようよ。」

　特別な「出」ではない、一見ごく普通の対話だが、これにより生活科の内容項目の(5)「身近な自然を観察したり、季節や地域の行事にかかわる活動を行ったりして、四季の変化や季節によって生活の様子が変わることに気付き、自分たちの生活を工夫したり楽しくしたりできるようにする」の実現へと大きく前進できたのである。

　子どもの発言を受けて即座にこういう学びへとつらなる対話が出来るか否かが、文字通り授業の質を大きく左右する。そのためにも、子どもの言わんとしていることを丁寧に聴こうとするとともに、常にこの活動を通して実現しようとする内容について自覚的であることが、教師には求められるのである。

第4章

学力の育成と個に応じた指導
――「一斉授業」体制から「個別指導」体制へ――

加藤幸次

1　学力の育成をめざして「一斉授業」を見直す

　伝統的な「一斉授業」のもっている根本的な問題が明確になって，すでに久しい。昭和46年（1971年）に当時の国立教育研究所の調査によって，授業についてこられる子どもは「7・5・3」の割合にしか過ぎないことが明らかになった。すなわち，授業が理解でき指導についてこられる子どもの比率は，小学校で7割，中学校で5割，高校では3割に過ぎないと言われた。やがて，「落ちこぼれ」という言葉に変わり，今日の「不登校児」の増加につながっていることは確かである。あえて冒頭に言っていけば，だからと言って「一斉授業」という伝統的なあり方に反省が加えられてきたかというと，必ずしもそうではない。たしかに，教師の指導力の向上が叫ばれ，研究や研修が強化されてきているが，一向に授業は変わっていない。
　一向に改善することのない授業が要因で「学級崩壊」を起す学級も少なくないと考えられる。今日では，「指導力不足」教師が問題にされてきている。「学級崩壊」を起す教師は40代50代のベテラン教師と言われる。一つの原因は，彼らが伝統的な一斉授業にこだわっていて，今日の子どもたちに合った新しい指導のあり方を追究していないことにあることは確かである。授業と言えば，黒板とチョークを使い，子どもたちを「指示」と「発問」で指導していくという一斉授業しか，イメージできないでいるのではないか。
　「学力」をどのように定義するかは別にしても，確かに，今日，伝統的な「一斉授業」を見直さなければならないはずである。変化してやまない，不確定な21世紀世界に生きる子どもたちの指導にふさわしい新しい授業のあり

方を追究すべきではないか。

改めて言うまでもなく,一斉授業は学級担任制あるいは教科担任制と呼ばれる体制で行われる。小学校では,原則として,学級担任と呼ばれる一人の教師が4間×5間の教室にあって,一定数の学級集団を一斉に指導していくのである。中学校では,教科担任と呼ばれる一人の教師が小学校と同じように,一定数の学級集団を対象に指導していくのである。今日明らかになってきていることは,このような伝統的な指導体制がうまく機能しなくなってしまったことである。言い換えると,学力の育成をめざして,伝統的な「一斉授業」を見直し,「個に応じた指導」という新しい授業のあり方を導入しなければならない。もちろん,そのために,授業を取り囲んでいる要件をも改革しなければならない。すなわち,「個に応じた指導」にふさわしい新しい指導体制を学校の中に確立しなければ,一斉授業は改革されないということである。

学級担任制や教科担任制に代わって,ティーム・ティーチング(協力指導)体制を確立しなければならない。さらに,教室という指導空間に加えて,オープン・スペースの活用を考えなければならない。新しい空間は個に応じた指導にふさわしい学習環境を構成することを可能にしてくれるからである。

2　応個指導のための学習モデルを創る

結論から言えば,伝統的な一斉授業は図1に示されるような「共通性・同一性」をベースにしている指導のあり方で,本来,個に応じることのできるあり方ではない。何より,授業で取り上げる「学習課題」が学級全員にとって共通であるということである。当然のことであるが,学級集団を構成する一部の子どもたちが異なった学習課題に挑戦するということを許さない。また,共通の学習課題を追究する「学習時間」も学級全員にとって共通である。「はい,この問題7分で解いてください」と教師が指示する。「はい,では始めます」「では,そこで終わってください」といった教師の指示はごくごく一般的である。同時に,共通な学習課題の追究に用いるメディア(教材・教

具)」も共通である。「はい，プリントの(2)を読んでください」「では，ここでビデオを見ます」などといった教師の指示は子どもたちが使うメディア（教材・教具）が学級全員同じものであることを意味している。したがって，共通な学習課題を共通な学習時間で，しかも，共通なメディアを使って，追究するのであるから，当然「共通な結論」に達するはずである。

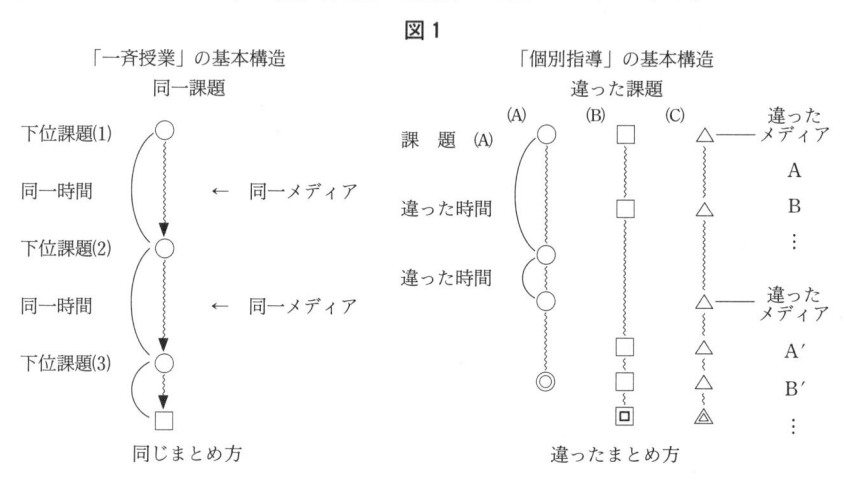

図1

「一斉授業」の基本構造　　　　　　「個別指導」の基本構造
　　　　同一課題　　　　　　　　　　　　　違った課題
　　　　　　　　　　　　　　　　　(A)　　(B)　　(C)
下位課題(1) ○　　　　　　課題(A) ○　　□　　△――違ったメディア
　　　　　　│　　　　　　　　　　　│　　│　　│　　A
同一時間　　│　←同一メディア　違った時間│　　│　│　　B
　　　　　　↓　　　　　　　　　　　│　　│　　│　　：
下位課題(2) ○　　　　　　　　　　　○　　│　　△
　　　　　　│　　　　　　違った時間　　　│　　│
同一時間　　│　←同一メディア　　　　　　│　　△――違った
　　　　　　↓　　　　　　　　　　　○　　│　　│　　メディア
下位課題(3) ○　　　　　　　　　　　│　　│　　△　　A'
　　　　　　│　　　　　　　　　　　◎　　│　　△　　B'
　　　　　　↓　　　　　　　　　　　　　　□　　　　　：
　　　　　　□
　　　同じまとめ方　　　　　　　　　違ったまとめ方

　「応個指導」を可能とする新しい指導システムは，これらの「共通性・同一性」を一つ一つ「個に応じるもの」につくり変えていくことによって，作り出すことができる。
　まず，伝統的な，したがって，一般的な「一斉授業」の対極に位置する「応個指導」のあり方を考えると，学習課題が複数あることであり，それぞれの課題を追究する学習時間も違い，そこで用いるメディア（教材・教具）も違い，したがって，結論もそれぞれ違ったものになる指導のあり方である。それを「課題選択学習」と名づけておく。この二つの基本モデルの間に五つの応個指導のモデルを作り出すことができ，さらに，生活科や総合的な学習の導入によって，一斉授業の対極にある「課題選択学習」を越えたところに，もう一つの応個指導のモデルを考えることができるようになった。
　すなわち，「学習課題」「学習時間」「メディア」という三つの要素をめぐって，七つのモデルを作り出すことができるのである。第一の「学習課題」

に関して,「異質性・特殊性」を考えるとき,二つの対応の仕方が考えられる。一つは学習課題の「難易」によって,「違った学習課題」を考えることである。学習が速く進む子どもに対しては「難しい課題」に挑戦させ,学習に遅れがちな子どもには「易しい課題」を考えてがんばらせることが考えられる。モデル1－B及び2－AとBは学習課題の難易を考慮するところから作り出すことができるものである。他の一つは学習課題に対する「好き嫌い」によって,「違った学習課題」を考えることができる。子どもたちの興味や関心に配慮し,やって見たいと思う好きな学習課題を提供することが考えられる。モデル6－A,B及び7－A,Bは子どもたちの学習課題に対応する興味・関心に考慮したところから作られたものである。

　第二の「学習時間」に関して,「異質性・特殊性」を考えるとき,やはり,二つの対応の仕方が考えられる。一つは,一つの単元のレベルで,学習時間を処遇するもので,3－Aのモデルである。「学年制」をベースとしている今日の学校では,学習時間を処遇するといっても,一つの単元の中で考えることが賢明である。「単元内自由進度学習」と名づけた学習は,ある一つの単元内でのみ子どもが自分のペースで学習できることを意味する。他の一つは,全面的に子どもの学習ペースを認めることで,3－Bのモデルである。本来,子どもの発達,成長のペースはそれぞれ固有なものである。暦年齢と学習達成とは大きく違っているに違いない。

　第三の「メディア(教材・教具)」に関して,「異質性・特殊性」を考えるとき,やはり,二つ対応の仕方が考えられる。一つは子ども一人ひとりの「学習適性」に配慮した教材・教具(学習材・学習具)を与えるもので,モデル4－Aが作り出される。「学習適性」という概念は単に追究活動に用いるメディアをでなく,様々な学習スタイルや認知スタイルを含んだものであるが,ここでは主に教材・教具をめぐって考えている。もう一つの対応の仕方はすべてのモデルで配慮すべきものとして対応する仕方である。なぜなら,追究活動にはすべてのメディアがかかわっているからである。

3 応個指導のための学習プログラムを説明する

　伝統的な一斉授業に取って代わる「応個指導」はこれら一連の学習プログラムより構成することのできる指導システムである。前者は一つの枠組み，すなわち，共通な同一の「学習課題」，「学習時間」，「メディア」，「結論」が「共通性・同一性」を備えている指導システムである。それに対して，後者は授業を構成しているこれら四つの要素に「異質性・特殊性」を与えることであり，異質性・特殊性への考慮の仕方によって，七つのモデルを作り出すことができ，これから10の学習プログラムを作り出した。すべての学習プログラムについて説明する余裕はないが，以下，主なものについて説明を加えておきたい。

(1) 一斉授業を補充する「完全習得学習」

　1－Bモデルに従う学習プログラムを「完全習得学習」と名づける。まず，一斉指導を行い，達成状況を知るためのなんらかの診断活動を経て，その結果に対応して「対応指導」を行うというプログラムである。言い換えると，まず共通な学習課題を一斉指導しておいて，指導目標を達成した子どもと未達成の子どもを分け，前者には発展的な学習課題を，後者には補充的な課題を考えて指導するプログラムである。
　何より，伝統的な一斉授業というあり方を基本として，部分的な応個指導を加えようとするプログラムで，やり易さがある。応個指導に対して，未達成の子どものグループには易しい学習課題，視聴覚教材や操作教材を駆使することによって，指導目標を達成させようとする学習プログラムである。

(2) 習熟度に対応する「到達度別学習」

　完全習得学習はまず一斉指導を行い，その後で達成状況を知り，達成度に応じた部分的な応個指導を行うのに対して，この学習プログラムでは，単元に入る前に，子どもたちの達成状況をとらえ，その結果に基づいて，習熟度

図2 「個に応じた指導」のためのモデル（学習パターン）

モデル	サブ・モデル	指導・学習のパターン
1 一斉指導補足モデル	A 一斉授業補充モデル	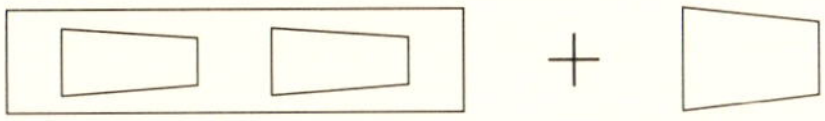
	B マスタリー・ラーニング・モデル（完全習得学習）	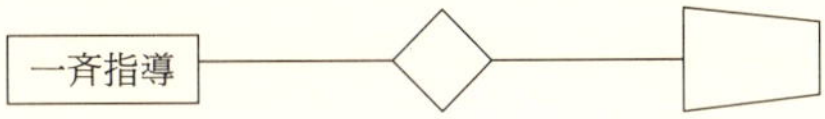 一斉指導
2 習熟度別グループ・モデル	A 学力別グループモデル（到達度別学習）	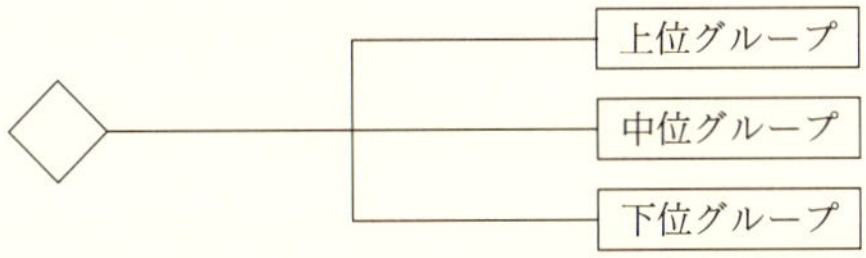 上位グループ / 中位グループ / 下位グループ
	B 学力+αグループモデル	
3 学習ペースモデル	A 単元内進度別モデル（自由進度学習）	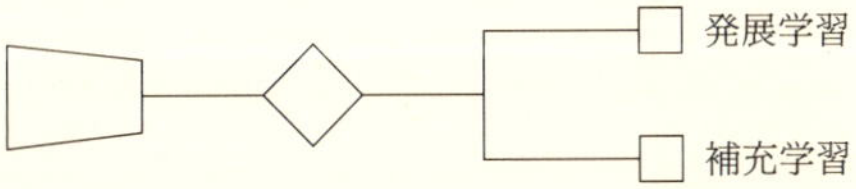 発展学習 / 補充学習
	B 無学年制モデル（無学年制学習）	
4 学習スタイルモデル	A 学習の仕方モデル（適正処遇学習）	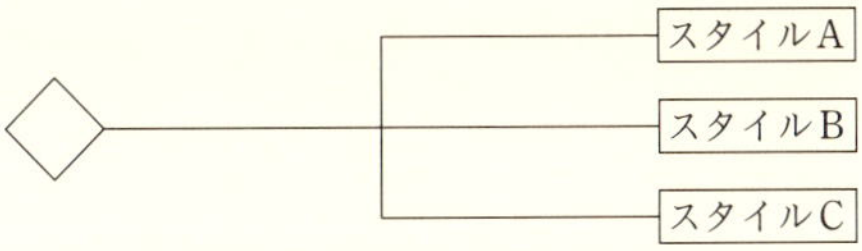 スタイルA / スタイルB / スタイルC
	B 認知スタイルモデル	
5 学習順序選択モデル	A コース選択モデル（順序選択学習）	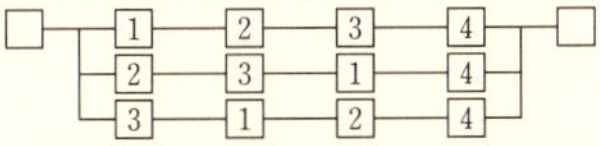
	B ランダム選択モデル	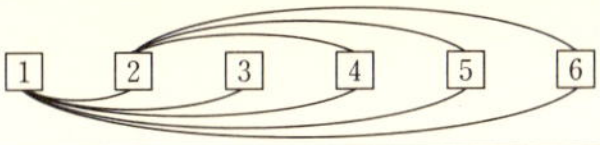
6 学習課題選択モデル	A 部分選択モデル（発展課題学習）	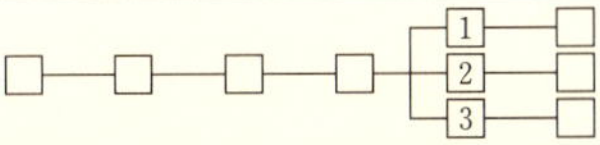
	B 全体選択モデル（課題選択学習）	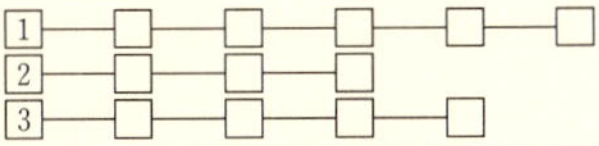
7 学習課題設定モデル	A 単元テーマ設定モデル（課題設定学習）	小テーマの設定
	B 契約学習モデル（自由課題学習）	長期プロジェクトの設定

- □ 一斉指導
- ▱ 個別指導（グループ学習・ひとり学習）
- ◇ 評価活動（プリテスト，形式的テスト）
- □ 学習課題（モジュール）

別グループ編成を行い，それぞれのグループに適した学習課題，学習方法で指導する応個指導である。2－Aモデルに対応した学習プログラムである。

　したがって，習熟の程度に応じた指導でグループ間に差別感が生ずるという問題がある。今日では，習熟度別グループ編成を長期間固定することはせず，単元単位で編成を仕直したり，習熟の程度の低いグループに対して「手厚い指導」が確保されるよう配慮してきている。

(3)　マイペースで学習できる「自由進度学習」

　ある学習課題に挑戦するのに必要な時間は一人ひとり違っていることは知られている。速く解く子どもと時間のかかる子どもがいることは当然で，一般的である。しかし，伝統的な，したがって一般的な一斉授業では，この事実を無視してしまっている。まさに，授業は「一斉に」進行していくのである。モデル3－Aに対応する「自由進度学習」は，先にも述べたごとく，「単元内自由進度学習」である。モデル3－Bは，学習時間を学年制の枠組みを越えて個に応じたものであるが，現在のところ現実的でない。子どもたちにマイペースによる学習活動を許すために，一人ひとりの子どもが「自学自習教材（「学習の手引き」「学習パッケージ」などと呼ぶ）」を手にしていなければならない。すなわち，教科書とノートに練習帖といった現在の教材（学習材）では多くの子どもがマイペースで自ら学習し続けることはできない。したがって，この学習には，「自学自習教材」の開発が不可欠である。

　「学習の手引き」「学習パッケージ」と名づけた学習材は「学習ガイド」，「学習カード」，「資料カード」，「自己評価カード」などから構成されている。「学習ガイド」は学習活動の全体像（学習のねらい，学習時間，主な学習課題，評価手段など）を示したものである。「学習カード」と「資料カード」は主な学習課題ごとに作成されたものである。

(4)　発展的学習を可能にする「発展課題学習」

　伝統的な一斉授業は学級全員が共通した同じ学習課題に挑み，そこには「発展的課題」の追求が認められていない。モデル6－Aは共通課題を修了

した子どもたちに「発展的学習課題」に挑むことを可能にしたものであり，「発展課題学習」と名づけておく。たとえば，社会科で，「アングロ・アメリカ」単元を学習するとき，自然，工業，農業及び文化について共通に学習するとして，これらの学習課題の学習を修了した子どもたちが，たとえば「アメリカの大都市」「黒人問題」「大統領制度」などといった発展的課題に挑戦することを可能にするものである。

共通課題の学習活動は一斉指導という場合もあれば，「学習の手引き」，「学習パッケージ」を活用した自由進度学習の場合もある。後者の場合，発展学習がマイペース学習の調整の役割をはたすことができ，現実的である。

(5) 一つの課題に集中して学習できる「課題選択学習」

6－Bモデルは，前に述べたように，伝統的な一斉授業の対極に位置するもので，子どもたちは最初から学習課題を選択する。たとえば，理科の「昆虫」という単元で，カブトムシ，コガネムシ，バッタなどといった昆虫の中から一つを選び，選んだ昆虫についてだけ集中して学習する。仮に，学級全員でカブトムシについて4時間，コガネムシについて2時間，バッタについて3時間学習するとすると，この課題選択学習では一つの昆虫について9時間集中して学習することができ，学習が深まることが期待される。すなわち，学習課題を選択し，集中して学習することによって，子どもたちは自分が得意とする分野，また，得意とする追究の仕方を身につけることができるようになる。この場合，カブトムシを選んで学習した子どもはカブトムシについて，より深い学習を行うことができ，「カブトムシ博士」になることができる。

(6) 自分の好きな課題に没頭する「自由課題学習」

生活科や総合的学習の導入によって，教科という枠組みをもった学習以外の学習が可能になった。7－A，Bモデルは教科学習ではなく，生活科や総合的学習にふさわしいモデルである。すなわち，教科には一定の指導目標がある。その目標を達成するために必要な学習活動がある。それに対して，生

活科や総合的学習は子どもたちが「自ら」やってみたい，追究してみたいと考える学習課題を自ら設定することができる。個人プロジェクトであれば，一人の子どもが自分がやってみたいと考える学習課題をつくり，追究の仕方も自分で決めることができる。小グループプロジェクトなら，小グループで決めることになる。

4　応個指導のための支援体制を確立する

(1)　ティーム・ティーチング体制を確立する

　個に応じた指導，すなわち，学校内に応個指導を確立するためには，まず第一に，教師たちが協力し合う体制を作り出さねばならない。あらゆる改革がそうであるように，改革に参加する人々の協力が不可欠である。

　伝統的な一斉授業体制は学級担任あるいは教科担任に指導の一切を託してきた，すなわち，一人の教師に学級の指導を全面的に任せてきた。指導に関しては誰も干渉することは許されず，助言をいうことさえも不可能に近い状況で，今日まできた。また別な言い方をすると，一教師として任命されれば，指導に対して絶対的な権限を有する。たしかに，初任者研修，5年，10年研修などがあり，他方，校内での授業研究もあり，研究の機会はないわけではない。しかし，こうした研修の機会を生かすかどうかは教師に任されてしまっている

　ティーム・ティーチング，すなわち，複数の教師が協力し合って指導するあり方は毎日の指導活動そのものが研修の機会となる。複数の教師が協力し合って「指導計画（指導案）」を作成し，「一緒に必要な教材，教具を収集作成し」，「協力し合って指導し」，「一緒に指導結果について評価をする」体制では，指導と研修を一体化させることができる。現職教育は学校の外に用意された機会だけでなく，毎日の指導活動そのものがその機会となる。

　伝統的な学級担任制あるいは教科担任制に慣れてしまった教師には，他の教師と協力し合うという指導体制は「わずらわしい」ものと映る。いちいち

打ち合わせなければならない。そのための時間が取れない。その上，意見や考え方が違ったりして，対立しかねない。一人ならば自分の好きなようにできて「わずらわしくない」。しかし，多様化する子どもたちのニーズに応ずるためには，すなわち，個に応ずる指導のためには，教師たちはティームを組んで協力し合っていかねばならない。

小学校では同じ学年の教師が協力し合って指導する「学年ティーム」，中学校では同じ教科を担任する教師による「教科ティーム」が一般的である。伝統的な一斉授業体制は長い歴史の中で研究実践を行ってきた。しかし，新しい個別指導体制については研究すべき課題が多い。たとえば，「少人数指導」についても課題が多い。どのように指導計画（指導案）を作成するのか，どのような教材，教具が必要なのか，どのように学習空間を活用し，構成するのか，どのような評価活動を行うべきかなど，教師たちが協力しあって研究し，実践していかねばならないはずである。そのためにも，学級担任制や教科担任制に代わって，ティーム・ティーチング体制が確立されるべきである。

(2) 子どもの実態や学習活動の特質に応じて，「学習時間」を変える

個に応じた指導のために学校システムを改革する場合，第二の課題は「時間割」を弾力化することである。伝統的な一斉授業は一校時を45分，50分と定めて展開されてきた。いわゆる「一校時一サイクル」という指導が一般化し，今日に至っている。なぜ一つのまとまった指導は45分，50分でなければならないのか，問われてこなかった。教師の指導時間も，子どもの学習時間もこの単位時間を基礎に計算されてきた。

たしかに，伝統的な時間割をみても，教科，特に実験や作業を伴う授業は二校時連続して組まれてきた。図工・美術，理科，家庭・技術といった教科がそうであった。しかし，こうした時間帯の取り方は教科の特質に応じたものとは言え，あくまでも例外的な処遇といってよい。

4月の初めに，一枚の時間割を決め，教室の前に掲示すれば，それで一年間の目標が決まってしまうというあり方は伝統的である。新しい学習指導要

領では，各教科の年間総時間数は明示しても，どのように学習時間を定めるかは各学校が決めることになった。従来のように，各教科の年間総時数は「35」では割り切れない。特に総合的な学習の時間は「まとめ取り」をしなければならない場合が出てくる。たとえば，校外に出て体験的活動を展開しようとすれば，少なくとも半日連続したほうがよい。あるいは，ある月のある週に集中して時間を取らねばならないかもしれない。

　今日では「モジューラー・スケジュール」という考え方も知られるようになってきている。「モジュール」とは最小単位という意味で，たとえば，10分，15分，20分などという最少時間単位を決め，モジュールの組み合わせとして学習時間を決めるのである。たとえば，毎日，英語の時間を2モジュール取ることにする。さらに，個に応じた指導を実現するために，子ども一人ひとりが自分に合ったスケジュールを組むことを可能にすることもできる。子どもたち一人ひとり違った時間割をもつことができるようになる。将来，たとえば，数学の授業時間が一人ひとりの子どもの必要性を考慮して決められるようになるかもしれない。

(3) 学習活動は余裕教室，オープン・スペースに広がる

　学校システムを改革して個に応じた指導体制を確立するための第三の課題は子どもたちの学習の場を「教室」から解放することである。明らかに，伝統的な学習の場は4間×5間の「教室」である。教師は黒板を背にして，教卓の前に立ち，一定数の学級集団を一斉に指導し，子どもたちは教師の「指示と発問」にしたがって学習課題を追究していくのである。子どもたちの学習の場は「自分の机」ということである。言い換えると，その姿は「座学」である。すべての学習活動が机の大きさに規定されてきた。また教科書もノートも画用紙も資料集も，すべて机の大きさに合わされてきた。

　子どもたちは動かない。常に自分の椅子に座って，教師や級友の話を聞くか，板書されたことを書き写すかである。教師から「指名」されて初めて意見を述べることができる。教師から「指示」されて，初めて動くことができる。指示なしに動くことができない。

第Ⅳ部　学力の育成と学習指導

　今日では少子化に伴って，どの学校にも余裕教室ができてきている。実際，少人数指導で一つの学級集団を二つの学習集団に分けるとき，もう一つの教室が必要になる。別な言い方をすると，教室以外に余裕教室がない限り，少人数指導はできないということである。他方，今日，約10校に1校はなんらかのオープン・スペースあるいは学習センターをもった学校である。教室と連続したところにオープン・スペースがある。学習センターはランチルームを兼ねている場合が多い。こうした新しいスペースが応個指導体制の確立には欠かせない。

　個に応じた指導では，子どもたちは大グループ，中グループ，小グループに分かれて，あるいはペアあるいは一人になって学習する。すなわち，様々な集団を形成して学習することになる。さらに，子どもたちの自学自習を支援するための「学習環境」をこうした新しいスペースに構成していくことになる。大，中，小のテーブルや個人学習のためのキャロルあるいはブースだけでは不充分である。子どもたちはコンピュータを中心にビデオやテープを利用して，学習していく。もちろん，単行本や参考書，写真集や図鑑などの印刷教材も活用して，学習していく。

　他方，こうした新しいスペースに学習の場にふさわしい学習環境，あるいは学習活動を刺激するような学習環境を構成することが重要になってくる。伝統的な教室空間では構成することできなかった学習意欲を喚起し，学習活動を促進するような学習環境を構成することによって，子どもたち一人ひとりに応じた授業を可能にしなければならない。

5　総合的かつ有機的なシステムとして機能させる

　言うまでもなく，伝統的な一斉授業体制にあっては一人ひとりの教師の力量が問われてきた。授業の上手い教師が重要で，すべてが教師しだいである。なぜなら，教師が授業をコントロールする中心人物であるからである。

　もちろん，新しい応個指導体制にあっても，教師は重要である。教師がシステムを動かす人間であることには変わりないが，しかし，学校を総合的か

つ有機的なシステムとして機能させようとする。教師の指導が子どもたち一人ひとりに対応したものであるようにシステムを組むことになる。

そのために，教師たちはティームを組んで指導に当たることとなる。それぞれ役割分担をして，学習活動に参加する。子どもたちもまた協同して学ぶ。多様なグループを編成して学習活動に従事する。学級や学年にこだわらないで，学習活動に応じて，様々なグループを編成して学ぶことになる。学習時間も教科により子どもたち一人ひとり違うのである。一人ひとりの子どもが必要としている学習時間は違うととらえるべきである。学習活動に用いる教材教具も子どもたち一人ひとり違うに違いない。ある子どもはビデオで学習し，ある子どもはコンピュータを用いて学習する。

今日，明治時代以来続いてきた伝統的な一斉授業というあり方は「落ちこぼれ」や「学級崩壊」という現象に象徴されるように，制度疲労を起こしてきていると言える。最大の問題は子どもたちを集団として十把ひとからげに指導してきたことにある。当然，今後の学校は子どもたち一人ひとりに焦点を当てた指導体制を創りださねばならない。そのために，教師という人的資源にのみ依拠するのではなく，応個指導体制をめざして，学校を一つの総合的なシステムとして再編成することである。

編集後記

　高浦勝義先生の還暦をお祝いして，また，先生の新たなますますのご活躍を祈念して刊行されたのが本書『学力の総合的研究』である。この書名は，これまで現場の教師とともに，オープン教育，個性化教育，生活科，総合的な学習，教育評価などの研究をデューイ思想に基礎づけながら進められ，学校教育における学力形成を追究されてこられた高浦先生の研究の歩みを考慮して設定したものである。折しも，学力低下がマスコミをにぎわしている現在，「学力とは何か」を追究するこの還暦記念論文集は，これからの日本の教育を考えていく上でも意義深い刊行となった。

　本書の編集方針は，九州大学，国立教育政策研究所，全国個性化教育研究連盟，文部科学省の委員，デューイ学会，生活科・総合的学習教育学会など，高浦先生が長年の研究者生活を通じて出会われた関係の深い第一線の研究者の皆さんに執筆を依頼し，それぞれのご専門の立場から学力をめぐる問題や課題について考察していただくことに置いた。

　本書の内容を振り返ると，第Ⅰ部の「学力研究の意義と課題」では，学力研究とはどのような意味をもつのか，また，その課題には何があるのかを明らかにしている。具体的には，学力研究の歴史的な展開，学力の哲学的考察，学力とカリキュラム開発，学力とアメリカの八年研究，日本の学校教育でめざされる今日の学力などの側面から学力を研究する意義や課題を探った。

　次に，第Ⅱ部「学力をめぐる諸外国の研究・実践の動向」では，イギリス，アメリカ，ドイツ，中国，韓国を取り上げ，学力に関する比較教育学的な検討を行った。各国でめざされている教育，育てようとしている学力，あるいは，教育評価の動向などを通して，各国における今日の学力問題の独自性や共通点を浮き彫りにした。

　そして，第Ⅲ部「学力の研究と調査」では，学力をめぐる研究や調査の紹介や分析，それらの問題点や課題について検討を加えた。具体的には，高浦先生を中心に進められた評価に関する開発的研究及び個に応じた指導に関する研究を紹介するとともに，国際学力調査と算数・数学教育及び理科教育，

学力とテスト，高校教育及び学校評価などの問題や課題について考察した。

　最後に，第Ⅳ部「学力の育成と学習指導」では，学力を子ども中心の立場からどのように育成していくのか，そのための学習指導はどうあるべきかといった教育実践上の問題を取り上げた。学力を育てる教師と学級，生活科・総合的な学習，問題解決学習，個に応じた指導など，これから望まれる学力とそれを育てる学習指導のあり方に焦点づけた議論を展開した。

　なお，高浦先生の還暦をお祝いするという本書の刊行に対して，高浦先生から直々に「謝辞」が寄せられたので，それを本書の「はじめに」に続いて収録させていただくことにした。

　こうして，本書が高浦先生の還暦記念にふさわしい論文集としてできあがったことを喜ぶとともに，ご多用ななかご執筆をいただいた先生方に心よりお礼を申し上げたい。本書が，一人ひとりの子どもたちの学力形成をめざした教育改革の進展に少しでも貢献できることを期待したい。

　黎明書房の武馬久仁裕社長には，この還暦記念論文集の刊行依頼を快く引き受けて下さるとともに，格別のご配慮をいただいた。また，編集部の斎藤靖広さんには，本書の刊行に至るまでの実務で，大変お世話になった。ここに記し，心より謝意を表したい。

　　　平成17年1月20日

　　　　　　　　　　　　高浦勝義先生還暦記念論文集編集委員会
　　　　　　　　　　　　　　　　　　（松尾知明・山森光陽）

執筆者一覧（50音順）

高浦勝義　国立教育政策研究所部長（第Ⅰ部第1章，第Ⅲ部第1章）

秋田喜代美　東京大学大学院教育学研究科教授（第Ⅳ部第1章）
浅沼　茂　東京学芸大学教育学部教授（第Ⅰ部第4章）
新井浅浩　西武文理大学サービス経営学部助教授（第Ⅱ部第1章）
一見真理子　国立教育政策研究所総括研究官（第Ⅱ部第4章）
加藤幸次　上智大学文学部教授（第Ⅳ部第4章）
木岡一明　国立教育政策研究所総括研究官（第Ⅲ部第8章）
菊池栄治　国立教育政策研究所総括研究官（第Ⅲ部第7章）
金　泰勲　国立教育政策研究所客員研究員（第Ⅱ部第5章）
坂野慎二　国立教育政策研究所総括研究官（第Ⅱ部第3章）
猿田祐嗣　国立教育政策研究所総括研究官（第Ⅲ部第5章）
田中統治　筑波大学人間総合科学研究科教授（第Ⅰ部第3章）
長崎榮三　国立教育政策研究所総合研究官（第Ⅲ部第4章）
奈須正裕　立教大学文学部教授（第Ⅳ部第3章）
藤井千春　早稲田大学教育学部教授（第Ⅳ部第2章）
松尾知明　国立教育政策研究所主任研究官（第Ⅱ部第2章，第Ⅲ部第2章）
松下晴彦　名古屋大学教育学部教授（第Ⅰ部第2章）
山森光陽　国立教育政策研究所研究員（第Ⅲ部第3章，第6章）
吉冨芳正　文部科学省初等中等教育局教育課程課学校教育官・道徳教育調査官
（第Ⅰ部第5章）

※所属は執筆時のものです。

編者紹介

論文集編集委員会
　〒153-8681　東京都目黒区下目黒6-5-22
　　　　　　　国立教育政策研究所内

高浦勝義
　九州大学大学院博士課程修了。
　現在：国立教育政策研究所初等中等教育研究部部長。
　1984年，日本デューイ学会研究奨励賞受賞。
　著書：『生活科の考え方・進め方』黎明書房，1989年
　　　　『生活科における評価の考え方・進め方』黎明書房，1991年
　　　　『総合学習の理論』（編著）黎明書房，1997年
　　　　『総合学習の理論・実践・評価』黎明書房，1998年
　　　　『ポートフォリオ評価法入門』明治図書，2000年
　　　　『生活科の理論』（共著）黎明書房，2001年
　　　　『生活科の授業づくりと評価』（共著）黎明書房，2001年
　　　　『学力低下論批判』（共編著）黎明書房，2001年
　　　　『問題解決評価』明治図書，2002年
　　　　『絶対評価とルーブリックの理論と実際』黎明書房，2004年，他多数。

<ruby>学力<rt>がくりょく</rt></ruby>の<ruby>総合的研究<rt>そうごうてきけんきゅう</rt></ruby>

2005年3月1日初版発行

編　者　<ruby>論文集編集委員会<rt>ろんぶんしゅうへんしゅういいんかい</rt></ruby>
発行者　武　馬　久仁裕
印　刷　藤原印刷株式会社
製　本　株式会社渋谷文泉閣

発　行　所　株式会社　<ruby>黎明書房<rt>れいめいしょぼう</rt></ruby>

〒460-0002　名古屋市中区丸の内3-6-27 EBSビル
☎052-962-3045　FAX052-951-9065　振替・00880-1-59001
〒101-0051　東京連絡所・千代田区神田神保町1-32-2
　　　　　　　　　　　　　　　南部ビル302号　☎03-3268-3470

落丁本・乱丁本はお取替します。　　　ISBN4-654-01750-X
Ⓒ K. Takaura 2005, Printed in Japan